CB142116

O ESTATUTO DA CIDADE

www.editorasaraiva.com.br/direito

Visite nossa página

Toshio Mukai

O ESTATUTO DA CIDADE

Anotações à Lei n. 10.257/2001

4ª edição
revista e ampliada
2019

saraiva jur

ISBN 978-85-53602-27-8

DADOS INTERNACIONAIS DE CATALOGAÇÃO NA PUBLICAÇÃO (CIP)
ANGÉLICA ILACQUA CRB-8/7057

Mukai, Toshio
O Estatuto da Cidade : anotações à Lei n. 10.257/2001 / Toshio Mukai. – 4. ed. – São Paulo : Saraiva Educação, 2019.

1. Brasil - Constituição (1988) 2. Cidades - Lei e Legislação - Brasil I. Título.

18-0986 CDU 34:711.4(81)(094.4)

Índice para catálogo sistemático:
1. Brasil : Estatuto da cidade : direito 34:711.4(81)(094.4)

saraiva EDUCAÇÃO | saraiva jur

Av. Doutora Ruth Cardoso, 7.221, 1º andar, Setor B
Pinheiros – São Paulo – SP – CEP 05425-902

SAC | sac.sets@somoseducacao.com.br

Direção executiva Flávia Alves Bravin
Direção editorial Renata Pascual Müller
Gerência editorial Roberto Navarro
Gerência de produção e planejamento Ana Paula Santos Matos
Gerência de projetos e serviços editoriais Fernando Penteado

Consultoria acadêmica Murilo Angeli Dias dos Santos

Planejamento Clarissa Boraschi Maria (coord.)

Novos projetos Melissa Rodriguez Arnal da Silva Leite

Edição Eveline Gonçalves Denardi (coord.)
Marisa Amaro dos Reis

Produção editorial Rosana Peroni Fazolari

Arte e digital Mônica Landi (coord.)
Amanda Mota Loyola
Camilla Felix Cianelli Chaves
Claudirene de Moura Santos Silva
Deborah Mattos
Fernanda Matajs
Guilherme H. M. Salvador
Tiago Dela Rosa

Projetos e serviços editoriais Juliana Bojczuk Fermino
Kelli Priscila Pinto
Marília Cordeiro
Mônica Gonçalves Dias
Tatiana dos Santos Romão

Projeto gráfico Claudirene de Moura Santos Silva
Diagramação Camilla Felix Cianelli Chaves
Revisão Ivani Aparecida Martins Cazarim
Capa Herbert Junior
Produção gráfica Marli Rampim
Sergio Luiz Pereira Lopes
Impressão e acabamento Gráfica Paym

Data de fechamento da edição: 4-7-2019

Dúvidas? Acesse www.editorasaraiva.com.br/direito

CL 605292 CAE 629535

Obras do Autor

✓ Livros

1. *O regime jurídico municipal e as regiões metropolitanas na Emenda Constitucional n. 1/69*, São Paulo, Sugestões Literárias, 1976.
2. *Participação do Estado na atividade econômica* – limites jurídicos, São Paulo, Revista dos Tribunais, 1980.
3. *Loteamentos e desmembramentos urbanos* (coautoria com Alaor Caffé Alves e Paulo J. V. Lomar), 2. ed. São Paulo, Sugestões Literárias, 1980.
4. *Direito administrativo e empresas do Estado*, Rio de Janeiro, Forense, 1984.
5. *Sistemas eleitorais no Brasil*, Programa Nacional de Desburocratização, Ministério da Desburocratização/Instituto dos Advogados de São Paulo, 1985 (Curso Modelo Político Brasileiro, v. 5).
6. *Direito e legislação urbanística no Brasil*, São Paulo, Saraiva, 1988.
7. *Administração pública na Constituição de 1988*, 2. ed. São Paulo, Saraiva, 1989.
8. *Estatutos jurídicos das licitações e contratos administrativos*, 3. ed. São Paulo, Saraiva, 1992 (Comentários ao Decreto-lei n. 2.300/86 e às Leis n. 6.544/89 e 10.544/88).
9. *Comentários ao Código de Proteção do Consumidor* (coord. Juarez de Oliveira), São Paulo, Saraiva, 1991, arts. 1º a 11, 55 a 60 e 105 a 108.
10. *Direito ambiental sistematizado*, 2. ed. Rio de Janeiro, Forense Universitária, 1994.
11. *O novo Estatuto Jurídico das Licitações e Contratos Públicos*, 3. ed. São Paulo, Revista dos Tribunais, 1994 (esgotado).

12. *Licitações:* as prerrogativas da Administração e os direitos das empresas concorrentes, Rio de Janeiro, Forense Universitária, 1994.
13. *Contratos públicos:* as prerrogativas das empresas concorrentes, Rio de Janeiro, Forense Universitária, 1995.
14. *Concessões, permissões e privatizações de serviços públicos*, 4. ed. São Paulo, Saraiva, 2002.
15. *Licitações e contratos públicos*; comentários à Lei n. 8.666/93, com as alterações da Lei n. 9.648/98, e análise das licitações e contratos na EC n. 19/98 (Reforma Administrativa), 5. ed. São Paulo, Saraiva, 1999.
16. *Estudos e pareceres de direito administrativo*, São Paulo, Atlas, 1997.
17. *Curso avançado de licitações e contratos públicos*, São Paulo, Juarez de Oliveira, 2000.
18. *Direito administrativo sistematizado*, 2. ed. São Paulo, Saraiva, 2000.
19. *A empresa privada nas licitações públicas*, São Paulo, Atlas, 2000.
20. *O Estatuto da Cidade* – anotações à Lei n. 10.257, de 10-7-2001, 3. ed. São Paulo, Saraiva, 2013.
21. *Direito urbano e ambiental*, 4. ed. São Paulo, Fórum, 2010.
22. *Direito administrativo sistematizado*, 3. ed. São Paulo, Quartier Latin, 2008.
23. *Licitações e contratos públicos*, 8. ed. São Paulo, Saraiva, 2010.
24. *O direito administrativo e os regimes jurídicos das empresas estatais*, 2. ed. Belo Horizonte, Fórum, 2004.
25. *Temas atuais de direito urbanístico e ambiental* (coord.), 1. ed. 2. tir., Belo Horizonte, Fórum, 2007.
26. *Saneamento básico* (coord.), Rio de Janeiro, Lumen Juris, 2007.
27. *Direito ambiental municipal*, Belo Horizonte, Fórum, 2010.

✓Artigos

1. Concorrência: infringência de princípios básicos da licitação. Violação do dever de publicidade, *Boletim de Direito Administrativo*, São Paulo, NDJ, out. 1987.
2. As normas gerais sobre licitações e contratos e a nova Constituição, *Boletim de Licitações e Contratos*, São Paulo, NDJ, nov. 1988.

3. Formalização do contrato administrativo: cláusulas essenciais e acessórias, *Boletim de Licitações e Contratos*, São Paulo, NDJ, mar. 1989.
4. O julgamento das licitações: distinções entre critérios, fatores e tipos de licitações, *RDP*, v. 87.
5. As exigências para participação em licitações públicas e a nova Constituição, *Boletim de Licitações e Contratos*, São Paulo, NDJ, v. 2, 1989.
6. O Plano Verão e a teoria do fato do príncipe, *Boletim de Licitações e Contratos*, São Paulo, NDJ, v. 6, 1989.
7. O conteúdo das normas gerais sobre licitações e contratos administrativos, *Boletim de Licitações e Contratos*, São Paulo, NDJ, v. 8, 1989.
8. Constitucionalidade do parágrafo único do art. 22 do Dec.-lei n. 2.300/86, *Boletim de Licitações e Contratos*, São Paulo, NDJ, v. 9, 1989.
9. Revogação de parte de licitação, quando será possível?, *Boletim de Licitações e Contratos*, São Paulo, NDJ, v. 11, 1989.
10. Convênios celebrados pela Administração Pública e a legislação sobre licitações, *Boletim de Licitações e Contratos*, São Paulo, NDJ, v. 12, 1989.
11. Ilegalidade da licitação de média base ou desvio padrão, *Boletim de Licitações e Contratos*, São Paulo, NDJ, v. 3, 1990.
12. A lei sobre licitações e contratos e os pagamentos em atraso, *Boletim de Licitações e Contratos*, São Paulo, NDJ, v. 4, 1990.
13. A Constituição de 1988 e as qualificações nas licitações, *RDA*, v. 186.
14. Licitação de técnica e preço, *Boletim de Licitações e Contratos*, São Paulo, NDJ, v. 6, 1990.
15. Anulação de licitação por infração aos princípios de direito público, *Boletim de Licitações e Contratos*, São Paulo, NDJ, v. 7, 1990.
16. Concorrência pública – consórcio – natureza jurídica – habilitação, *Boletim de Licitações e Contratos*, São Paulo, NDJ, v. 11, 1991.
17. Contratação entre órgãos e entidades públicas – dispensa de licitação, *Boletim de Licitações e Contratos*, São Paulo, v. 1, 1991.
18. É crime violar normas legais sobre licitações, *Boletim de Licitações e Contratos*, São Paulo, NDJ, v. 9, 1991.
19. A notória especialização no Dec.-lei n. 2.300/86, *Boletim de Licitações e Contratos*, São Paulo, NDJ, v. 12, 1991.

20. Anotações sobre o Dec. federal n. 449, de 17 de fevereiro de 1992, *Boletim de Licitações e Contratos*, São Paulo, NDJ, v. 6, 1992.

21. Licitações nas empresas estatais: considerações marginais às orientações do Tribunal de Contas da União, *Boletim de Licitações e Contratos*, São Paulo, NDJ, v. 3, 1992.

22. A nova lei de licitações e contratos públicos, *Boletim de Licitações e Contratos*, São Paulo, NDJ, v. 7, 1993.

23. A incidência obrigatória dos reajustes e da correção monetária desde a aferição até o efetivo pagamento, em face da Lei n. 8.666/93, *Boletim de Licitações e Contratos*, São Paulo, NDJ, v. 10, 1993.

24. Da inconstitucionalidade (absoluta) da Lei n. 8.666/93, *Boletim de Licitações e Contratos*, São Paulo, NDJ, v. 12, 1993.

25. A Lei n. 8.666/93 e os impactos dos processos de contratações: vantagens e desvantagens em relação ao Dec.-lei n. 2.300/86, *Boletim de Licitações e Contratos*, São Paulo, NDJ, v. 1, 1994.

26. Reflexos do programa de estabilização econômica nas licitações e contratos públicos, *Boletim de Licitações e Contratos*, São Paulo, NDJ, v. 4, 1994.

27. O edital – cláusulas e condições obrigatórias, *Boletim de Licitações e Contratos*, São Paulo, NDJ, v. 5, 1994.

28. As exigências técnicas nas habilitações, *Boletim de Licitações e Contratos*, São Paulo, NDJ, v. 6, 1994.

29. Inabilitação, documentação, comprovação, § 3º do art. 30 da Lei n. 8.666/93 – exegese, *Boletim de Licitações e Contratos*, São Paulo, NDJ, v. 8/9, 1994.

30. As alterações na Lei de Licitações (Lei n. 8.666/93), *Boletim de Licitações e Contratos*, São Paulo, NDJ, v. 9, 1994.

31. Características da licitação para a exploração dos portos, *Boletim de Licitações e Contratos*, São Paulo, NDJ, v. 11, 1994.

32. Pena de suspensão do direito de participar de licitações, imposta pelo Estado, *Boletim de Licitações e Contratos*, São Paulo, NDJ, v. 12, 1994.

33. Da segurança jurídica: direito adquirido nas relações contratuais, *Boletim de Licitações e Contratos*, São Paulo, NDJ, v. 7, 1995.

34. A responsabilidade da Administração contratante é objetiva ou subjetiva?, *Boletim de Licitações e Contratos*, São Paulo, NDJ, v. 3, 1996.

35. Habilitação – qualificação técnica – atestados em nome da empresa – quantitativos compatíveis em quantidades e prazos com o objetivo da licitação, *Boletim de Licitações e Contratos*, São Paulo, NDJ, v. 11, 1996.

36. Execução contratual – suspensão dos serviços – atraso nos pagamentos – vale-alimentação, *Boletim de Licitações e Contratos*, São Paulo, NDJ, v. 2, 1996.

37. Interiorização da industrialização, *BLA*, n. 26, 1997, *ADCOAS*.

38. A adjudicação do objetivo da licitação deve ser feita pela comissão e não pela autoridade superior, *BLA*, n. 26, 1997, *ADCOAS*.

39. Limitações urbanísticas e patrimônio cultural, *Revista de Administração Municipal*, IBAM, v. 154, 1980.

Ao Leitor

Nesta 4ª edição, fizemos uma atualização completa do Estatuto da Cidade, em especial, com a introdução de comentários sobre dispositivos legais que modificaram o texto da Lei n. 10.257/2001, como a Lei n. 11.977, de 7 de janeiro de 2009, que instituiu o programa Minha Casa Minha Vida; a Lei n. 10.406 (Código Civil) e, em especial, a Lei n. 12.608, de 10 de abril de 2012, que instituiu a Política Nacional de Proteção e Defesa Civil; bem como outras normas que dispuseram sobre o Estatuto da Metrópole e sobre Regularização Fundiária, tratando, ainda, sobre várias alterações procedidas por diversos diplomas legais que necessitam de comentários analíticos sobre elas.

Assim, o texto atual da Lei n. 10.257/2001, modificado por diversas leis, estará comentado em sua atual redação.

O Autor

Sumário

Obras do Autor 5

Ao Leitor 11

Introdução 17

1. Anotações sobre o Capítulo I – Diretrizes Gerais 21

2. Anotações sobre o Capítulo II – Dos Instrumentos da Política Urbana 25

Seção I – Dos instrumentos em geral 25

Seção II – Do parcelamento, edificação ou utilização compulsórios.... 26

Seção III – Do IPTU progressivo no tempo 27

Seção IV – Da desapropriação com pagamento em títulos 28

Seção V – Da usucapião especial de imóvel urbano 29

Seção VI – Da concessão de uso especial para fins de moradia 31

Seção VII – Do direito de superfície 34

Seção VIII – Do direito de preempção 39

Seção IX – Da outorga onerosa do direito de construir 41

Seção X – Das operações urbanas consorciadas 45

Seção XI – Da transferência do direito de construir 56

Seção XII – Do estudo de impacto de vizinhança 58

3. Anotações sobre o Capítulo III – Do Plano Diretor 61

3.1. O plano diretor e a doutrina urbanística pátria. O texto constitucional e a função social da propriedade 61

3.1.1. Planejamento municipal: o plano diretor e o Estatuto da Cidade 63

3.1.2. O princípio da função social da propriedade no direito brasileiro 83

3.1.3. O princípio da função ambiental da propriedade no direito brasileiro 85

3.1.4. Função e inserção da variável ambiental no direito de propriedade 86

3.1. Os planos diretores e seus princípios fundamentais. Metodologia de sua elaboração e execução 91

3.3. A Constituição de 1988 e o plano diretor. Aspectos fundamentais 96

3.4. A Lei n. 10.257/2001 e o plano diretor 100

3.4.1. O planejamento global das atividades municipais e o plano diretor 100

3.4.2. As hipóteses previstas na lei em que será obrigatório o plano diretor 101

3.4.3. O art. 40 da Lei n. 10.257/2001 e as regras superiores do plano diretor 103

3.4.4. O direito de preempção e o plano diretor 104

3.4.5. A outorga onerosa (solo criado) depende do plano diretor 104

3.4.6. As alterações do uso do solo e o plano diretor 105

3.4.7. As operações urbanas consorciadas e o plano diretor 105

3.4.8. A transferência do direito de construir e o plano diretor. 105

4. Anotações sobre o Capítulo IV – Da Gestão Democrática da Cidade. 113

5. Anotações sobre o Capítulo V – Disposições Gerais 115

6. Estudos Especiais 121

7. A instituição do Estatuto da Metrópole e as alterações no Estatuto da Cidade promovidas pela Lei n. 13.089/2015 171

Referências 177

Anexo

Legislação

Lei n. 10.257, de 10 de julho de 2001 – Regulamenta os arts. 182 e 183 da Constituição Federal, estabelece diretrizes gerais da política urbana e dá outras providências 181
Decreto-lei n. 3.365, de 21 de junho de 1941 – Dispõe sobre desapropriações por utilidade pública (excertos) 207
Decreto-lei n. 271, de 28 de fevereiro de 1967 – Dispõe sobre loteamento urbano, responsabilidade do loteador, concessão de uso do espaço aéreo, e dá outras providências 209
Lei n. 6.015, de 31 de dezembro de 1973 – Dispõe sobre os Registros Públicos e dá outras providências (excertos) 211
Lei n. 6.766, de 19 de dezembro de 1979 – Dispõe sobre o parcelamento do solo urbano e dá outras providências 213
Lei n. 7.347, de 24 de julho de 1985 – Disciplina a ação civil pública de responsabilidade por danos causados ao meio ambiente, ao consumidor, a bens e direitos de valor artístico, estético, histórico, turístico e paisagístico (*Vetado*) e dá outras providências (excertos) 233
Constituição da República Federativa do Brasil (excertos) 235
Lei n. 8.429, de 2 de junho de 1992 – Dispõe sobre as sanções aplicáveis aos agentes públicos nos casos de enriquecimento ilícito no exercício de mandato, cargo, emprego ou função na administração pública direta, indireta ou fundacional e dá outras providências 236
Lei n. 9.393, de 19 de dezembro de 1996 – Dispõe sobre o Imposto sobre a Propriedade Territorial Rural – ITR, sobre o pagamento da dívida representada por Títulos da Dívida Agrária, e dá outras providências (excertos) 246
Lei n. 10.406, de 10 de janeiro de 2002 – Código Civil (excertos) 249
Lei n. 12.587, de 3 de janeiro de 2012 – Institui as diretrizes da Políti-

ca Nacional de Mobilidade Urbana; revoga dispositivos dos Decretos-leis n. 3.326, de 3 de junho de 1941, e n. 5.405, de 13 de abril de 1943, da Consolidação das Leis do Trabalho (CLT), aprovada pelo Decreto-lei n. 5.452, de 1º de maio de 1943, e das Leis n. 5.917, de 10 de setembro de 1973, e n. 6.261, de 14 de novembro de 1975; e dá outras providências 250

Lei n. 12.608, de 10 de abril de 2012 – Institui a Política Nacional de Proteção e Defesa Civil - PNPDEC; dispõe sobre o Sistema Nacional de Proteção e Defesa Civil - SINPDEC e o Conselho Nacional de Proteção e Defesa Civil - CONPDEC; autoriza a criação de sistema de informações e monitoramento de desastres; altera as Leis n. 12.340, de 1º de dezembro de 2010, n. 10.257, de 10 de julho de 2001, n. 6.766, de 19 de dezembro de 1979, n. 8.239, de 4 de outubro de 1991, e n. 9.394, de 20 de dezembro de 1996; e dá outras providências 264

Lei n. 13.089, de 12 de janeiro de 2015 – Institui o Estatuto da Metrópole, altera a Lei n. 10.257, de 10 de julho de 2001, e dá outras providências.... 278

Introdução

Aprovada pelo Congresso Nacional e sancionada pelo Presidente da República, a Lei n. 10.257, de 10 de julho de 2001, publicada no *Diário Oficial da União* de 11 de julho de 2001 (oriunda do Projeto de Lei n. 5.788/90), estabelece diretrizes gerais da política urbana no País. Em boa hora, ainda que de certo modo tardiamente, pois o caos urbano já se acha de há muito implantado nas principais cidades do Brasil. Nossa proposta, neste trabalho preliminar, é efetuar algumas anotações que julgamos importantes em relação a este diploma legal.

Como se sabe, a Constituição de 1988 estabeleceu, em seu art. 182, que: "A política de desenvolvimento urbano, executada pelo Poder Público municipal, conforme diretrizes gerais fixadas em lei, tem por objetivo ordenar o pleno desenvolvimento das funções sociais da cidade e garantir o bem-estar de seus habitantes".

A Lei n. 10.257/2001 é a referida nessa disposição constitucional, e dela dependia toda a atuação legislativa e administrativa do Município. A União, aliás, tinha e tem outro fundamento constitucional para editar a lei ora sob comento, pois o art. 24 da Constituição, que contempla as competências concorrentes da União, Estados e Distrito Federal, diz caber a eles ditar normas gerais sobre direito urbanístico (inc. I, § 1º).

Para termos uma visão geral, sintética e histórica da lei, é útil reproduzir algumas considerações constantes do relatório e do voto do relator, produzidos pelo Deputado Inaldo Leitão perante a Comissão de Constituição e Justiça e de redação da Câmara dos Deputados.

Começa o relatório por asseverar que o Projeto de Lei n. 5.788/90, também conhecido como Estatuto da Cidade, visa regulamentar o art. 182 da Constituição, definindo princípios e objetivos, diretrizes de ação e instrumentos de gestão urbana a serem utilizados principalmente pelo Poder Público municipal.

A Lei se divide em cinco capítulos: I – Diretrizes Gerais; II – Dos Instrumentos da Política Urbana; III – Do Plano Diretor; IV – Da Gestão Democrática da Cidade; V – Disposições Gerais.

De modo geral, há no Capítulo I a definição da política urbana, além de disposições sobre a garantia do direito à cidade, urbanismo e direito urbanístico. A Lei estabelece os objetivos da política urbana a serem atingidos por meio da ordenação do uso e da ocupação do solo urbano, da expansão do território urbano e da função social da propriedade. Contempla os casos de abuso do direito de tal função, dentre eles a especulação imobiliária.

Dispõe, ainda, sobre as diretrizes gerais que deverão orientar a política urbana, como a gestão democrática, os objetivos do desenvolvimento urbano. Setorialmente, prevê e define a ordenação do território, o controle do uso do solo, a participação comunitária e o desfavelamento. Elenca os instrumentos da política de desenvolvimento urbano, dispondo sobre o parcelamento, a edificação e a utilização compulsórios, o direito de preempção, o de superfície e a usucapião especial coletiva.

A Lei prevê ainda, no principal, mecanismos sancionatórios aos agentes municipais que descurarem de sua aprovação, concretizando agora, com força, a obrigação da existência do plano diretor, prevista no § 1º do art. 182 da Constituição Federal.

Cabe ainda lembrar que o Projeto de Lei n. 5.788/90, constituiu um aperfeiçoamento do projeto pioneiro na matéria, apresentado em 1989 pelo Sr. Raul Ferraz, visando a regulamentação dos arts. 182 e 183 da Constituição (Projeto de Lei n. 2.191/89). Outros projetos foram aproveitados na elaboração do último substitutivo produzido no âmbito da Comissão de Constituição e Justiça da Câmara dos Deputados. Ao todo, dezessete projetos de lei contribuíram para o advento da nova lei. Esse de n. 5.788/90 foi de autoria do Senador Pompeu de Sousa (no Senado recebeu o n. 181/89).

Em 1997 (*pasmem!*) foi o Estatuto da Cidade aprovado na Comissão de Viação, Desenvolvimento Urbano e Interior da Câmara. A Comissão de Defesa do Consumidor, Meio Ambiente e Minorias (CDCMAM), em forma de substitutivo, aprovou a proposição. A Comissão de Desenvolvimento Urbano e Interior (CDUI) aprovou o substitutivo do Deputado Inácio Arruda e, finalmente, a Comissão de Constituição e Justiça aprovou o substitutivo do Deputado Inaldo Leitão, tendo sido o projeto final aprovado pela utilização da disposição constante do Regimento Interno da Câmara, pela aprovação de todas as Comissões que sobre ela deveriam manifestar-se (20 de fevereiro de 2001). No Senado Federal, a Comissão de Assuntos Sociais aprovou o Projeto de Lei n. 5.788/90 (Estatuto da Cidade) em 30 de maio de 2001. Finalmente, o Senado aprovou, em Plenário, o projeto.

1

Anotações sobre o Capítulo I

DIRETRIZES GERAIS

Com fundamento no art. 182, *caput*, da Constituição Federal, a Lei n. 10.257/2001 dispõe sobre as diretrizes de desenvolvimento urbano no Capítulo I.

Ressaltamos desse capítulo os seguintes pontos fundamentais:

> Parágrafo único do art. 1º: "Para todos os efeitos, esta Lei, denominada Estatuto da Cidade, estabelece normas de ordem pública e interesse social que regulam o uso da propriedade urbana em prol do bem coletivo, da segurança e do bem-estar dos cidadãos, bem como do equilíbrio ambiental".

Sublinhe-se aí que a lei é denominada oficialmente Estatuto da Cidade e que suas diretrizes e normas se destinam não apenas ao direito urbanístico, mas também ao direito ambiental.

O art. 2º arrola várias diretrizes da política urbana que terão de ser observadas pelos Municípios e/ou, em alguns casos, até mesmo pelos Estados.

Dentre os objetivos, destacamos: a gestão democrática por meio da participação popular e de associações representativas; a cooperação entre os governos, a iniciativa privada e os demais setores da sociedade no processo de urbanização; o planejamento do desenvolvimento das cidades; a ordenação e controle do uso do solo, visando evitar: a) a utilização inadequada dos imóveis urbanos; b) a proximidade de usos incompatíveis ou inconvenientes; c) o parcelamento do solo, a edificação ou o uso excessivos ou inadequados em relação à infraestrutura; d) a instalação de empreendimentos ou atividades que possam funcionar como polos geradores de tráfego, sem a previsão da infraestrutura correspondente; e) a retenção especulativa do imóvel urbano, que resulte na sua subutilização ou não utilização; f) a deterioração das áreas urbanizadas; g) a poluição e a degradação ambiental; h) a exposição da população a riscos e desastres; i) a justa distribuição dos benefícios e ônus decorrentes do processo de urbanização; j) a adequação dos instrumentos de política econômica, tributária e financeira e dos gastos públicos aos objetivos do desenvolvimento urbano, de modo a privilegiar os investimentos geradores de bem-estar geral e a fruição dos bens pelos diferentes segmentos sociais; k) a contribuição de melhoria; l) a proteção, preservação e recuperação do meio ambiente natural e construído, do patrimônio cultural, histórico, artístico, paisagístico e arqueológico; m) a audiência do Poder Público municipal e da população interessada nos processos de implantação de empreendimentos ou atividades com efeitos potencialmente negativos sobre o meio ambiente natural ou construído, o conforto ou a segurança da população; n) a simplificação da legislação de parcelamento, uso e ocupação do solo e das normas edilícias, com vistas a permitir a redução de custos e o aumento da oferta dos lotes e unidades habitacionais; o) a isonomia de condições para os agentes públicos e privados na promoção de empreendimentos e atividades relativos ao processo de urbanização, atendido o interesse social; p) o estímulo à utilização, nos parcelamentos do solo e nas edificações urbanas, de sistemas operacionais, padrões construtivos e aportes tecnológicos que objetivem a redução de impactos ambientais e a economia de recursos naturais; q) o tratamento prioritário às obras e edificações de infraestrutura de energia, telecomunicações, abastecimento de água e saneamento. XIX – garantia de condições condignas de acessibilidade, utilização e conforto nas dependências internas das edificações urbanas, inclusive nas destinadas à moradia e ao serviço dos trabalhadores domésticos, observados requisitos mínimos de dimensionamento, ventilação, iluminação, ergonomia, privacidade e qualidade dos materiais empregados (Incluído pela Lei n. 13.699, de 2018).

Como se verifica, trata-se de diretrizes gerais importantes para a efetivação da política urbana. São obrigatórias para os Municípios, que deverão incluí-las em seus planos diretores e em suas leis de uso e ocupação do solo, bem como nas de parcelamento do solo urbano.

O art. 3º prevê as competências da União em matéria de política urbana, dentre outras atribuições que ela detém sobre a matéria.

São as seguintes as atribuições citadas

legislar sobre normas gerais de direito urbanístico. Trata-se de competência concorrente – art. 24, I, § 1º, da CF;

legislar sobre normas para a cooperação entre a União, os Estados, o Distrito Federal e os Municípios em relação à política urbana, tendo em vista o equilíbrio do desenvolvimento e do bem-estar em âmbito nacional. Trata-se de competência comum prevista no art. 23 da CF, que somente se justifica quando há atuação em termos de cooperação; o parágrafo único deste artigo exige lei complementar para o estabelecimento das normas referidas;

promover, por iniciativa própria e em conjunto com os Estados, Distrito Federal e os Municípios programas habitacionais de saneamento básico, das calçadas, dos passeios públicos, do mobiliário urbano e dos demais espaços de uso público;

instituir para desenvolvimento urbano, inclusive habitação, saneamento básico, transporte e mobilidade urbana, que incluam regras de acessibilidade aos locais de uso público;

elaborar e executar planos nacionais e regionais de ordenação do território e de desenvolvimento econômico e social. Trata-se de competência privativa da União – inciso IX do art. 21 da CF.

Tais planos terão como conteúdo assuntos em nível nacional ou supraestadual.

2

Anotações sobre o Capítulo II

DOS INSTRUMENTOS DA POLÍTICA URBANA

SEÇÃO I – Dos instrumentos em geral

A Seção I do Capítulo II trata dos instrumentos da política urbana em geral (art. 4º), dentre os quais são previstos: planos nacionais, regionais e estaduais de ordenação do território e de desenvolvimento econômico e social; planejamento das regiões metropolitanas, aglomerações urbanas e microrregiões; e planejamento municipal . São indicados diversos instrumentos gerais para a consecução desse objetivo, dos quais destacamos: plano diretor; disciplina do parcelamento, do uso e da ocupação do solo; zoneamento ambiental; plano plurianual – mais do que nunca importante, em função da Lei de Responsabilidade Fiscal; diretrizes orçamentárias e orçamento anual etc.; *uso extrafiscal dos tributos; institutos jurídicos* e políticos (desapropriação, servidão administrativa; instituição de zonas especiais de interesse social; unidades de conservação; concessão de direito real de uso; parcelamento, edificação ou utilização compulsórios; usucapião especial de imóvel urbano; direito de superfície; direito de preempção; outorga onerosa do direito de construir e de alteração do uso; transferência do direito de construir; operações urbanas consorciadas; referendo popular e plebiscito; demarcação urbanística para fins de regularização fundiária; legitimação de posse); estudo prévio de impacto ambiental (EIA) e estudo prévio de impacto de vizinhança (EIV).

O § 1º dispõe que os instrumentos referidos regem-se pela legislação que lhes é própria, observado o disposto na Lei.

> "§ 2º Nos casos de programas e projetos habitacionais de interesse social, desenvolvidos por órgãos ou entidades da Administração Pública com atuação específica nessa área, a concessão de direito real de uso de imóveis públicos poderá ser contratada coletivamente."

> "§ 3º Os instrumentos previstos neste artigo que demandam dispêndio de recursos por parte do Poder Público municipal devem ser objeto de controle social, garantida a participação de comunidades, movimentos e entidades da sociedade civil."

SEÇÃO II – Do parcelamento, edificação ou utilização compulsórios

Trata-se da concretização de uma exigência do § 4º do art. 182 da Constituição Federal, que dispõe ser facultado ao Poder Público municipal, mediante lei específica para área incluída no plano diretor, exigir, *nos termos da lei federal*, do proprietário do solo urbano não edificado, subutilizado ou não utilizado, que promova seu adequado aproveitamento, sob pena, sucessivamente, de: I – parcelamento ou edificação compulsórios; II – imposto sobre a propriedade territorial e predial urbana progressivo no tempo; III – desapropriação com pagamento mediante títulos da dívida pública de emissão previamente aprovada pelo Senado Federal, com prazo de resgate de até dez anos, em parcelas anuais, iguais e sucessivas.

O § 1º do art. 5º da Lei, em seu inciso I, define como imóvel subutilizado aquele cujo aproveitamento seja inferior ao mínimo definido no plano diretor ou em legislação dele decorrente; sendo de ressaltar o disposto no inciso II (imóvel utilizado em desacordo com a legislação urbanística ou ambiental), que mereceu veto do Presidente da República.

A notificação ao proprietário para o cumprimento da obrigação deve ser averbada no Cartório de Registro de Imóveis e se fará pessoalmente ou por edital, quando frustrada a primeira hipótese.

Os prazos para a implementação da obrigação não poderão ser inferiores a um ano, a partir da notificação, para que seja protocolado o projeto no órgão municipal competente, e a dois anos, a partir da aprovação do projeto, para iniciar as obras do empreendimento.

O § 5º dispõe que, em empreendimentos de grande porte, em caráter excepcional, a lei municipal específica a que se refere o *caput* poderá prever a conclusão em etapas, assegurando-se que o projeto aprovado compreenda o empreendimento como um todo.

Determina o art. 6º que a transmissão do imóvel, por ato *inter vivos* ou *causa mortis*, posterior à data da notificação, transfere as obrigações de parcelamento, edificação ou utilização previstas no art. 5º, sem interrupção de quaisquer prazos.

Essa última disposição nos lembra um fato importante: na hipótese de alguém herdar uma gleba de terra e esta ser incluída no plano diretor, determinando-se o parcelamento e/ou edificação compulsórios, e supondo-se que os herdeiros não possuam recursos financeiros para o empreendimento, como fica a aplicação do dispositivo?

A única solução possível para o caso será a utilização do instituto jurídico da operação urbana consorciada prevista nos arts. 32 a 34-A da Lei, cujo detalhamento é tratado mais adiante neste estudo, (Seção X do Capítulo II). Se isso não for possível, a solução será a venda do imóvel ou a desapropriação.

SEÇÃO III – Do IPTU progressivo no tempo

O art. 7º da Lei dispõe que, se não forem cumpridas as condições e os prazos previstos na forma do *caput* do art. 5º ou as etapas previstas no § 5º do art. 5º, o Município procederá à aplicação do IPTU progressivo no tempo, com a majoração da alíquota por cinco anos. O valor da alíquota a ser aplicado a cada ano será fixado na lei específica a que se refere o *caput* do art. 5º ("Lei municipal específica para área incluída no plano diretor poderá determinar o parcelamento, a edificação ou a utilização compulsórios do solo urbano não edificado, subutilizado ou não utilizado") e não será maior do que o dobro do valor referente ao ano anterior, respeitada a alíquota máxima de quinze por cento.

Caso a obrigação não esteja atendida em cinco anos, o Município manterá (deverá manter) a cobrança pela alíquota máxima (quinze por cento) até que se cumpra a referida obrigação, garantida a prerrogativa prevista no art. 8º (a desapropriação do imóvel, se não cumpridas as exigências do *caput* do art. 5º, com pagamento em títulos da dívida pública – §§ 1º e 2º).

O § 3º do art. 7º veda a concessão de isenções ou de anistia relativas à tributação progressiva. Trata-se de norma geral de direito tributário, que obriga os Municípios validamente, com fulcro no art. 146 da Constituição Federal, considerado o assunto, pelo conteúdo, como passível de lei complementar.

Cuida-se, portanto, de tributação extrafiscal de finalidade punitiva, com progressividade no tempo.

Já o IPTU progressivo normal, para fins urbanísticos e sociais, veio contemplado no § 1º do art. 156 da Constituição, com redação dada pela Emenda Constitucional n. 29, de 13 de setembro de 2000, segundo o qual o IPTU poderá ser progressivo em razão do valor do imóvel e ter alíquotas diferentes de acordo com a localização e o uso do imóvel; tudo sem prejuízo da progressividade no tempo, prevista no supracitado § 4º do art. 182 da Carta.

SEÇÃO IV – Da desapropriação com pagamento em títulos

O art. 8º impõe a mais grave punição ao proprietário que relutar em dar ao imóvel as destinações previstas no art. 182, § 4º, da Constituição. Trata-se da desapropriação, com pagamento mediante títulos da dívida pública. Estes terão emissão previamente aprovada pelo Senado Federal, com prazo de resgate de até dez anos, em parcelas anuais, iguais e sucessivas, assegurados o valor real da indenização e juros legais (inc. III do § 4º do art. 182 da CF).

Segundo o preceito legal, decorridos cinco anos de cobrança do IPTU progressivo sem que o proprietário tenha cumprido a obrigação de parcelamento, edificação ou utilização, o Município poderá (não "deverá") proceder à desapropriação do imóvel, com pagamento em títulos da dívida pública.

O § 2º do art. 8º da Lei define o "valor real" da indenização: deverá refletir o valor da base de cálculo do IPTU, descontado o montante incorporado em função de obras realizadas pelo Poder Público na área onde este se localiza após a notificação prevista no § 2º do art. 5º; não computará expectativas de ganhos, lucros cessantes e juros compensatórios.

Pensamos que esses incisos são inconstitucionais, uma vez que não levarão, como se verifica de sua simples leitura, à justa indenização de que fala o art. 5º, XXIV, da Constituição da República.

O § 3º da Lei dispõe que os títulos de que trata o artigo não terão poder liberatório para pagamento de tributos.

Por sua vez, o § 4º determina que o Município procederá ao adequado aproveitamento do imóvel no prazo máximo de cinco anos, contado a partir de sua incorporação ao patrimônio público. Segundo o § 5º, esse aproveitamento poderá ser efetivado diretamente pelo Poder Público, ou por meio de alienação ou concessão a terceiros, observando-se, nesses casos, o devido procedimento licitatório.

Trata-se, como se vê, de nova justificativa de desapropriação, não incluída no rol do Decreto-lei n. 3.365/41 ou da Lei n. 4.132/62.

Outro ponto a ser observado é que, quanto à Lei n. 8.666/93, em seu art. 17, I, *a*, *b*, *c* (ver MP n. 335/2006, transformada na Lei n. 11.481/2007), *d*, *e*, *f* e *g* (acrescentada pela Lei n. 11.196/2005), além de terem sido declaradas suas inconstitucionalidades, em liminar, pelo STF, as alíneas *b*, *c*, e *e* não podem mais ser aplicadas em relação aos bens desapropriados nas condições do art. 8º da Lei n. 10.257/2001.

Já os adquirentes dos imóveis nas condições anteriores terão de se submeter à obrigação de parcelamento, edificação ou utilização, já vista.

SEÇÃO V – Da usucapião[1] especial de imóvel urbano

O art. 183 da Constituição prevê a figura jurídica da usucapião especial nas seguintes condições:

a) o possuidor deverá ter uma área urbana de até 250 m², durante cinco anos, ininterruptamente e sem oposição;

[1] "Usucapião", segundo alguns dicionários, é substantivo feminino e não masculino, como tem sido tratado nos meios jurídicos.

b) deverá utilizá-la para sua moradia ou de sua família; não deverá ser proprietário de outro imóvel, urbano ou rural.

Observadas tais condições, o possuidor adquirirá o domínio do imóvel, mediante procedimento próprio.

O art. 9º da Lei n. 10.257/2001 dispõe que o título de domínio será conferido ao homem ou à mulher, ou a ambos, independentemente do estado civil (§ 1º); o herdeiro legítimo continua, de pleno direito, a posse de seu antecessor, desde que já resida no imóvel por ocasião da abertura da sucessão (§ 3º).

O art. 10 cria uma figura (de duvidosa constitucionalidade, pois pode ofender o direito de propriedade de alguém – art. 5º, XXII, da CF), que é a usucapião coletiva; será efetuada em áreas urbanas inferiores a 250 m^2 por possuidor, ocupadas por população de baixa renda para sua moradia, por cinco anos, ininterruptamente e sem oposição, onde não for possível identificar os terrenos ocupados por cada possuidor. Haverá, então, o que a lei denomina "usucapião coletiva", desde que os possuidores não sejam proprietários de outro imóvel urbano ou rural.

Esse art. 10 com sua redação original foi excluído, sendo a sua atual redação a seguinte:

> "Art. 10. Os núcleos urbanos informais existentes sem oposição há mais de cinco anos e cuja área total dividida pelo número de possuidores seja inferior a duzentos e cinquenta metros quadrados por possuidor são suscetíveis de serem usucapidos coletivamente, desde que os possuidores não sejam proprietários de outro imóvel urbano ou rural" (*Redação dada pela Lei n. 13.465, de 2017.*).

O possuidor pode, para contar o prazo de cinco anos, acrescentar sua posse à de seu antecessor, contanto que ambas sejam contínuas (§ 1º). A usucapião coletiva é somente de imóvel urbano, devendo ser declarada pelo juiz, mediante sentença, que servirá de título para registro no Cartório de Registro de Imóveis (§ 2º).

Na sentença, o juiz atribuirá igual fração ideal de terreno a cada possuidor, salvo acordo escrito entre os condôminos estabelecendo frações ideais diferenciadas (§ 3º).

O condomínio especial daí advindo é indivisível, não sendo passível de extinção, salvo deliberação de, no mínimo, dois terços dos condôminos, no caso de urbanização posterior a sua constituição (§ 4º).

O art. 11 determina o sobrestamento de quaisquer outras ações, petitórias ou possessórias, que venham a ser propostas relativas ao imóvel usucapiendo, na pendência da ação de usucapião.

No art. 12 são indicadas as partes legítimas para a propositura da ação de usucapião especial urbana, sendo nela obrigatória a intervenção do Ministério Público.

De acordo com o art. 13, a usucapião especial de imóvel urbano poderá ser invocada como matéria de defesa, valendo a sentença que a reconhecer como título para registro no Cartório de Registro de Imóveis.

A ação terá o rito sumário (art. 14).

SEÇÃO VI – Da concessão de uso especial para fins de moradia

Essa Seção foi totalmente vetada pelo Presidente da República (arts. 15 a 20).

O art. 15 contemplava uma figura jurídica nova, também de duvidosa constitucionalidade e legalidade, pois criava a possibilidade de um ônus real sobre imóvel público, ao dispor que aquele que possuísse como sua área ou edificação urbana de até 250 metros quadrados situada em imóvel público, por cinco anos, ininterruptos e sem oposição, teria o direito à concessão de uso especial para fins de moradia em relação à referida área ou edificação.

A Lei não pode determinar obrigação desse tipo ao poder Executivo, pois o Legislativo, no caso, está administrando no lugar daquele, o que viola, evidentemente, o princípio da independência e harmonia dos poderes, previsto no art. 2º da Constituição Federal. Ainda, referida concessão, dizia o projeto, seria gratuita.

Além disso, como se sabe, os bens públicos são imprescritíveis, e isso significa não serem suscetíveis de sofrer ônus reais obrigatórios. Entende Hely Lopes Meirelles que "a imprescritibilidade dos bens públicos decorre como consequência lógica de sua inalienabilidade originária"[2].

O art. 16 criava a mesma figura no sentido coletivo, para população de baixa renda, padecendo dos mesmos vícios de inconstitucionalidade.

O art. 18 continuava a senda da inconstitucionalidade, ao dizer que a concessão de uso especial seria obtida pela via administrativa ou, em caso de recusa, pela via judicial.

Posteriormente, o Presidente da República baixou a Medida Provisória n. 2.220, de 4 de setembro de 2001, disciplinando todos os aspectos relativos à concessão especial de moradia.

Essa figura nova teria assento no art. 183, § 1º, da Constituição Federal, que dispõe: "O título de domínio e a concessão de uso serão conferidos ao homem ou à mulher, ou a ambos, independentemente do estado civil".

Sobre essa disposição, Fernanda Lousada Cardoso[3], no item 6 do artigo, dedicou comentários esclarecedores fazendo uma análise constitucional do texto legal.

Inicia suas ponderações sobre as polêmicas que tem suscitado o instituto. Na sua opinião, "o art. 183 da Constituição prevê em seu *caput* a usucapião especial urbana, modo de aquisição original da propriedade". Seu § 1º trata da concessão de títulos de domínio e de uso, sendo nessa passagem mencionada a concessão de uso. No entanto, ao citá-lo, o texto constitucional não regulou seus requisitos nem o âmbito de sua incidência, deixando a tarefa ao legislador infraconstitucional.

Outrossim, irrefutável reconhecer que o *caput* do art. 183 apenas trata da hipótese de aquisição de domínio, não podendo, portanto, ser apontado como fundamento constitucional da concessão especial de uso de bem público, como defende Vanesca Buzelato Prestes[4].

---

2. *Direito administrativo brasileiro*, São Paulo: Malheiros, p. 481.

3. Comentários à Medida Provisória n. 2.220/2001: concessão especial de uso para fins de moradia e autorização de uso para fins comerciais, *Revista Magister de Direito Ambiental e Urbanístico*, n. 10, fev./mar. 2007.

4. A concessão especial para fins de moradia da Constituição Federal e no Estatuto da Cidade – uma exegese da MP n. 2.220/2001, *Revista da Procuradoria-Geral do Município de Porto Alegre*, POA-CEDIM, n. 17, p. 124.

Cita, a seguir, a profª Maria Sylvia Zanella Di Pietro: "Contudo, embora o *caput* se refira à aquisição de domínio, o § 1º fala em título de domínio e em concessão de uso. Esta não constitui forma de transferência de domínio. Em consequência, não deveria estar mencionada no dispositivo, conforme ressalta José Afonso da Silva. Diz o jurista comentando esse parágrafo: 'Na verdade, não é o título de domínio e a concessão de uso, mas um ou outro, porque são institutos excludentes. Aliás, a bem da verdade, a concessão de uso não tem cabimento no caso, pois a usucapião é modo de aquisição da propriedade e não meio de obter mera concessão de uso'"[5].

Ao depois, a autora, Fernanda Lousada Cardoso, expõe a sua opinião sobre a inconstitucionalidade do instituto: "Segundo nossa opinião, a normativa se apresenta inconstitucional por evidente afronta ao princípio federativo, plasmado no art. 18 da Carta Maior e eleito cláusula pátria pelo constituinte, nos termos do art. 60, § 4º, I; mas também por completa ausência de competência legislativa da União para regular a matéria, já que, sobre direito urbanístico e política urbana, compete-lhe apenas legislar sobre normas gerais, nos termos dos arts. 24, I, e 182, ambos da Constituição da República. A matéria, não se pode olvidar, envolve gestão de patrimônio público, tema sobre o qual, cada ente tem ampla autonomia para legislar privativamente"[6].

Ao final, a autora entende ser aplicável a Medida Provisória caso se adote a interpretação de que a concessão especial de uso é uma decisão discricionária do Poder Público, sendo seu reconhecimento uma faculdade, não consistindo em direito subjetivo do ocupante[7].

Essas colocações nos trazem reflexões sobre as dificuldades que hão de ser enfrentadas pelos tribunais, para o deslinde da matéria.

No nosso entender, a expressão *concessão de uso*, não obstante as críticas da profª Maria Sylvia e do eminente José Afonso da Silva, está incluída no texto constitucional (§ 1º do art. 183) e dele não pode ser sacada pelo intérprete. Em consequência, está sim, a União, legitimada a fazer uso do

---

[5]. Concessão de uso especial de obter mera concessão de moradia, in Adilson de Abreu Dallari e Sérgio Ferraz (org.). *Estatuto da Cidade*, São Paulo: Malheiros, 2002, p. 156.

[6]. *Revista Magister de Direito Ambiental e Urbanístico*, cit., p. 97.

[7]. *Revista Magister de Direito Ambiental e Urbanístico*, cit., p. 98.

instituto. Somente que talvez não devesse impor como sendo direito subjetivo do ocupante a obtenção de título de concessão, pelo menos em relação aos outros entes federativos, que têm a titularidade dos seus bens públicos e, assim, somente eles podem impor (pelas constituições estaduais ou leis orgânicas) os modos de utilizações e alienações. Deveria a medida provisória apenas traçar normas gerais sobre o instituto e, deixando a critério dos entes federativos Estados e Municípios, legislar sobre a concretização da obrigatoriedade ou não da concessão especial de moradia.

Porém, como a matéria, sob esse aspecto constitucional, é de extrema dificuldade, somente após manifestações do Judiciário é que poderemos discutir em pormenores as suas disposições. Isso porque, se a Medida Provisória n. 2.220/2001 vier a ser julgada como inconstitucional, de nada valerão comentários sobre suas disposições[8].

SEÇÃO VII – Do direito de superfície

Esta Seção trata de uma figura que há muito deveria ter adentrado o sistema jurídico positivo de nosso país.

O art. 21, § 1º, da Lei define o direito de superfície como aquele segundo o qual o proprietário urbano poderá conceder a outrem o direito de usufruir da superfície do imóvel, por tempo determinado ou indeterminado, mediante escritura pública registrada no Cartório de Registro de Imóveis. Esse direito abrange o de utilizar o solo, o subsolo ou o espaço aéreo relativo ao terreno, na forma estabelecida no contrato, atendida a legislação urbanística.

Na realidade, não se trata apenas do direito de superfície, mas sim da propriedade toda, pois o Código Civil, em seu art. 1.229, dispõe que a propriedade do solo abrange o subsolo e o espaço aéreo até onde possam ser úteis para o proprietário. A concessão (no sentido comum da palavra) poderá ser gratuita ou onerosa (§ 2º) e o superficiário (aquele que obtém o direito à superfície) responderá integralmente pelos encargos e tributos que incidirem sobre a propriedade superficiária, arcando ainda, propor-

[8]. *Vide*: Arguição de Inconstitucionalidade n. 0041454-43.2012.8.26.0000, da Comarca de São Paulo, em que é suscitante a 6ª Câmara de Direito Público do Tribunal de Justiça de São Paulo.

cionalmente a sua parcela de ocupação efetiva, com os encargos e tributos sobre a área objeto da concessão do direito de superfície, salvo disposição em contrário do contrato respectivo (*sic*) (§ 3º).

O § 4º dispõe que o direito de superfície poderá ser transferido a terceiros, obedecidos os termos do contrato respectivo, e o § 5º admite a transferência do direito de superfície aos herdeiros por morte do superficiário.

O direito de superfície é tema que já mereceu estudos no Brasil.

Ricardo Pereira Lira[9] dedicou um capítulo todo ao estudo do referido instituto, começando pelos romanos, passando pelo direito comparado e analisando-o no antigo anteprojeto de Lei de Desenvolvimento Urbano.

O autor dividiu o estudo do direito de superfície em três grandes grupos, incluindo no primeiro aqueles que disciplinam expressamente o instituto, como o direito alemão, o italiano, o espanhol, o belga e o suíço. No segundo, arrola aqueles em que o direito de superfície é resultado de construção doutrinária, qualificando-o como exceção admitida ao princípio da acessão. É o caso do direito francês e do direito italiano ao tempo do Código Civil de 1865. No terceiro se encontram os que não reconhecem a existência do direito de superfície, por isso que não está expressamente consagrado, prevalecendo nesses ordenamentos o critério do *numerus clausus* para os direitos reais, em razão de a taxatividade estar claramente determinada – havendo até mesmo o banimento declarado do instituto, como é o caso da Argentina –, ou porque a taxatividade é resultante de pronunciamento doutrinário – hipótese essa corrente, como se verá a seu tempo, no Brasil[10].

Segundo o relato de Ricardo Pereira Lira, Arminjon-Nolde-Wolff anotam que o direito de superfície tornou-se um dos meios a serem utilizados pelo movimento da reforma imobiliária, iniciado por Adolf Damaschke, para colocar um fim aos inconvenientes resultantes da circunstância de a propriedade encontrar-se, em regra, em mãos de particulares. Foi a cidade de Frankfurt – exemplo seguido por outras cidades e estados alemães – que mereceu o privilégio de, a partir do começo do século XIX, haver abandonado a prática funesta da venda de extensas glebas às empresas de constru-

---

[9]. *Elementos de direito urbanístico*, Rio de Janeiro: Renovar, 1991.

[10]. *Elementos*, cit., p. 31-32.

ção e outros especuladores, prática ensejadora de nefasto tráfico de imóveis, que recebiam o condenável tratamento de simples mercadorias. Adotou-se a política de não mais vender terrenos destinados à construção de moradias. As comunas e os estados reservaram para si a propriedade de tais terrenos, concedendo, por determinado número de anos (50, 80, 100), o *direito de superfície* a associações de entidade pública. Ficavam estas obrigadas a pagar uma renda anual e a construir casas de um tipo específico, entregando-as a terceiros mediante locação a preços preestabelecidos, conforme certas regras[11].

Mais à frente o autor revela: "as teorias que concebem binariamente a relação superficiária distinguem no direito de superfície duas ordens de relacionamento: concessionário – bem superficiário e concessionário – bem superficiário e concessionário – dono do solo".

Não há maiores dúvidas quanto à primeira: consubstancia direito de propriedade.

O debate se travou em torno da natureza jurídica do vínculo concessionário – dono do solo. Alguns o qualificaram como servidão *oneris ferendi* ou inominada. Outros sustentam adquirir o superficiário a propriedade do solo, verificando-se um fenômeno de acessão em sentido contrário ao normal. A concepção não recebe o sufrágio dos ordenamentos, briga com o conteúdo mesmo do direito de superfície. Cogitou-se, ainda, como se tratando de limitação legal, de limitações recíprocas[12].

Adianta Ricardo Pereira Lira que, modernamente, a relação concessionário – dono do solo é autônoma, consubstanciando "um direito real de construir acima ou abaixo do solo de outrem, ou de nele plantar"[13]. Em complemento, afirma: "o domínio do titular do direito de superfície sobre a coisa superficiária é, em princípio, resolúvel, existindo enquanto exista o direito de superfície. Expirada a concessão, se desvanecem a propriedade superficiária e o direito de construir ou plantar"[14].

---

[11]. *Elementos*, cit., p. 37.

[12]. *Elementos*, cit., p. 55-56.

[13]. *Elementos*, cit., p. 56.

[14]. *Elementos*, cit., p. 57.

Quanto ao conceito do instituto, o autor, após descartar alguns deles, por não refletirem o estágio da doutrina moderna sobre o tema, oferece-nos o seguinte conceito: "é o direito real autônomo, temporário ou perpétuo, de fazer e manter construção ou plantação sobre ou sob terreno alheio; é a propriedade – separada do solo – dessa construção ou plantação, bem como é a propriedade decorrente da aquisição feita ao dono do solo de construção ou plantação nele já existente"[15].

Em relação ao direito brasileiro, Ricardo Pereira Lira, no excelente estudo referido, informa-nos aspectos históricos bastante interessantes sobre o instituto[16]:

a) O direito de superfície foi admitido em nosso ordenamento até o advento da Lei n. 1.237, de 24 de setembro de 1864.

b) Teixeira de Freitas, em nota ao art. 52, § 2º, da Consolidação, faz remissão à nota 21, onde indica: "(21) Regime de 12-12-1605, Lei n. 243, de 30-11-1841 – art. 11, e Regul. de 11-1-1842. *É um direito civil real de superfície*" (o grifo é do autor).

c) Lafayette Rodrigues Pereira esclareceu que, antes da promulgação da Lei n. 1.237, de 1864, "havia uma hipótese em que a casa podia ser hipotecada sem solo – quando a superfície do solo pertencia ao devedor". A superfície constituía um direito real (*in superficie*) e o superficiário podia hipotecá-lo.

d) O Projeto Clóvis Beviláqua revisto acrescentava ao elenco dos direitos reais a superfície.

e) Houve tentativa de introdução no movimento de reforma do Código: a tentativa de 1965/1966 e a iniciativa de 1972.

Finalmente, Ricardo Pereira Lira recomenda a urgente introdução do instituto no direito positivo, por meio de lei extravagante, sem aguardar a conclusão da revisão do Código Civil. Foi o que ocorreu com a promulgação da presente Lei.

Outra autora, Marise Pessôa Cavalcanti, na Coleção Biblioteca de Teses, da Editora Renovar, fez publicar sua excelente dissertação apresentada, com inegável êxito, à Escola da Magistratura do Estado do Rio de Janeiro

[15]. *Elementos*, cit., p. 14.

[16]. *Elementos*, cit., p. 86 e s.

(2000); trouxe contribuição valiosíssima para o estudo do direito superficiário entre nós.

Destacamos dessa obra, inicialmente, dois pontos relevantes para a compreensão racional do instituto[17].

a) O conceito do direito de superfície: aponta-nos o conceito já transcrito do prof. Ricardo Pereira Lira e, ainda, o do Dr. José Guilherme Braga Teixeira[18]: "Direito real de construir ou plantar em terreno alheio, por prazo determinado, sendo a propriedade da construção ou da plantação, pertencente, em caráter resolúvel, ao superficiário, distinta da propriedade do solo".

b) Natureza jurídica: "Pode-se dizer que a natureza jurídica da superfície é de direito real imobiliário, limitado e autônomo de manter, ou de fazer e manter construção ou plantação em solo alheio, conferindo ao titular (superficiário) a propriedade resolúvel da construção ou plantação separada da propriedade do solo. Será, ainda, o direito complexo se a construção ou plantação não preexistem no terreno, devendo ser realizadas pelo superficiário".

Outros aspectos relevantes do instituto são registrados pela autora:

a) A extinção do direito de superfície, que normalmente se dá pela caducidade, ou seja, pelo término do prazo acordado, que faz com que a propriedade superficiária (reversão) retorne ou ingresse no patrimônio do *dominus soli*. Outras formas de extinção são indicadas: a renúncia, a confusão, a resolução, o distrato, a prescrição, a desapropriação e o perecimento do objeto[19].

b) Proteção: o superficiário goza das ações possessórias (manutenção e reintegração) e petitórias (reivindicatória, negatória e confessória), considerando-se que tem direito oponível *erga omnes*[20].

Também José Afonso da Silva, em sua excelente e já clássica obra *Direito urbanístico brasileiro*[21], dedicou o item 18 ao estudo do instituto. Seguindo lição de Giovani Balti, anota a seguinte definição para o direito de superfície: "É o instituto mediante o qual se atribui a pessoa diversa do

[17]. *Superfície compulsória*: instrumento de efetivação da função social de propriedade, Rio de Janeiro: Renovar, 2000, p. 12-14.

[18]. *O direito real de superfície*, São Paulo: Revista dos Tribunais, 1993, p. 57.

[19]. *Superfície compulsória*, cit., p. 18-19.

[20]. *Superfície compulsória*, cit., p. 20.

[21]. *Direito urbanístico brasileiro*, 2. ed. São Paulo: Malheiros, 1995, p. 368-372.

proprietário o direito real de utilização do solo. Observa que sua adoção facilitaria a imposição da adjudicação compulsória (CF, art. 182, § 4º), onde isso fosse aconselhável pelo planejamento urbanístico. Entende que sua natureza é controvertida"[22].

O mestre salienta que o Decreto-lei n. 271, de 28 de fevereiro de 1967, deu um passo importante no sentido da adoção do instituto, na forma de concessão real de uso.

Cita o Projeto de Lei n. 5.788/90, de autoria do então Senador Pompeu de Sousa, que previu a instituição do direito de superfície, na conformidade dos seus arts. 27 a 32[23].

De volta à análise da Lei n. 10.257/2001, o art. 22 prevê que, em caso de alienação do terreno, ou do direito de superfície, o superficiário e o proprietário, respectivamente, terão direito de preferência, em igualdade de condições com ofertas de terceiros. A disposição nos mostra que o direito de superfície é completamente autônomo em relação ao direito de propriedade. Fala-se mesmo, por essa razão, em propriedade superficiária. O art. 23 aponta as hipóteses em que o direito de superfície se extingue.

O art. 24 trata da recuperação, pelo proprietário, do pleno domínio do terreno, das acessões e benfeitorias introduzidas no imóvel, independentemente de indenização, se as partes não houverem estipulado em contrário. Antes do termo final do contrato, extinguir-se-á o direito de superfície se o superficiário der ao terreno destinação diversa daquela para a qual foi concedida.

SEÇÃO VIII – Do direito de preempção

Segundo Ricardo Pereira Lira[24], o direito de preempção "consiste na preferência que o Município passaria a ter na aquisição de imóvel urbano, objeto de transação entre particulares".

Entende o autor que "a concepção é urbanisticamente válida, pois o

[22]. *Direito urbanístico brasileiro*, cit., p. 368.
[23]. *Direito urbanístico brasileiro*, cit., p. 371.
[24]. *Elementos*, cit., p. 167-168.

Município, em áreas previamente definidas na lei e no plano de uso do solo, poderá adquirir desde logo imóveis cuja aquisição futura será inevitavelmente mais onerosa, após a realização de determinado plano específico de urbanização. Possibilita que a *plus valia*, decorrente da implantação dos equipamentos urbanos e da implementação dos planos, se dê nas mãos do Poder Público"[25].

Entende-se por direito de preempção a possibilidade legal que permite ao Poder Público municipal (no caso da lei) exercer o direito de preferência para aquisição de imóvel urbano objeto de alienação onerosa entre particulares (art. 25).

Portanto, o direito de preempção somente é previsto em favor do Município e incide sobre alienação onerosa entre particulares.

O § 1º do art. 25 impõe uma condição para o exercício do direito de preferência: lei municipal, baseada no plano diretor, delimitará as áreas em que poderá incidir o direito de preempção e fixará o prazo de vigência, não superior a cinco anos, renovável a partir de um ano após o decurso do prazo inicial de vigência. Isso significa que, esgotados os cinco anos, durante um ano o Poder Público municipal não poderá exercer o direito de preferência.

O art. 26 indica as hipóteses em que poderá ocorrer o exercício do direito de preempção pelo Poder Público municipal: para regularização fundiária; para execução de programas e projetos habitacionais de interesse social; para constituição de reserva fundiária; para ordenamento e direcionamento da expansão urbana; para implantação de equipamentos urbanos e comunitários; para criação de espaços públicos de lazer e áreas verdes; para criação de unidades de conservação ou proteção de outras áreas de interesse ambiental; para proteção de áreas de interesse histórico, cultural ou paisagístico[26].

O parágrafo único obriga a lei municipal prevista no § 1º do art. 25 a enquadrar cada área em que incidirá o direito de preempção em uma ou mais das finalidades enumeradas no artigo.

Dispõe o *caput* do art. 27 que o proprietário deverá notificar sua in-

25. *Elementos*, cit., p. 168.

26 . O inc. IX foi vetado e previa "outras finalidades de interesse social ou de utilidade pública, definidas no plano diretor".

tenção de alienar o imóvel, para que o Município, no prazo máximo de trinta dias, manifeste por escrito seu interesse em comprá-lo.

A essa notificação será anexada proposta de compra assinada por terceiro interessado na aquisição do imóvel, da qual constarão preço, condições de pagamento e prazo de validade (§ 1º).

Sem sentido, a nosso ver, a obrigatoriedade, para o Município, de fazer publicar em jornal local ou regional de grande circulação edital de aviso de notificação recebida, conforme prevê o § 2º. Sem sentido também a obrigatoriedade, para o proprietário, de, concretizada a venda, apresentar ao Município, no prazo de trinta dias, cópia de instrumento público de alienação do imóvel (§ 4º); ainda, o § 5º dispõe que a alienação processada em condições diversas da proposta apresentada é nula de pleno direito. Aqui sim a norma é procedente e tem absoluto sentido.

Ocorrendo tal hipótese, o Município poderá adquirir o imóvel pelo valor da base de cálculo do IPTU ou pelo valor indicado na proposta apresentada, se este foi inferior àquele (§ 6º).

SEÇÃO IX – Da outorga onerosa do direito de construir

Trata-se também de instituto jurídico novo do direito brasileiro. É o que se denominou *solo criado*.

A propósito desse instituto, conhecido em outros países do primeiro mundo, em especial na França (*plafond légal*), há muitos anos (quando veio à baila a introdução do instituto no Brasil), não obstante a posição tomada na Carta de Embu por renomados publicistas pátrios, que entendiam ser possível ao Município, sem lei federal, introduzir em seu âmbito o "solo criado", assim nos manifestamos:

"Conclusões: a) À norma edilícia-urbanística municipal compete impor um limite acima do qual não se poderá construir, que será o 'útil ao exercício do direito de propriedade' pelo proprietário do solo. Acima dele permanece latente o direito do proprietário, pois que, se considerássemos que pudesse a lei administrativa operar a transferência desse direito para o Poder Público, ela estaria regrando a substância do direito de propriedade, o que seria de competência da União, *ex vi* da Constituição Federal. Se hoje o limite imposto pela lei administrativa é um e amanhã é maior (em altura), a diferença automaticamente pertence, pela lei civil, ao proprietário.

b) Quanto à transferência do direito de construir, seja esta de particular ou do Poder Público para o particular, somente norma formal da União pode regrar o assunto, sendo esta a que será competente para operar a substituição da teoria que vê na natureza jurídica do espaço aéreo e do subsolo um direito acessório do imóvel, agasalhada no nosso atual Código Civil, pela outra, que vê nelas 'um direito autônomo'"[27].

Eis aí o Estatuto da Cidade, instituindo, agora sim validamente, o "solo criado" em nosso ordenamento jurídico-positivo, como lei federal que é.

José Afonso da Silva[28] observa que o fenômeno (do solo criado) germinou da evolução tecnológica, da realidade social, em última análise, mas só recentemente o mundo jurídico começou a descobri-lo, para enquadrá-lo no sistema normativo. Sob esse aspecto, em seu conceito procura conjugar quatro mecanismos básicos:

1) coeficiente de aproveitamento único;
2) vinculação a um sistema de zoneamento rigoroso;
3) transferência do direito de construir;
4) proporcionalidade entre solos públicos e solos privados.

"No sistema vigente, o coeficiente de aproveitamento dos terrenos edificáveis é variável em função das determinações da legislação de uso e ocupação do solo, dependendo da definição da densidade estabelecida para as diversas zonas da cidade"[29].

Em outro ponto, o autor observa que a transferência do direito de construir, segundo alguns, é componente necessário do conceito de solo criado; não é o que lhe parece[30].

---

27. O solo criado e a competência edilícia-urbanística municipal, encarte técnico do *Jornal da Gente*, EMPLASA, 1978, p. 12.

28. *Direito urbanístico brasileiro*, cit., p. 233 e s.

29. *Direito urbanístico brasileiro*, cit., p. 233-234.

30. *Direito urbanístico brasileiro*, cit., p. 235.

E observa: "Surge, porém, um problema quanto à competência para regulamentar a compra e venda do direito de construir. Essa não é matéria administrativa para pertencer à competência municipal. É, na verdade, um negócio de compra e venda, e não há compra e venda administrativa, porque se trata de um instituto do direito civil e da competência legislativa da União (CF, art. 22, I).

Então, lei municipal não pode tratar do assunto"[31].

Pois bem, a Lei ora comentada, sendo federal, tratou do assunto e possibilitou que os Municípios permitissem a transferência do direito de construir.

Em outro ponto, José Afonso da Silva entende que o conceito de solo criado não importa na separação da faculdade de construir do direito de propriedade do terreno. Diz: "Ao contrário, reafirma sua correlação na medida em que transforma em direito subjetivo a faculdade de construir até o limite do coeficiente único".

E acrescenta: "Vale dizer que, se adotado o instituto do solo criado, permanecerá intacta a norma do art. 572 do Código Civil [de 1916], segundo o qual, como já tantas vezes vimos, o proprietário pode levantar em seu terreno as construções que lhe aprouver, salvo o direito dos vizinhos e os regulamentos administrativos. O solo criado nada mais seria do que uma simples aplicação dos diversos regulamentos administrativos, que, em verdade, são todas as leis de uso e ocupação do solo e demais leis e regulamentos edilícios.

Por isso mesmo é que sustentamos que sua instituição pode ser estabelecida por lei municipal de uso e ocupação do solo, de preferência pelo plano diretor, visto que não se trata de regular relações civis sobre propriedade"[32].

Como se vê, a tese do ilustre autor não proliferou entre os Municípios, e os poucos que tentaram introduzi-la esbarraram em óbices legais e jurídicos intransponíveis.

É que, como dissemos, somente norma civil de competência da União

---

[31]. *Direito urbanístico brasileiro*, cit., p. 235.

[32]. *Direito urbanístico brasileiro*, cit., p. 236.

poderia instituir a separação do direito de construir do direito de propriedade, prevista no art. 572 do Código Civil (de 1916).

Como disse o ínclito e saudoso Seabra Fagundes[33], "implica, em certo sentido, no regular o conteúdo mesmo do direito de propriedade".

Por isso, "a matéria de competência para legislar sobre o solo criado – tal como o que diz com planos de urbanização – suscita dúvidas, não fáceis de remover. Primeiro, porque o critério do coeficiente único de edificação envolve, de par com o direito de construir, situado inequivocamente na jurisdição municipal, o direito de dispor, que, sendo um dos elementos configuradores do direito de propriedade, se há de situar, primariamente, no âmbito legislativo da União".

E tinha razão o Ministro Seabra Fagundes, pois, se o direito de construir, pelo Código Civil, é inerente ao direito de propriedade, e se o denominado solo criado consiste em "toda edificação acima do coeficiente único, quer envolva ocupação do espaço aéreo quer a de subsolo" (cf. Carta de Embu, item 1.2, in *Solo criado/Carta de Embu*, p. 169), e se, para poder construir acima do coeficiente, o proprietário tem de comprar tal direito do Poder Público (a lei sob comento denominou, por isso, o instituto "outorga onerosa do direito de construir"), a separação do direito de construir do direito de propriedade é ponto central do conceito de solo criado. Nesse sentido, o impulso inicial na instituição dessa figura, entre nós, depende primariamente da lei federal.

Porém, "com a negociabilidade do solo criado é possível suscitar dúvidas. Caberia à União regulá-la, ou pelo menos, a permitir , por reflexo, não bem o direito de edificar, mas sim o conteúdo econômico da propriedade (disposição de direito)"[34].

É que a legislação urbanística municipal metropolitana ou estadual só pode dispor sobre obrigações de fazer ou não fazer; quando se tratar de obrigações de dar, terá de estar autorizada em lei federal, uma vez que isso comporta adentrar o conteúdo do direito de propriedade, de competência privativa da União (CF, art. 22, I).

---

33. Aspectos jurídicos do solo criado, *RDA*, v. 129, p. 9.

34. Aspectos jurídicos do solo criado, *RDA*, v. 129, p. 8.

Prevê o art. 28 da Lei n. 10.257/2001 que o plano diretor poderá fixar áreas nas quais o direito de construir poderá ser exercido acima do coeficiente de aproveitamento básico adotado (que é a relação entre a área edificável e o terreno – § 1º), mediante contrapartida a ser prestada pelo beneficiário.

O plano diretor poderá fixar, ainda, coeficiente de aproveitamento básico único para toda a zona urbana ou diferenciado para áreas específicas dentro desta, diz o § 2º. Evidentemente, a uniformidade e a diferenciação deverão levar em conta situações iguais e desiguais, para que seja cumprido o princípio da isonomia constitucional (art. 5º, *caput*).

O § 3º do art. 28 dispõe que deverão constar do plano diretor os limites máximos a serem atingidos pelos coeficientes de aproveitamento, considerando a proporcionalidade entre a infraestrutura existente e o aumento da densidade esperado em cada área.

O art. 29 faculta ao Poder Público municipal fixar áreas, por meio do plano diretor, nas quais poderá ser permitida alteração do uso do solo, mediante contrapartida a ser prestada pelo beneficiário, e o art. 30 exige lei municipal específica para o estabelecimento das condições a serem observadas para a outorga onerosa do direito de construir e de alteração do uso, determinando: a fórmula de cálculo da cobrança; os casos passíveis de isenção do pagamento da outorga; a contrapartida do beneficiário.

Segundo a disposição do art. 31, os recursos hauridos com a outorga onerosa do direito de construir e de alteração do uso do solo serão aplicados com as finalidades previstas nos incisos I a IX do art. 26 (esses incisos tratam dos casos em que o Poder Público necessitar de áreas para tais fins, justificativos da aplicação do direito de preempção).

SEÇÃO X – Das operações urbanas consorciadas

O art. 32 prevê que lei municipal específica, baseada no plano diretor, poderá delimitar área para aplicação de operações urbanas consorciadas, consideradas estas como o conjunto de intervenções e medidas coordenadas pelo Poder Público municipal, com a participação dos proprietários, moradores, usuários permanentes e investidores privados, com o objetivo de alcançar em uma área transformações urbanísticas estruturais, melhorias sociais e a valorização ambiental (§ 1º).

Tal modalidade não é semelhante à "operação urbana interligada", que, segundo José Afonso da Silva, foi instituída no Município da Capital de São Paulo pela Lei n. 10.209, de 9 de dezembro de 1986.

Na operação urbana consorciada poderão ser previstas medidas como: a modificação de índices e características de parcelamento, uso e ocupação do solo e subsolo; as alterações das normas edilícias, considerado o impacto ambiental delas decorrente; a regularização de construções, reformas ou ampliações executadas em desacordo com a legislação vigente, e, por fim, a concessão de incentivos a operações urbanas que utilizam tecnologias visando a redução de impactos ambientais, e que comprovem a utilização, nas construções e uso de edificações urbanas, de tecnologias que reduzam os impactos ambientais e economizem recursos naturais, especificadas as modalidades de *design* e de obras a serem contempladas (§ 2º).

I – Histórico e conceito

Para tecermos considerações sobre este item introdutório, vamos nos socorrer do excelente trabalho intitulado *Estatuto da Cidade:* guia para implementação pelos municípios e cidadãos[35]. Esse guia, ao tratar das operações urbanas consorciadas, na p. 1, comenta suas finalidades, conceito, requisitos para sua aplicação; normas básicas das operações; requisitos e efeitos das operações; exigência do plano de operação urbana consorciada; aplicação dos recursos com elas obtidos, e complementa o estudo com um breve comentário sobre a aplicabilidade dos certificados de potencial adicional de construção.

Foi inserida, após sua edição, uma errata que substitui as p. 80, 81, 82 por outro texto.

É que a obra referida contém dois momentos em que trata de todos os novos instrumentos jurídico-urbanísticos trazidos pelo Estatuto da Cidade.

Aqui, em primeiro lugar (p. 80 e s.), a preocupação é com o conceito do instituto e com suas raízes históricas.

[35]. *Estatuto da Cidade*: guia para implementação pelos municípios e cidadãos, Brasília: Instituto Pólis, 2001, p. 129 e s.

Quanto ao conceito, diz o trabalho que "operações urbanas consorciadas constituem um tipo especial de intervenção urbanística voltada para a transformação estrutural de um setor da cidade. As operações envolvem simultaneamente: o redesenho desse setor (tanto de seu espaço público como privado); a combinação de investimentos privados e públicos para sua execução e a alteração, manejo e transação dos direitos de uso e edificabilidade do solo e obrigações de urbanização. Trata-se, portanto, de um instrumento de implementação de um projeto urbano (e não apenas da atividade de controle urbano), para uma determinada área da cidade, implantado por meio de parceria entre proprietário, Poder Público, investidores privados, moradores e usuários permanentes.

As operações urbanas articulam um conjunto de intervenções, coordenadas pela Prefeitura e definidas em lei municipal com a finalidade de preservação, recuperação ou transformação de áreas urbanas com características singulares. Essas intervenções podem se dar por meio de obras públicas ou privadas e o estabelecimento de um marco regulatório completamente diferente daquele em vigor para o conjunto da cidade, que muda as obrigações dos agentes públicos e privados envolvidos".

O trabalho informa-nos que a ideia de introduzir operações urbanas como instrumento urbanístico, "tem origem em dupla matriz – europeia (e particularmente francesa) e norte-americana. Tanto num como noutro caso o instrumento aparece para enfrentar um duplo desafio – de reutilização de áreas que sofreram esvaziamento em função de processos de reconversão produtiva e de mobilização direta de capital privado para lograr essas transformações urbanísticas, considerando o contexto de crise fiscal e reforma do Estado que restringem a capacidade de investimento do setor público".

Informa-nos, ainda, o referido trabalho, que "no caso europeu, a legislação francesa das ZAC (zone d'amenagement concerté) promulgada em 1967 e aplicada intensamente nos anos 70 e 80, foi pioneira no estabelecimento de um marco regulatório para projetos de renovação de áreas antigas e/ou de implantação de grandes equipamentos, coordenando as ações dos diversos agentes envolvidos".

No Brasil, informam-nos, as "operações urbanas" surgem nos anos 80, mas, na verdade, o germe delas já existia desde os anos 70, com a "ideia de reurbanizar áreas em parceria com proprietários e investidores" (p. 82).

José Afonso da Silva[36], ao tratar do assunto no seu clássico *Direito urbanístico brasileiro*, assevera: "De modo geral, toda atuação urbanística que envolve alteração da realidade urbana com vista a obter nova configuração da área constitui operação urbana. Mas, como tais, surgiram, em São Paulo, duas modalidades de intervenções urbanísticas com a participação e recursos da iniciativa privada: as operações urbanas integradas e as operações urbanas interligadas, que foram condensadas no Estatuto da Cidade como 'operações urbanas consorciadas'". (p. 368)

O Estatuto da Cidade veio institucionalizar o referido instrumento como "o conjunto de intervenções e medidas coordenadas pelo Poder Público municipal, com a participação dos proprietários, moradores, usuários permanentes e investidores privados, com o objetivo de alcançar em uma área transformações urbanísticas estruturais, melhorias sociais e valorização ambiental". Esse é o conceito legal de operação urbana consorciada.

Após referir-se a esse conceito, José Afonso da Silva diz que: "É instituto assemelhado a dois institutos do direito urbanístico francês: (a) a zona de ordenação concertada, que é operação complexa; (b) a associação fundiária urbana constituída entre proprietários de imóveis urbanos"[37].

Lembra-nos o autor que essas operações urbanas consorciadas que agora entram no Estatuto da Cidade não são desconhecidas no direito urbanístico brasileiro. Conhecidas como *operação urbana interligada*, dizendo que o conceito de *operação urbana consorciada*, constante do art. 32, § 1º, do Estatuto é o mesmo da *operação urbana interligada*, que se acha no art. 1º da Lei n. 11.732, de 14 de março de 1995, que estabeleceu a Operação Urbana Faria Lima na Capital Paulista.

Lembra-nos Régis Fernandes de Oliveira[38] as operações Água Branca – Lei n. 11.774/95 e a Centro – Lei n. 12.349/97, realizadas em São Paulo, muito antes do Estatuto.

---

36. *Direito urbanístico brasileiro*, cit., Malheiros, 2006, p. 361 e s.

37. *Direito urbanístico brasileiro*, cit., p. 368.

38. *Comentários ao Estatuto da Cidade*, São Paulo: Revista dos Tribunais, 2002.

Nós, na primeira monografia lançada no País sobre o Estatuto da Cidade[39] (*Anotações à Lei n. 10.257, de 10-7-2001*), dissemos o seguinte: "De acordo com o art. 32, lei específica, baseada no plano diretor, poderá delimitar área para aplicação de operações urbanas consorciadas, que são definidas pelo § 1º do artigo. Pensamos que não há razão para se condicionar referida lei ao plano diretor".

Nessa obra escrevemos: "Trata-se, aqui, do que José Afonso da Silva denominou operação urbana interligada, dela tratando em seu excelente *Direito urbanístico brasileiro*"[40].

Quanto a esse instituto, referido autor lecionou: "A operação urbana integrada se dará por iniciativa da municipalidade ou mediante proposta apresentada pela iniciativa privada. Os proprietários de lotes ou glebas poderão apresentar propostas para operações urbanas, demonstrando o interesse público e a anuência expressa de um número expressivo de proprietários (80% ou 2/3, conforme o estabelecido no plano diretor) desde que eles financiem a infraestrutura necessária à viabilização do empreendimento"[41].

II – O Estatuto da Cidade e a operação urbana consorciada

Já vimos o conceito de operação urbana consorciada.

Observamos que o Estatuto exige uma lei específica para disciplinar, autorizar, delimitar a área e demais providências (a seguir indicadas) para que se dê execução a uma urbanização consorciada.

Essa Lei poderá prever, dentre outras medidas (§ 2º do art. 32): I – a modificação de índices e características de parcelamento, uso e ocupação do solo e do subsolo, bem como alterações das normas edilícias, considerado o impacto ambiental deles decorrente; II – a regularização de construções, reformas ou ampliações executadas em desacordo com a legislação vigente; III – a concessão de incentivos a operações urbanas que utilizam tecnologias visando a redução de impactos ambientais, e que comprovem a utilização, nas construções e uso de edificações urbanas, de tecnologias que

---

39. Toshio Mukai, *Anotações à Lei n. 10.257, de 10-7-2001*, São Paulo: Saraiva, 2001, p. 49.

40. Toshio Mukai, *Anotações à Lei n. 10.257, de 10-7-2001*, cit.

41. José Afonso da Silva, *Direito urbanístico brasileiro*, cit., p. 27.

reduzam os impactos ambientais e economizem recursos naturais, especificadas as modalidades de design e de obras a serem contempladas.

Quanto ao inciso I, há de se observar que não se pode interpretá-lo no sentido de que ele estaria delegando ao Executivo o poder de modificação de índices e características de parcelamento, uso e ocupação do solo e subsolo, bem como alterações de normas edilícias. Não. A própria Lei específica que aprovar determinada operação urbana, ela mesma, deverá efetuar tais modificações específicas na legislação, somente válidas para a área delimitada.

Não se pode incorrer no mesmo erro em que soçobrou a Lei n. 10.209, de 9 de dezembro de 1986, do Município de São Paulo, que instituiu a operação urbana interligada, segundo a qual os proprietários de terrenos ocupados por favelas ou núcleos poderiam requerer à Prefeitura a modificação dos índices e características de uso e ocupação do solo do próprio terreno ocupado pela favela e outros, de sua propriedade, desde que se obrigassem a construir e doar à municipalidade habitações de interesse social para a população favelada.

Essa Lei foi julgada inconstitucional pelo Tribunal de Justiça de São Paulo pelo fato de admitir a alteração de leis urbanísticas por simples atos administrativos, efetuados pelo poder Executivo, o que viola o princípio da independência e harmonia dos poderes.

É por essa razão que as modificações de índices etc. previstas no inciso I não podem ser efetuadas por atos do Executivo, não se podendo entender que ele teria dado um "cheque em branco" ao Executivo para que este efetuasse tais modificações sob pena de inconstitucionalidade, tal como ocorreu com a Lei n. 10.209 do Município de São Paulo.

Quanto à utilização da operação urbana consorciada em regularização de construções infringentes da legislação, não basta que a lei específica de determinada operação urbana autorize a regularização. Há de se aprovar uma lei de anistia para tais imóveis, inseridos no plano de operação urbana consorciada.

O art. 33 aponta para a obrigatoriedade de constar da lei específica que aprovar a operação urbana um plano de operação urbana consorciada, contendo, no mínimo: definição da área a ser atingida; programa básico de ocupação da área; programa de atendimento econômico e social para a população diretamente afetada pela operação; finalidades da operação; estudo prévio de impacto de vizinhança; contrapartida a ser exigida dos consorciados; forma de controle da operação, obrigatoriamente compartilhado com representação da sociedade civil; natureza dos incentivos a serem concedidos aos proprietários, usuários permanentes e investidores privados, uma vez atendido o disposto no inciso III do § 2º do art. 32 desta Lei.

O § 1º dispõe que os recursos obtidos pelo Poder Público municipal na forma do inciso VI do artigo serão aplicados exclusivamente na própria operação urbana consorciada. Abandona-se, assim, a ideia, que se pretendia impor, da criação de um fundo municipal para operações urbanas consorciadas. É importante, também, que sejam instituídas formas de controle das operações urbanas, com representação da sociedade civil, como dispõe o inciso VII.

O art. 34 traz outra novidade: a lei específica que aprovar a operação urbana consorciada poderá prever a emissão pelo Município de quantidade determinada de certificados de potencial construtivo adicional, que serão alienados em leilão ou utilizados diretamente no pagamento das obras necessárias à própria operação.

Tais certificados serão livremente negociados, mas conversíveis em direito de construir unicamente na área objeto da operação.

O art. 34-A foi acrescido pela Lei n. 13.089, de 2015, com a seguinte redação:

> "Art. 34-A. Nas regiões metropolitanas e nas aglomerações urbanas instituídas por lei complementar estadual, poderão ser realizadas operações urbanas consorciadas interfederativas, aprovadas por leis estaduais específicas.
>
> Parágrafo único. As disposições dos arts. 32 e 34 desta Lei aplicam-se às operações urbanas consorciadas interfederativas previstas no *caput* deste artigo, no que couber".

Aqui teremos de discutir algumas questões.

A primeira diz respeito à obrigatoriedade ou não de os moradores permanentes e proprietários participarem da operação urbana.

O inciso VI obriga a contrapartida de todos em função dos benefícios previstos nos incisos I, II e III do § 2º do art. 32, por força de alteração estabelecida pela Lei n. 12.836, de 2013. Porém, se alguns dos proprietários não se beneficiarem do que contemplam os incisos I, II e III, ainda assim terão de contribuir?

A nossa resposta é positiva, visto que a operação urbana consorciada visa "alcançar em uma área transformações urbanísticas estruturais, melhorias sociais e a valorização ambiental (parte final do § 1º do art. 32)", e, ainda, obter lucro com a eventual revenda de imóveis construídos em melhores condições; é evidente que todo e qualquer proprietário ou morador permanente se beneficiará com o resultado da operação e, sendo assim, se não contribuir no início, estará se locupletando ilicitamente em detrimento do prejuízo dos demais empreendedores.

Outro ponto a discutir é quanto às eventuais revendas de imóveis, novos, resultantes da operação urbana.

É evidente que, se tais imóveis são provenientes de particulares, podem ser livremente vendidos a quem quer que seja; entretanto, se resultarem de áreas públicas (que assim foram consideradas após desapropriações), haverá necessidade de licitação para a venda (o STF já declarou, de há muito, a constitucionalidade da reurbanização de áreas em Santana e Jabaquara e a revenda de imóveis dela resultante).

Um terceiro ponto a discutir está no seguinte: os investidores privados que entrarão como partícipes da operação, já que deverão obter lucros com isso, não deveriam ser escolhidos mediante licitação?

Essa questão nos leva ao certificado de potencial adicional de construção. O art. 34 prevê a possibilidade de o Município, por meio da lei que aprovar a urbanização consorciada, emitir quantidade determinada de certificados de potencial adicional de construção, que serão alienados em leilão ou utilizados diretamente no pagamento das obras necessárias à própria operação.

O § 1º dispõe que os certificados serão livremente negociáveis, mas conversíveis em direito de construir unicamente na área objeto da operação.

Se aquele que adquire certificado de potencial adicional de construção, por meio de leilão, só pode aplicá-lo na operação, sendo então aquele o investidor, está superada a questão da necessidade ou não de licitação para o ingresso de investidor na operação. Estamos considerando que o investidor privado é aquele que ingressa no empreendimento após adquirir em leilão os certificados.

Celso Antonio Pacheco Fiorillo[42] diz que o CEPAC é um certificado de securitização visando financiar as obras necessárias às operações urbanas consorciadas, citando aí Kiyoshi Harada, que, analisando o fato de Estados e Municípios realizarem operações de crédito com emissão de títulos públicos, entende que esses entes federativos são livres para estipular os contornos da operação creditícia, prescrevendo a forma de reembolso, as vantagens e os privilégios concedidos aos subscritores dos títulos, não se submetendo às prescrições da Lei de Mercado de Capitais – Lei n. 4.728, de 24 de julho de 1965[43].

Contudo, há de se observar, quanto aos CEPACs, o que dispõe a Instrução CVM n. 401, de 29 de dezembro de 2003, sobre os registros de negociação e de distribuição pública de Certificado de Potencial Adicional de Construção (CEPAC).

O seu art. 4º determina que "nenhum CEPAC poderá ser ofertado no mercado, sem prévio registro na CVM da operação a que estiver vinculado".

O art. 12 diz que "o Município, em conjunto com a instituição líder da distribuição, contratada nos termos do art. 18, poderá requerer o registro de distribuição pública para realização do leilão do CEPAC".

Um dos últimos pontos a destacar nesse passo: o art. 33 dispõe que o plano de operação urbana consorciada conterá, no mínimo, dentre outros elementos: (...) V – estudo prévio de impacto de vizinhança.

Esse instrumento urbanístico, da maior importância, quando se tratar de grandes empreendimentos, vem contemplado no art. 36 do Estatuto, que determina que lei municipal deverá definir os empreendimentos e atividades privados ou públicos em área urbana que dependerão de elaboração de estudo de impacto de vizinhança (EIV) para obter as licenças e autorizações de construção, ampliação ou funcionamento a cargo do Poder Público municipal.

Eventualmente, se a operação constituir um empreendimento que, potencialmente, possa causar significativa degradação ambiental, haverá necessidade também do estudo de impacto ambiental (EIA/RIMA).

---

42. *Estatuto da Cidade comentado*, São Paulo: Revista dos Tribunais, 2002.

43. Kiyoshi Harada, *Direito financeiro e tributário*, 7. ed. São Paulo: Atlas, 2001, p. 138.

No caso, a obrigatoriedade da elaboração do estudo de impacto de vizinhança não depende de lei municipal, já que o art. 33, V, obriga, aí, a realização do estudo.

III – Da operação urbana consorciada no plano diretor estratégico do Município de São Paulo (Lei n. 13.430, de 13-9-2002)

Os arts. 225 a 234 do plano diretor do Município de São Paulo contemplam as regras do plano para a execução das operações urbanas consorciadas.

Faremos aqui uma rápida análise dos dispositivos novos (detalhamentos) introduzidos no plano diretor referido, para possibilitar a concretização do instituto.

O § 2º do art. 225 delimita as áreas para as novas operações urbanas consorciadas a serem implementadas pelo Município da Capital.

O art. 226 dispõe que,

> "Nas áreas de Operações Urbanas Consorciadas, a serem definidas por lei específica, ficam estabelecidos os seguintes coeficientes de aproveitamento:
>
> I – mínimo – 0,2 (dois décimos);
>
> II – básico – correspondente ao definido nesta Lei para a zona em que se situam os lotes;
>
> III – máximo – 4,0 (quatro)".

O § 2º dispõe:

> "Nas operações urbanas consorciadas e Áreas de Intervenção Urbana, poderão ser estabelecidos coeficientes de aproveitamento máximo superiores a 4,0 (quatro) para os lotes contidos num raio de 600m (seiscentos metros) em torno das estações de transporte ferroviário, desde que o coeficiente de aproveitamento bruto não ultrapasse 4,0 (quatro)".

O art. 229 indica os elementos que deverão conter cada operação urbana, sendo que aqui existem doze elementos, enquanto no Estatuto existem sete.

O art. 230 trata dos CEPACs.

O § 6º desse artigo determina que o Executivo, no prazo de cento e oitenta dias, regulamentará todas as operações relativas aos Certificados de Potencial Construtivo Adicional de Construção (CEPACs).

O art. 231 do Plano dispõe que, em relação às áreas compreendidas no interior dos perímetros das Operações Urbanas Consorciadas, a outorga onerosa reger-se-á, exclusivamente, pelas disposições de suas leis específicas.

O art. 233 prevê que os imóveis localizados no interior dos perímetros de Operações Urbanas não são passíveis de receber o potencial construtivo transferido de outros imóveis não inseridos no seu perímetro.

IV – O instrumento jurídico para a concretização de uma operação urbana consorciada

Nem a Lei n. 10.257/2001 nem qualquer comentário produzido até agora no País enfocam o aspecto da instrumentalização jurídica para a execução de uma operação do tipo.

Ou seja, uma vez reunidos os proprietários, os usuários permanentes e os investidores, que são obrigados a contribuir para a execução do empreendimento, deverão ter suas obrigações e direitos contemplados num contrato, num convênio, ou outro instrumento *sui generis*? Outro ponto: após formatada a junção das vontades desses autores num instrumento jurídico, as contratações de executores de obras, de fornecedores e de prestadores de serviços serão efetuadas por que formas e condições?

Quanto à primeira questão, desde logo descartamos o convênio, já que aqui há contribuições dos partícipes, mas com retornos para a consecução do objeto comum.

Na operação urbana, como a própria palavra diz, parece tratar-se de um consórcio. Porém de consórcio não se trata, uma vez que esse instrumento tradicional só se perfaz entre órgãos e/ou entidades públicas, dele não podendo fazer parte o particular[44].

No caso, há proprietários, usuários permanentes e investidores, em princípio, pessoas físicas ou jurídicas particulares.

Então, de consórcio não se trata.

E, como todos eles, obrigados a contribuir para a execução da operação, deverão, ao final, receber benefícios do empreendimento, haverá na

[44]. Hely Lopes Meirelles, *Direito administrativo brasileiro*, 21. ed. São Paulo: Malheiros, 1990, p. 360, e Diógenes Gasparini, *Direito administrativo*, São Paulo: Saraiva, 2000, p. 369.

relação direitos e obrigações, o que nos leva à natureza jurídica de um contrato plúrimo, comandado pelo Poder Público municipal, por meio da organização de um Comitê Gestor de Operação, ou de um Conselho formado por todos os envolvidos. Contudo, na época da contratação de terceiros para a execução de obras, serviços e compras, se houver recursos públicos envolvidos, como deverá haver, será obrigatória a realização de licitação, salvo em casos de dispensa ou de inexigibilidade.

Já na celebração do contrato plúrimo, uma vez que todos os contratantes estão indicados por lei, será inexigível a licitação, por inviabilidade de competição, uma vez que, quanto aos investidores privados, a licitação já terá sido efetuada antes, quando eles forem adquirir, por meio de leilão, os CEPACs, com os quais investirão na operação.

SEÇÃO XI – Da transferência do direito de construir

Aqui temos o que José Afonso da Silva denominou operação urbana interligada, ou operação de interesse social[45], tendo sido lançada na Capital de São Paulo pela Lei n. 10.209, de 9 de dezembro de 1986, segundo a qual os proprietários de terrenos ocupados por favelas ou núcleos poderiam requerer à Prefeitura a modificação dos índices e características de uso e ocupação do solo do próprio terreno ocupado pela favela e outros, de sua propriedade, desde que se obrigassem a construir e doar à municipalidade habitações de interesse social para a população favelada.

Essa Lei foi julgada inconstitucional pelo Tribunal de Justiça de São Paulo pelo fato de admitir a alteração de leis urbanísticas por simples atos administrativos, efetuados pelo poder Executivo, o que viola o princípio da independência e harmonia dos poderes.

O art. 35 da Lei n. 10.257/2001 prevê que lei municipal, baseada no plano diretor, poderá autorizar o proprietário de imóvel urbano, privado ou público, a exercer em outro local, ou alienar, mediante escritura pública, o direito de construir previsto no plano diretor ou em legislação urbanística dele decorrente, quando referido imóvel for considerado necessário para

45. *Direito urbanístico brasileiro*, cit., p. 329.

fins de: implantação de equipamentos urbanos e comunitários; preservação, quando o imóvel for considerado de interesse histórico, ambiental, paisagístico, social ou cultural; servir a programas de regularização fundiária, urbanização de áreas ocupadas por população de baixa renda e habitação de interesse social.

Essa mesma faculdade poderá ser outorgada ao proprietário que doar ao Poder Público seu imóvel, ou parte dele, para os fins previstos nos incisos I a III do *caput* (equipamentos urbanos e comunitários, preservação histórico-cultural e ambiental e desfavelização) (§ 1º).

O § 2º estabelece que lei municipal específica estabelecerá as condições relativas à transferência do direito de construir.

Evidentemente que, se essa lei der um "cheque em branco" ao poder Executivo, para que este possa alterar índices de ocupação, características do uso e ocupação do solo etc., funções próprias do Legislativo, estará viciada de inconstitucionalidade, tal como ocorreu com a Lei n. 10.209 do Município de São Paulo. Sugerimos que a lei delimite padrões mínimos e máximos para tais modificações a serem efetuadas pelo Executivo, dando discricionariedade técnica a este para as mudanças.

As operações interligadas ou "transferência do direito de construir" receberam de José Afonso da Silva[46] a seguinte assertiva: "A concessão dos benefícios decorrentes da modificação de índices e das características de uso e ocupação do solo é admitida em operações, ou seja, operações que ofereçam, concomitantemente, solução para toda a população da favela ou núcleo do objeto do plano".

E, mais adiante, leciona: "O proprietário interessado nesse tipo de operação deverá submeter à aprovação do Executivo municipal o plano de operação interligada, acompanhado de estudo de viabilidade econômica e do cadastramento do núcleo ou favela elaborado por órgão competente da Prefeitura, encaminhando, ainda, a seguinte documentação: I – proposta de construção de habitações para a totalidade da população da favela ou núcleo objeto da operação, com indicação do terreno ou dos terrenos que a ela serão destinados; II –

[46]. *Direito urbanístico brasileiro*, cit., p. 330.

planos e alterações dos índices e das características de uso e ocupação do solo para o terreno ou terrenos beneficiados pela operação interligada.

A lei autoriza o poder Executivo municipal a receber em doação as habitações de interesse social resultantes da implantação do plano de operação interligada, e a delas dispor, a final, por meio de alienação, excetuada a doação, concessão de uso, locação ou outra forma julgada mais conveniente, dada preferência à população da favela ou núcleo objeto do plano, ficando ainda a Prefeitura com a responsabilidade da transferência da população da favela ou núcleo para as novas habitações, objeto da operação interligada"[47].

Em síntese, diz o autor que "a operação é interligada, como se vê, porque a intervenção na área e os benefícios outorgados estão subordinados à construção de moradias para os moradores de favelas ou núcleos, em terrenos e às expensas do proprietário da área objeto do plano da operação. O proprietário tem dupla vantagem. Uma, porque consegue recuperar seu terreno que se achava ocupado. Outra, porque obtém benefício compensatório com a modificação de índices urbanísticos (de aproveitamento, especialmente, mas, eventualmente, também de ocupação do lote), com o que poderá implantar maior quantidade de construção no terreno desocupado, após a transferência dos moradores para as novas habitações, ficando a área mais valorizada em relação aos vizinhos, cujos índices e características de uso e ocupação do solo se mantêm mais limitadas"[48].

Alertamos, contudo, que o legislador não pode dar ao Executivo um "cheque em branco", a ser preenchido a seu bel-prazer, nessa matéria.

SEÇÃO XII – Do estudo de impacto de vizinhança

Trata-se de um instituto totalmente novo em nível federal, à semelhança do estudo de impacto ambiental (EIA), previsto no inciso IV do § 1º do art. 225 da Constituição.

A matéria, entretanto, é de natureza puramente administrativa, sendo despicienda sua regulação em lei federal. Apenas como norma urbanística

---

47. *Direito urbanístico brasileiro*, cit., p. 331.

48. *Direito urbanístico brasileiro*, cit., p. 331.

pode ser entendida como norma geral, nos termos do art. 24, I e § 1º, da Constituição.

A propósito do assunto, segundo informou Hely Lopes Meirelles[49], "algumas leis orgânicas, como a do Município de São Paulo (Lei Orgânica, art. 159; Lei n. 11.426, de 18-10-93, arts. 23 e 24; e Decreto n. 34.713, de 30-11-94), passaram a exigir, para a implantação de obras que tenham significativa repercussão ambiental ou na infraestrutura urbana, a apresentação pelo interessado de Relatório de Impacto de Vizinhança (RIVI). Este estudo destina-se a permitir que os órgãos competentes da Prefeitura examinem a adequação do empreendimento no respectivo local e entorno, com relação aos aspectos do sistema viário e de transportes, produção de ruídos e resíduos sólidos, capacidade de infraestrutura instalada, etc. Na verdade, as restrições que eventualmente forem feitas pela Prefeitura, em decorrência do relatório de impacto de vizinhança, *não são restrições de natureza civil, mas sim limitações administrativas,* mais propriamente de caráter ambiental urbanístico. Queremos dizer com isso que, embora se faça referência a impacto de vizinhança – podendo utilizar-se aqui, o conceito de *proximidade* referido anteriormente –, é preciso não confundir as exigências decorrentes do RIVI com as restrições de vizinhança impostas pelas leis civis. Aquelas são de ordem pública, estas de natureza privada, como veremos em seguida" (grifos do autor).

Contudo, enquanto o EIA é exigível somente nos casos em que haja, potencialmente, significativa degradação do meio ambiente, o EIV é exigível em qualquer caso, independentemente da ocorrência ou não de significativo impacto de vizinhança. Mas a Lei n. 10.257/2001 restringe a utilização do instituto àqueles empreendimentos e atividades, privados ou públicos, em área urbana, definidos em lei municipal como condição para a obtenção de licenças ou autorização de construção, ampliação e funcionamento a cargo do Poder Público municipal (art. 36).

O art. 37 dispõe que o EIV será executado de forma a contemplar os efeitos positivos e negativos do empreendimento ou atividade quanto à qualidade de vida da população residente na área e suas proximidades, incluindo a análise, no mínimo, das seguintes questões: adensamento po-

49. *Direito de construir*, São Paulo: Malheiros, 1990, p. 45.

pulacional; equipamentos urbanos e comunitários; uso e ocupação do solo; valorização imobiliária; geração de tráfego e demanda por transporte público; ventilação e iluminação; paisagem urbana e patrimônio natural e cultural.

Estabelece, ainda, a lei que deverá ser dada publicidade aos documentos integrantes do EIV, que ficarão disponíveis para consulta, no órgão competente do Poder Público municipal, por qualquer interessado; estabelece também que a elaboração do EIV não substitui a elaboração e a aprovação de estudo de impacto ambiental (EIA), requeridas nos termos da legislação ambiental (art. 38).

3

Anotações sobre o Capítulo III

DO PLANO DIRETOR

3.1. O PLANO DIRETOR E A DOUTRINA URBANÍSTICA PÁTRIA. O TEXTO CONSTITUCIONAL E A FUNÇÃO SOCIAL DA PROPRIEDADE

Há alguns anos no Brasil falou-se muito em plano diretor, e houve até mesmo um campo fértil para a elaboração dos então chamados Planos Diretores de Desenvolvimento Integrado – PDDI. A Fundação Prefeito Faria Lima – CEPAM, de São Paulo, chegou a editar um roteiro básico de elaboração e implantação do plano.

Entendemos que o plano diretor é um instrumento legal que visa propiciar o desenvolvimento urbano (portanto, da cidade) do Município, fixando diretrizes objetivas (metas), programas e projetos para tanto, em um horizonte de tempo determinado.

Esses elementos do plano são voltados para os seguintes conteúdos, que ele deverá consignar e abranger: aspectos administrativo-financeiros, sociais, econômicos, urbanísticos (de ordenação do território, por meio da disciplina dos usos, ocupações, parcelamentos e zoneamento do solo urbano) e ambientais.

A nosso ver, o plano diretor deveria conter disposições e diretrizes bastante gerais, fixando não uma, mas várias alternativas, como as normas discricionárias, que deixam ao administrador margens de liberdade de escolha a seguir para, em seu descortínio, atender da melhor forma o bem comum, ou em função do texto constitucional, que dispõe que a propriedade urbana cumpre a *sua função social* quando atende às normas fundamentais do plano diretor (art. 182, § 2º), concretizando, efetivamente, no plano jurídico-positivo, esse princípio tantas vezes repetido em todas as nossas últimas Constituições.

Lembre-se que o conceito mais preciso da expressão foi ofertado, nos idos de 1942, pelo Supremo Tribunal Federal: "A antiga noção de propriedade que não veda ao proprietário senão o uso contrário às leis e regulamentos, completou-se com o da sua utilização posta ao serviço do interesse social; a propriedade não é legítima senão quando se traduz por uma realização vantajosa para a sociedade"[1].

O plano diretor, segundo a Constituição atual, tem a virtude e o efeito jurídico de tornar realidade essa assertiva de nosso mais alto pretório, pois, embora a Constituição acolha como um de seus princípios fundamentais a função social da propriedade (arts. 170, III, e 5º, XXIII), aquela referida à propriedade urbana é cumprida por meio da observância das disposições do plano diretor.

Nesse sentido, o plano deverá observar, segundo disposição expressa do *caput* do art. 182 da Constituição, as diretrizes baixadas pela União, precisamente aquelas configuradas pela Lei n. 10.257/2001, o Estatuto da Cidade.

Em última análise, a Constituição dá poderes e obrigações ao Município sobre a matéria, assim como à União, na fixação das diretrizes gerais. De um lado, o plano diretor passa a ser um instrumento legal que, até certo ponto, pode mesmo adentrar o direito de propriedade, pois, para tornar efetiva sua função, que hoje compõe o próprio direito de propriedade, pode impor obrigações de fazer e de não fazer e, ainda, dentro de certos limites que não extrapolam os princípios da proporcionalidade e da razoabilidade, impor obrigações de dar.

De outro lado, a União pode – visto que as diretrizes que têm competência para impor, na elaboração do plano diretor pelo Município, são de

[1]. Pleno, j. 17-6-1942, rel. Min. Castro Nunes, *RT*, v. 147, p. 785.

ordem constitucional –, mesmo, impor obrigações de fazer ou não fazer ao Município, visando à concretização do princípio da função social.

3.1.1. *Planejamento municipal: o plano diretor e o Estatuto da Cidade*

O art. 182, § 1º, da Constituição determina que o plano diretor deva ser objeto de lei, sendo obrigatório para cidades com mais de vinte mil habitantes, sendo, portanto, o instrumento fundamental para a política de desenvolvimento urbano e de expansão urbana.

Dessa disposição decorre que o plano diretor deva ser obrigatório; mas a norma era de eficácia contida, porque o *caput* do art. 182 fazia depender a execução da política de desenvolvimento urbano efetuada pelo Município do estabelecimento, pela União, de diretrizes gerais.

E exatamente tais diretrizes vieram a ser produzidas pela Lei n. 10.257/2001, denominada pelo parágrafo único do art. 1º Estatuto da Cidade. Observe-se, ainda, que essa lei traça normas gerais de direito urbanístico, com fulcro no art. 24, I, da Constituição.

No mais, o § 2º do mesmo artigo constitucional dispõe, peremptoriamente, que a propriedade urbana cumpre sua função social quando atende às exigências fundamentais de ordenação da cidade expressas no plano diretor.

Significa isso que o uso da propriedade que não se ativer ao que dispõe o plano diretor será inconstitucional, e, de outro lado, a função social da propriedade ganha, com essa disposição, concretização efetiva no direito pátrio.

Dessas duas disposições, ainda, retira-se a interpretação no sentido de que o âmbito de abrangência do plano diretor é a área urbana ou, no máximo, a zona de expansão urbana (§ 1º), porque o § 2º aponta para a propriedade urbana excluindo a rural, como cumpridora da função social da propriedade, quando atender às exigências de ordenação da *cidade* expressas no plano diretor.

Entendemos que o constituinte não quis dizer que a propriedade deva cumprir apenas as exigências que sejam fundamentais de ordenação da cidade, mas sim que todas as exigências do plano são fundamentais, e, como tal, todas obrigam.

O Estatuto da Cidade concretiza aquela obrigatoriedade do plano diretor, como veremos.

O art. 4º do Estatuto prevê, como instrumentos gerais da política urbana, além dos planos nacionais, regionais e estaduais de ordenação do território e de desenvolvimento econômico e social (inc. I) e do planejamento das regiões metropolitanas, aglomerações urbanas e microrregiões (inc. II), o planejamento municipal (inc. III).

Esse planejamento, segundo a norma, será efetuado por meio do plano diretor (*a*) e concretizado pela disciplina do parcelamento, do uso e da ocupação do solo (*b*), do zoneamento ambiental (*c*), do plano plurianual (*d*), das diretrizes orçamentárias e orçamento anual (*e*), da gestão orçamentária participativa (*f*), dos planos, programas e projetos setoriais (*g*) e dos planos de desenvolvimento econômico e social (*h*).

O plano diretor é tratado no Capítulo III do Estatuto, pelos arts. 39 a 42-B.

O art. 39 expressa o disposto no § 2º do art. 182 da Constituição, quando diz que a propriedade urbana cumpre sua função social quando atende às exigências fundamentais de ordenação da cidade expressas no plano diretor; acrescenta, entretanto, que deva ser assegurado o atendimento das necessidades dos cidadãos quanto à qualidade de vida, à justiça social e ao desenvolvimento das atividades econômicas, respeitadas as diretrizes previstas no art. 2º da Lei.

Portanto, fiel ao texto constitucional, a norma deixa claro que somente a propriedade urbana está sujeita ao plano diretor e que as exigências de ordenação a serem atendidas são as da cidade.

Façamos aqui um parêntese, para demorarmos um pouco na análise da questão das diretrizes impostas pela lei à execução da política de desenvolvimento urbano pelo Poder Público municipal, já que, conforme se prediz no *caput* do art. 182, essas diretrizes teriam de vir contempladas em lei, em princípio, federal.

Portanto, a Lei n. 10.257/2001 veio para tornar exequível o que dispõe o art. 182, não somente para estabelecer as diretrizes reclamadas por essa disposição constitucional, como ainda para tornar também exequíveis, no plano jurídico-positivo, a concretização do princípio da função social da propriedade, já que torna também exequível a obrigatoriedade da existência do plano diretor, como veremos, e, finalmente, regulamenta a urbanização compulsória, prevista no § 4º do art. 182 da Constituição e, ainda, a figura da usucapião urbana prevista no art. 183. Além disso, a Lei aproveitou para instituir novos instrumentos jurídicos para a efetivação da política de desenvolvimento urbano.

Mas, como dissemos, a razão de ser, básica, do Estatuto da Cidade está no fato de ter contemplado as diretrizes gerais para o desenvolvimento urbano do Município. Assim, no seu art. 2º a Lei elenca dezenove diretrizes.

O que nos interessa afirmar, neste momento, é que, segundo o art. 182 da Constituição e também o art. 39 da Lei, essas diretrizes terão de ser obrigatoriamente observadas pelos Municípios na elaboração dos seus planos diretores.

Assim, destacamos algumas dessas diretrizes, tais como a garantia do direito a cidades sustentáveis, ao saneamento ambiental, à moradia, à gestão democrática da cidade, ao planejamento do desenvolvimento das cidades, à ordenação e controle do uso do solo evitando a utilização inadequada dos imóveis urbanos, à proximidade de usos incompatíveis ou inconvenientes, à retenção especulativa de imóvel urbano, a poluição e a degradação ambiental; justa distribuição dos benefícios e ônus decorrentes do processo de urbanização; proteção, preservação e recuperação do meio ambiente natural e construído, do patrimônio cultural, histórico, artístico, paisagístico e arqueológico; regularização fundiária e urbanística de áreas ocupadas por população de baixa renda; simplificação da legislação de parcelamento, uso e ocupação do solo e das normas edilícias, visando à redução de custos e ao aumento de ofertas dos lotes e unidades habitacionais; isonomia das condições para os agentes públicos e privados na promoção de empreendimentos e atividades relativos ao processo de urbanização, atendido o interesse social.

Além de outras não citadas, referidas diretrizes são de observância obrigatória na elaboração dos planos diretores municipais, sob pena de ilegalidade e nulidade destes.

O art. 3º do Estatuto da Cidade ainda prevê a possibilidade de a União instituir novas (outras) diretrizes para o desenvolvimento urbano, inclusive habitação, saneamento básico, transportes e mobilidade urbana, que incluam regras de acessibilidade aos locais de uso público (inc. IV).

Evidentemente, tais diretrizes novas somente poderão ser instituídas pela União mediante lei formal, por força do *caput* do art. 182 da Constituição.

Aduza-se, ainda, que o plano diretor é um dos instrumentos em geral da política urbana, senão o principal, nos termos do que dispõe o art. 4º, III, que prevê, como instrumentos do planejamento municipal: a) o plano diretor; b) a disciplina do parcelamento, do uso e da ocupação do solo; c) o zoneamento ambiental; d) o plano plurianual; e) as diretrizes orçamentárias e orçamento anual; f) a gestão orçamentária participativa; g) os planos, programas e projetos setoriais; h) os planos de desenvolvimento econômico e social.

É interessante observar que a lei não prevê, como tradicionalmente se falava, o *zoneamento urbano* (de cunho puramente territorial e de usos segregados), mas sim o *zoneamento ambiental*, já que, nos tempos atuais, a questão ambiental ganhou, no País, muito mais importância e relevo do que a questão urbanística, podendo-se mesmo dizer que, como afirmava há tempos, Diogo de Figueiredo Moreira Neto, o direito urbanístico é um esgalho do direito ambiental.

Voltando ao Capítulo III, que trata do plano diretor, observa-se que o art. 40 do Estatuto reafirma o que o texto constitucional diz, ou seja, dispõe que o plano diretor, aprovado por lei municipal, é o instrumento básico da política de desenvolvimento e expansão urbana (ver o § 1º do art. 182). Portanto, por essa disposição, o plano diretor abrangeria a zona urbana, que exclui a zona rural.

Porém, contraditoriamente, o § 2º do art. 40 dispõe que o plano diretor deverá englobar o território do Município como um todo. Essa norma não tem consequências irrelevantes e pensamos que muitas discussões deverão ser desenvolvidas em torno dela.

É mister aqui lembrar que, segundo Fernando Alves Correia[2], os planos urbanísticos deverão observar os seguintes princípios estruturais:

> "o princípio da legalidade, composto pelos subprincípios da homogeneidade da planificação, da tipicidade dos planos urbanísticos, o do desenvolvimento urbanístico em conformidade com o plano, e o da obrigatoriedade da planifi-

[2]. *O plano urbanístico e o princípio da igualdade*, Coimbra: Almedina, 1989, p. 285 e s.

cação; o da definição, pela lei, do procedimento de elaboração dos planos urbanísticos; o da diferenciação pela lei de um regime particular para certos tipos de bens; o da hierarquia; o da proporcionalidade em sentido amplo ou da *proibição do excesso* e o da igualdade".

Todos esses princípios estão, de certa forma, contemplados em disposições variadas do Estatuto.

Vê-se, pois, que o plano diretor deve ser elaborado por um procedimento determinado pelo Poder Executivo e/ou também pelo Legislativo, em especial em face do Estatuto, que obriga a participação popular na elaboração do plano.

Outro aspecto e novidade no direito positivo está no § 1º do art. 40, que dispõe que o plano diretor é parte integrante do processo de planejamento municipal, devendo o plano plurianual, as diretrizes orçamentárias e o orçamento anual incorporar as diretrizes e prioridades nele contidas.

A primeira parte da disposição concretiza o que dispõe o art. 4º, III, *a*, do Estatuto, ou seja, o plano diretor é um dos instrumentos do planejamento global do Município.

A propósito, veja-se a lição de José Afonso da Silva[3] a respeito da elaboração do plano, indicando cinco requisitos para tal:

> "a) o processo de planejamento é mais importante que o plano; b) o plano deve ser exatamente adequado à realidade do Município; c) o nível de profundidade dos estudos deve ser exequível; d) o nível de profundidade dos estudos deve ser o necessário para orientar a ação da municipalidade; e) a elaboração do plano converge para dois documentos principais: 1) o plano de diretrizes – que fixa a política global do desenvolvimento do Município e as perspectivas mais gerais para o planejamento do Município (médio e longo prazo); 2) o plano de ação do prefeito que representa a decisão e o compromisso assumido pelo prefeito, quanto às metas de sua administração".

Agora, a Lei acrescenta mais dois requisitos fundamentais para a elaboração do plano diretor: a) que as prioridades e as diretrizes, em termos de despesas para o Poder Público municipal, sejam previstas e conectadas com o plano plurianual, com as diretrizes orçamentárias e com os orçamentos

[3]. *Direito urbanístico brasileiro*, São Paulo: Revista dos Tribunais, 1981, p. 270.

anuais; b) que haja a efetiva e inafastável participação popular na elaboração do plano diretor.

Acrescentou, ainda, José Afonso da Silva[4] que o plano diretor deveria ser elaborado em concordância com o plano plurianual e os orçamentos anuais.

Quanto à metodologia de sua elaboração, lembramos que há necessidade de disciplinar em decreto ou portaria (não há necessidade de lei) o *modus operandi* da participação popular na elaboração do plano, para que não haja tumultos e se percam em discussões etéreas, eternizantes e inócuas as propostas da comunidade.

Ainda quanto à metodologia de elaboração, o plano diretor deve contemplar uma fase de levantamento de dados e de diagnósticos, projeção de hipóteses para o futuro em função desses dados, fixação de diretrizes, objetivos, programas e projetos. Não se pode olvidar que nessa segunda subfase hão de ser levadas em conta as diretrizes do Estatuto fixadas pelo seu art. 2º.

Todas essas fases, segundo José Afonso da Silva, deveriam ser desenvolvidas em três etapas: 1ª) pré-plano ou plano plurianual; 2ª) plano diretor geral; 3ª) planos executivos, inclusive planos parciais e planos especiais ou setoriais[5].

Verifique-se, ainda, que os *princípios do planejamento urbano* devem estar presentes na elaboração do plano diretor (princípios citados por Fernando Alves Correia):

> a) o subprincípio da letra *a* (legalidade), que é o do desenvolvimento urbano em conformidade com o plano e a obrigação de planificar, é imposto pelo art. 182 da Constituição e pelos arts. 50, 52, *caput*, VII, 53 e 54 do Estatuto;
>
> b) o subprincípio da letra *d*, o do procedimento necessário para a elaboração do plano, não poderá prescindir da participação da comunidade segundo o que dispõe o art. 29, XII, da Constituição;
>
> c) o subprincípio da hierarquia está contemplado no art. 21, IX, da Constituição, pois ali está prevista a competência da União para formular planos, nacionais ou regionais, de ordenação do território, planos estes que serão observados pelo planejamento municipal;

---

4. *Direito urbanístico brasileiro*, cit., p. 270.

5. *Direito urbanístico brasileiro*, cit., p. 798.

d) além disso, o art. 3º do Estatuto elenca assuntos de competência da União, que, no futuro, deverão ser observados pelos Municípios;

e) *o princípio da proporcionalidade* é subdividido pela doutrina alemã em: a) princípio da adequação; b) princípio da necessidade; c) princípio da proporcionalidade em sentido estrito.

O princípio da adequação será efetivado pelo cumprimento das diretrizes fixadas nos incisos V, VI, *a*, VIII, X do art. 2º do Estatuto.

Ainda quanto às diretrizes para o desenvolvimento das funções sociais da propriedade urbana, a norma prevê que a política urbana deve estimular a utilização de sistemas operacionais, padrões de construção e recursos tecnológicos disponíveis direcionados a minimizar possíveis impactos ambientais e, ainda, a preservação dos recursos naturais (inc. VII).

Também, para que essa função social seja atendida, as obras relativas à infraestrutura de energia, telecomunicações, saneamento e abastecimento de água devem ter tratamento prioritário na elaboração de políticas urbanas.

Por fim, merece destaque a alteração legislativa (Lei n. 13.699/2018), que incluiu o inciso XIX, no Estatuto da Cidade, ao determinar que, no interior das edificações urbanas, devem ser garantidas condições mínimas de acessibilidade e utilização. Nesse tocante, sem exaurir o rol de medidas, a norma é expressa em relação às dependências "destinadas à moradia e ao serviço dos trabalhadores domésticos, observados requisitos mínimos de dimensionamento, ventilação, iluminação, ergonomia, privacidade e qualidade dos materiais empregados".

Essa disposição vem ao encontro da necessidade de garantir a efetividade do princípio da *dignidade humana*, permitindo a ampla acessibilidade das edificações urbanas, bem como condições dignas de moradia e prestação de serviços para trabalhadores; do *princípio da necessidade*, pelo atendimento dos incisos I, V, XIV, XV, XVI do art. 2º da Lei.

O *princípio da proporcionalidade em sentido estrito* deverá permear todas as diretrizes e previsões do plano.

Finalmente, o mais importante princípio a ser observado pelo plano é o da *igualdade*, que vem contemplado como diretriz geral no art. 2º, XVI.

O § 3º do art. 40 impõe a revisão da lei que instituir o plano diretor a cada dez anos. Entendemos que tal norma é de duvidosa constitucionalidade ao nosso ver, em que pese a ausência de questionamento judicial nesse sentido, pois uma lei federal não pode obrigar o Município a legislar desta ou doutra maneira, em qualquer tempo, sob pena de violação ao princípio da autonomia municipal.

Já o § 4º contém também um comando obrigatório para os poderes municipais, que, no processo de elaboração do plano diretor e na fiscalização de sua implementação, deverão garantir: I – a promoção de audiências públicas e debates com a participação da população e de associações representativas dos vários segmentos da comunidade; II – a publicidade quanto aos documentos e informações produzidas; III – o acesso de qualquer interessado aos documentos e informações produzidas.

Aqui tais obrigações têm respaldo na Constituição, razão por que são legítimas. Com efeito, o disposto no inciso I tem fulcro no art. 29, XII; o inciso II, no princípio da publicidade (art. 37, *caput*), e o inciso III, no art. 5º, XXXIV, *b*.

O Presidente da República vetou o § 5º do art. 40, que dizia ser nula a lei que instituísse o plano diretor em desacordo com o disposto no § 4º.

A justificativa do veto assevera que a estatuição feriria o princípio federativo que assegura a autonomia municipal, uma vez que não cabe à União estabelecer regras sobre processo legislativo a ser obedecido pelo Poder Legislativo municipal.

Ora, o § 4º do art. 40 obtém sua legitimidade no próprio texto constitucional, mais precisamente no art. 1º, § 1º, no inciso XII do art. 29, e no direito de petição inscrito no art. 5º, XXXIII e XXXIV, todos da Constituição.

Portanto, a lei que instituir o plano diretor sem levar em conta os direitos da cidadania, previstos no § 4º do art. 40 do Estatuto, será inconstitucional e, como tal, nula de pleno direito. Portanto, o veto foi absolutamente inócuo.

A propósito, Ruy de Jesus Marçal Carneiro[6] observa:

> "Não é demais que se repita: o art. 29, XII, da Constituição Federal deixa claro que o citado trabalho não mais deve existir como vontade de um homem só ou de uma equipe de técnicos que obedeça à vontade discricionária daquele".

---

[6]. *Organização da cidade*, São Paulo: Max Limonad, 1998, p. 111.

Hoje em dia, a *cooperação das associações representativas no planejamento municipal* é uma vinculação imposta pelo texto constitucional.

É mister transcrever-se o pensamento de Toshio Mukai, que cuida dessa matéria e é enfático ao demonstrar a obrigatoriedade de que a comunidade participe de tão importante evento, como é o *planejamento municipal*, base de toda *política urbana*.

Em tal planejamento, por estar incluído, como uma de suas partes vitais, o plano diretor deve ter, como já dito, a *cooperação das associações representativas no planejamento municipal*, sob pena de, não o fazendo, trazer eivas de inconstitucionalidade àquilo que seja aprovado com a ausência de sua participação.

Assevera ele:

> "Quanto ao Município, o art. 29 prevê que os mesmos organizar-se-ão segundo leis orgânicas próprias, ou seja, segundo suas constituições municipais. O artigo referido arrola dentre as matérias que necessariamente deverão constar da lei orgânica municipal o disciplinamento da cooperação das associações representativas no planejamento municipal (inc. XII), o que obriga que o plano diretor não possa mais ser elaborado, como sempre ocorreu neste país, sem a participação da comunidade"[7].

E o autor cita ainda José Afonso da Silva:

> "Quer dizer, então, que se a Constituição exige a participação popular no planejamento significa participação em todas essas fases do processo. É uma concepção que retira do planejamento urbanístico a conotação técnico-burocrática que o informava no sistema anterior"[8].

Menciona o referido autor o exemplo da lei orgânica de Londrina, que incluiu a referida participação no seu art. 65: "Os Conselhos Municipais serão criados por lei e auxiliarão a Administração Pública municipal no planejamento das políticas a serem implementadas nas áreas de sua competência".

---

7. Ruy de Jesus Marçal Carneiro, Plano diretor nas constituições federal e estaduais e nas leis orgânicas municipais, *RDP*, n. 94, p. 152-153.

8. Inovações municipais na Constituição de 1988 (em homenagem a Hely Lopes Meirelles), *RT*, v. 669, p. 12-13.

No nosso entender, isso não é o bastante para o atendimento do que ordena a Constituição no que tange à participação popular no planejamento municipal.

O art. 41 dispõe sobre a obrigatoriedade do plano diretor; e aqui, enquanto para cidades com mais de vinte mil habitantes (inc. I) é a exigência constitucional (art. 182, § 1º), já quanto às outras hipóteses, temos que, salvo nos casos dos incisos II, III, V e VI, no caso do inciso IV, entendemos que, sobre a obrigatoriedade do plano, por não ter respaldo constitucional, há evidente inconstitucionalidade na eleição referida.

A Lei n. 13.146/2015 alterou a Lei n. 10.257/2001, acrescendo ao art. 3º os incisos III e IV e dando, ao art. 41, o § 3º, com as seguintes redações. Isso tudo, essa Lei o fez com o art. 113:

> "Art. 3º (...)
>
> III – promover, por iniciativa própria e em conjunto com os Estados, o Distrito Federal e os Municípios, programas de construção de moradias e melhoria das condições habitacionais, de saneamento básico, das calçadas, dos passeios públicos, do mobiliário urbano e dos demais espaços de uso público;
>
> IV – instituir diretrizes para desenvolvimento urbano, inclusive habitação, saneamento básico, transporte e mobilidade urbana, que incluam regras de acessibilidade aos locais de uso público;
>
> (...)
>
> Art. 41. (...)
>
> § 3º As cidades de que trata o *caput* deste artigo devem elaborar plano de rotas acessíveis, compatível com o plano diretor no qual está inserido, que disponha sobre os passeios públicos a serem implantados ou reformados pelo poder público, com vistas a garantir acessibilidade da pessoa com deficiência ou com mobilidade reduzida a todas as rotas e vias existentes, inclusive as que concentrem os focos geradores de maior circulação de pedestres, como os órgãos públicos e os locais de prestação de serviços públicos e privados de saúde, educação, assistência social, esporte, cultura, correios e telégrafos, bancos, entre outros, sempre que possível de maneira integrada com os sistemas de transporte coletivo de passageiros".

Observa-se que a inserção do dispositivo legal apontado objetiva garantir aos portadores de deficiência ou com mobilidade reduzida a devida inserção na vida urbana, permitindo a sua locomoção e, por conseguinte, o direito a prestação de serviços públicos e o pleno exercício de direitos sociais.

Com efeito, no caso de regiões metropolitanas e aglomerações urbanas (inc. II), pelo só fato da existência de intensa conurbação, as cidades se entrelaçam, havendo aí vasos comunicantes em termos de habitantes, de modo que será facilmente alcançável o número de vinte mil habitantes. No caso do inciso V, como as cidades são influenciadas por grandes empreendimentos com significativo impacto ambiental regional ou nacional, tais cidades, à evidência, devem estar abrangidas pelo sentido e alcance finalístico do art. 182, § 1º.

Já na hipótese do inciso III, ou seja, em que o Poder Público municipal pretenda utilizar os instrumentos previstos no § 4º do art. 182 da Constituição Federal, a obrigatoriedade da existência do plano diretor se dá de maneira inversa, ou seja, se o Município quiser dar aplicação à referida faculdade constitucional, terá de contar com um plano diretor para isso, segundo dispõe o § 4º do art. 182.

A propósito, o já mencionado Ruy de Jesus Marçal Carneiro[9] assevera:

> "Assim, para que se respeite a dicção constitucional acerca da adoção de um plano diretor, 'obrigatório para CIDADES com mais de vinte mil habitantes...' (destacou-se), voltem-se as vistas para o enunciado atrás transcrito para entender que as cidades é que, obrigatoriamente, devem adotar um plano diretor, e não os Municípios. Estes deverão contar com um planejamento integral, em que aquele deste fará parte".

É essa a orientação do art. 4º do Estatuto, ao determinar que o planejamento municipal (inc. III) deverá contar, como um dos seus instrumentos, com o plano diretor.

Contudo, como vimos, o art. 40, § 2º, dispõe que o plano diretor (e não o planejamento municipal) deverá englobar o território como um todo, o que, como já dissemos, deverá ser objeto de muitas discussões, até judiciais.

---

[9]. *Organização da cidade*, cit., p. 114.

Basta pensar numa propriedade rural, que, segundo o art. 186 da Constituição, cumpre sua função social quando atende aos requisitos nele estabelecidos, e não quando atende às exigências fundamentais do plano diretor, exigências estas que só devem ser feitas em relação à propriedade urbana, conforme reza o § 2º do art. 182.

O § 2º do art. 40 dispõe, ainda, que, "no caso de cidades com mais de quinhentos mil habitantes, deverá ser elaborado um plano de transporte urbano". É inerente ao plano diretor que o componham planos especiais, como de transporte urbano. Não vemos razão nenhuma para a fixação dos quinhentos mil habitantes.

Para complementar essa análise sobre a obrigatoriedade do plano diretor, é necessário deixar registrado que as cidades com menos de vinte mil habitantes, e mesmo que não enquadradas nas hipóteses dos incisos II, III e V do artigo, podem, querendo, ter os seus planos diretores.

De certa forma, em outro dispositivo a Constituição, indiretamente, obriga que todos os municípios tenham seu planejamento.

O autor anteriormente referido aborda esse tema: "O ideal seria que todas as cidades, independentemente do seu contingente populacional, estivessem obrigadas a contar com tão importante instrumento".

Chama-nos a atenção para o inciso XII do art. 29 da Constituição, que, como vimos, determina ser devida a "cooperação das associações representativas no planejamento municipal".

E aduz: "Ora, aqui não há qualquer ordem de limitação no que tange à existência do número de habitantes para que se discuta e aprove o 'planejamento municipal'"[10].

Logo, diz, "o plano diretor, que é a espécie daquele planejamento municipal", deveria ser obrigatório também para as cidades de todos os Municípios, pois, afinal de contas, é por meio dele que se disciplina a vida citadina, bem como e porque "o planejamento deve ser integral, abrangente, isto é, deve envolver os aspectos econômicos, sociais e físico-territoriais

[10]. *Organização da cidade*, cit., p. 117.

da realidade... (cf. Toshio Mukai, citando Celson Ferrari, in *Direito e Legislação Urbanística no Brasil* – História – Teoria – Prática – Saraiva, 1988, p. 99)"[11].

Por fim, o Capítulo III, que trata do plano diretor, o art. 42, que aponta para o seu conteúdo mínimo:

> "I – a delimitação das áreas urbanas onde poderá ser aplicado o parcelamento, edificação ou utilização compulsórios, considerando a existência de infraestrutura e de demanda para utilização, na forma do art. 5º desta Lei;
>
> II – disposições requeridas pelos arts. 25, 28, 29, 32 e 35 desta Lei;
>
> III – sistema de acompanhamento e controle".

O inciso I baseia-se no próprio § 4º do art. 182, que prevê a utilização dos instrumentos ali referidos desde que as áreas de incidência deles estejam incluídas no plano diretor, o que é repetido pelo art. 5º da Lei.

Os arts. 25, 28, 29, 32 e 35, referidos pelo inciso II, dispõem respectivamente sobre o direito de preempção, a outorga onerosa do direito de construir, a alteração do uso do solo, a operação urbana consorciada e a transferência do direito de construir.

O § 1º do art. 28, os arts. 29, 32 e 35 fazem depender do plano diretor a utilização de tais instrumentos jurídicos novos.

Quanto à previsão do sistema de acompanhamento e controle, é fundamental sua operacionalização, já a partir do plano, uma vez que, sem essa providência, o plano e suas diretrizes e prioridades se tornarão inócuos. Aliás, o art. 40, § 4º, já previu: "No processo de elaboração do plano diretor e na fiscalização de sua implementação, os poderes Legislativo e Executivo municipais garantirão...".

Mas esse é o conteúdo mínimo obrigatório por lei. Entretanto, o conteúdo de um plano diretor é muito mais amplo.

Com efeito, um plano diretor deverá abranger aspectos administrativos (que disciplinem as responsabilidades e o *modus operandi* da execução, acompanhamento, fiscalização e alterações do plano), socioeconômicos, urbanísticos e ambientais.

---

[11]. *Organização da cidade*, cit., p. 117.

José Afonso da Silva[12], ainda quanto ao conteúdo específico do plano diretor, assevera:

> "Cuidará da fixação dos objetivos e diretrizes, estabelecerá normas ordenadoras e disciplinadoras pertinentes ao planejamento territorial. Definirá as áreas urbanas, urbanizáveis e de expansão urbana. Disporá sobre a ordenação do solo, estabelecendo as regras de uso e ocupação do solo, incluindo o parcelamento, o sistema de circulação, enfim, aqueles três sistemas: sistema viário, sistema de zoneamento e sistema de lazer e recreação".

Como vimos, atualmente o plano diretor não mais se limita à ordenação urbanística do território, devendo abranger diretrizes e prioridades de cunho social, econômico e ambiental (em especial, pois o Estatuto não fala mais em zoneamento urbano, mas sim em zoneamento ambiental).

Quanto ao conteúdo operacional do plano diretor, Hely Lopes Meirelles[13] assevera:

> "O Plano Diretor é um único, embora sucessivamente adaptado às novas exigências da comunidade e do progresso local, num processo perene de planejamento que realize a sua adequação às necessidades da população, dentro das modernas técnicas de administração e dos recursos de cada Prefeitura. O Plano Diretor não é estático, é dinâmico e evolutivo. Na fixação de objetivos e na orientação do desenvolvimento do Município é a lei suprema e geral que estabelece as prioridades nas realizações do governo local, conduz e ordena o crescimento da cidade, disciplina e controla as atividades urbanas em benefício do bem-estar social".

Quanto ao aspecto das realizações do governo local, segundo o autor,

> "o plano diretor não exige plantas, memoriais e especificações detalhadas, pedindo apenas indicações precisas do que a Administração Municipal pretende realizar, com a alocação aproximada e as características estruturais ou operacionais que permitam, nas épocas próprias, a elaboração de projetos executivos com a estimativa dos custos das respectivas obras, serviços ou atividades que vão compor os empreendimentos anteriormente planejados, sejam construções isoladas, sejam

---

12. *Direito urbanístico brasileiro*, cit.

13. *Direito de construir*, 7. ed. São Paulo: Malheiros, 1996, p. 98.

planos setoriais, de urbanização ou de reurbanização, sejam sistemas viários, redes de água e esgoto, ou qualquer outro equipamento público ou de interesse social"[14].

Quanto à cogência imediata ou não de suas disposições, há dois aspectos a serem levados em conta: a) em relação à Administração; b) em relação aos particulares.

Em ambos os casos, como lei que é, o plano vincula.

a) Em relação à Administração, Hely Lopes Meirelles[15] entende que os planos específicos previstos no plano diretor (planos de reurbanização, ampliações de bairros, urbanizações e loteamento) e, ainda, os empreendimentos parciais integrantes do plano geral

> "não se confundem com o plano diretor, pois, embora sigam suas diretrizes, passam a constituir atos autônomos e concretos da administração e, ainda que aprovados por lei, quando devam ser por decreto, tornam-se passíveis de impugnação judicial se incidentes sobre a propriedade particular e lesivos de direito individual, mesmo antes das medidas expropriatórias para a ocupação do imóvel".

Entretanto, agora, com a vinculação e previsão no plano plurianual, na lei de diretrizes orçamentárias e nos planos anuais, dos empreendimentos, obras, programas e projetos governamentais contemplados no plano, a vinculação das diretrizes e prioridades é patente, sob esse aspecto em relação à Administração, embora possa, em alguns casos, ser de natureza mediata.

Sobre os particulares, a vinculação das disposições do plano é imediata, visto que "a propriedade urbana cumpre sua função social quando atende às exigências fundamentais de ordenação da cidade expressas no plano diretor" (art. 182, § 2º, da CF).

Sobre a vinculação das disposições do plano em relação à Administração e aos particulares, José Afonso da Silva[16] leciona o seguinte:

> "Mas o certo é que a lei do plano é eficaz nos limites de suas determinações, importando em efeitos, logo, vinculantes para os órgãos públicos e para os particulares. Assim, são nulos os atos municipais contrários às normas do plano. As limitações à propriedade privada operam imediatamente, quer

---

14. *Direito de construir*, cit., p. 99.

15. *Direito de construir*, cit., p. 100.

16. *Direito administrativo brasileiro*, cit., p. 131.

quanto às obrigações de fazer, como a regra *non aedificandi*, referentes às áreas declaradas não edificáveis, quer quanto às obrigações de fazer, como as definições de área em que o Poder Público municipal, mediante lei específica, poderá exigir, nos termos de lei federal, que o proprietário do solo urbano não edificado, subutilizado ou não utilizado, promova o seu adequado aproveitamento, sob pena de parcelamento ou edificação compulsórios (art. 182, § 4º, da CF)".

Finalmente, outro ponto fundamental quanto à elaboração e aprovação do plano diretor está na sua tramitação legislativa, visto que já era da doutrina que o plano diretor deveria ser aprovado por lei, e agora a Constituição de 1988 previu expressamente essa obrigatoriedade.

O processo legislativo é o comum e a iniciativa do projeto, à evidência, deve ser do Executivo, como seria normal. Quanto a emendas, Joaquim Castro Aguiar[17] assevera:

> "se o projeto de lei do plano diretor não envolver matéria de iniciativa do Prefeito, pode ser substancialmente emendado. Se nele forem encontradas matérias de iniciativa exclusiva, pode ser emendado, desde que disso não resulte aumento da despesa prevista, podendo, porém, haver diminuição da despesa".

Para complementar, deixamos por último o aspecto mais importante sobre o plano diretor, que repousa na questão de sua efetiva obrigatoriedade (a Constituição diz ser obrigatória para cidades com mais de vinte mil habitantes, porém, como não impôs nenhuma sanção, ficou tal obrigatoriedade na dependência de lei regulamentadora desse aspecto).

O Estatuto da Cidade veio dar concreção àquela norma constitucional, por duas disposições:

I – a que faz incidir sobre o prefeito a sanção de improbidade administrativa (nos termos da Lei n. 8.429/92), se este não tomar as providências para que o plano diretor esteja aprovado em até cinco anos após a entrada em vigor da Lei (art. 52, VIII, da Lei n. 10.257/2001);

II – a que acresce como objeto da ação civil pública e como motivo da

---

17. *Direito da cidade*, Rio de Janeiro: Renovar, 1996, p. 51.

ação cautelar respectiva a *ordenação urbanística*, propiciando que o Ministério Público ou entidade com mais de um ano de existência ingresse em juízo, para, em pedido liminar, e no mérito, obrigar a Câmara Municipal a aprovar o plano diretor, se decorridos os cinco anos, com fulcro no art. 3º da Lei n. 7.347/85.

Dir-se-ia que essa assertiva e essa possibilidade seriam inconstitucionais, uma vez que não poderia o Poder Judiciário obrigar a Câmara Municipal a legislar, pois isso violaria o princípio da separação de poderes. Entretanto, a conclusão lastreia-se em outro princípio fundamental da Constituição, ou seja, no da função social da propriedade (art. 170, III, da CF), que somente se concretiza quando a propriedade urbana cumpre as exigências do plano diretor (§ 2º do art. 182) e, se este é obrigatório para cidades com mais de vinte mil habitantes (art. 182, § 1º), tal obrigatoriedade impõe e acaba por completar a estrutura jurídico-constitucional do princípio da função social da propriedade. Daí a conclusão, retirar do próprio texto constitucional o seu fundamento de validade.

A propósito, em nosso socorro, vale citar aqui decisão do E. Tribunal de Justiça de São Paulo, com a seguinte ementa:

> "Ação Civil Pública, com indeferimento da inicial, por impossibilidade jurídica do pedido. 1 – As obrigações de fazer permitidas pela Ação Civil Pública não têm força de quebrar a harmonia e independência dos Poderes. 2 – Direitos difusos e coletivos só podem ser defendidos pelo Ministério Público em Ação Civil Pública, quanto à obrigação de fazer, quando o ordenamento jurídico expressamente preveja como ato vinculado (a lei manda que se faça); não porém, quando o erguimento da obra ou a sua reconstrução se insiram no âmbito da discricionariedade administrativa" (TJSP, 2ª Câmara de Direito Público, AC 126.386-5/8-SP; rel. Des. Vanderci Álvares, j. 30-5-2000 ; v.u., *Bol. AASP*, n. 2.238, p. 2034).

Complementado pela seguinte decisão do C. STJ:

> "Processual civil. Administrativo. Medida cautelar. Efeito suspensivo a recurso especial. Ação civil pública. Pedido de obrigação de não fazer análise, aprovação ou permissão de empreendimentos ou obras nas áreas de que trata a Lei municipal n. 10.617 de 15-9-2000. Vícios formais no processo legislativo. Lesão a padrões urbanísticos. Adequação da via eleita acórdão por

maioria. Extinção do feito (art. 267, VI, do CPC). Embargos infringentes. Cabimento. Terceiro prejudicado. Legitimidade" (STJ, 1ª T., AGRg na MC 15.988/SP; rel. Min. Luiz Fux, j. 15-12-2009).

No caso, o Estatuto obriga que o plano diretor seja aprovado em cinco anos.

Alternativa para a concretização daquela obrigatoriedade seria a utilização do mandado de injunção, previsto no art. 5º, LXXI, da Constituição: "conceder-se-á mandado de injunção sempre que a falta de norma regulamentadora torne inviável o exercício dos direitos e liberdades constitucionais e das prerrogativas inerentes à nacionalidade, à soberania e à cidadania".

Ora, o plano diretor, pela obrigatoriedade constitucional da participação popular na sua elaboração, execução e fiscalização, representa o exercício da cidadania. Daí por que cabe, no caso, o mandado de injunção para obrigar a Câmara Municipal a aprová-lo.

Convém aqui trazer à colação observações relevantes de Luís Roberto Barroso[18], que analisa a evolução da jurisprudência do Supremo Tribunal Federal a respeito do mandado de injunção.

Diz o autor:

> "O fato é que o STF, após o ímpeto inicial de rejeição às potencialidades do novo remédio constitucional, parece haver se sensibilizado com a crítica dos doutrinadores e com a discordância dos Tribunais inferiores. Deveras, sem acolher plenamente as ideias aqui sustentadas, a mais Alta Corte evoluiu em relação à sua postura original, que, praticamente – e com grande inocuidade – equiparava o mandado de injunção à ação direta de inconstitucionalidade por omissão.
>
> A nova visão do STF começou a se delinear no julgamento do mandado de injunção impetrado com fundamento no art. 8º, § 3º, do ADCT da Carta de 1988.
>
> Tal dispositivo prevê que cidadãos afetados por atos discricionários do Ministério da Aeronáutica, editados logo após o movimento militar de 1964, fazem jus a uma reparação de natureza econômica, na forma que dispuser lei de iniciativa do Congresso Nacional, e a entrar em vigor no prazo de doze meses a contar da promulgação da Constituição.

---

[18]. *O direito constitucional e a efetividade de suas normas*, 5. ed. Rio de Janeiro: Renovar, 2001, p. 262 e s.

A lei não foi editada no prazo previsto. Foi impetrado, assim, o Mandado de Injunção 283-5, sob o fundamento de que um direito subjetivo constitucional era obstado por tal omissão legislativa.

O acórdão cuidou de deixar remarcado que, além de declarar a mora do legislador, o mandado de injunção era deferido para:

a) assinar o prazo de 60 dias para que se ultimasse o processo legislativo, inclusive a sanção presidencial;

b) se ultrapassado esse prazo, reconhecer ao impetrante a faculdade de obter, contra a União, pela via processual adequada, a reparação devida;

c) declarar que, prolatada a sentença condenatória, a superveniência da lei não prejudica a coisa julgada, que, entretanto, não impede o impetrante de obter os benefícios da lei posterior, no que lhe for mais favorável"[19].

Comenta o autor o acórdão referido:

"O Supremo Tribunal Federal, ao afirmar tal posição: a) admitiu converter uma norma constitucional de eficácia limitada (porque dependente de norma infraconstitucional integradora) em norma de eficácia plena; b) considerou o mandado de injunção hábil para obter a regulamentação de *qualquer* direito previsto na Constituição, e não apenas dos direitos e garantias fundamentais constantes do seu Título II"[20].

Mais adiante, o autor refere que essa mudança de orientação do STF consolidou-se no julgamento do Mandado de Injunção 232-I, observando que na parte relevante para o tema a decisão foi assim ementada:

"Mandado de injunção conhecido, em parte, e, nessa parte, deferido para declarar-se o estado de mora em que se encontra o Congresso Nacional, a fim de que, no prazo de seis meses, adote ele as providências legislativas que se impõem para o cumprimento da obrigação de legislar decorrente do art. 195, § 7º, da Constituição, sob pena de, vencido o prazo sem que essa obrigação se cumpra, passar o requerente a gozar da imunidade requerida" (MI 232-I-RJ, rel. Min. Moreira Alves, *DJU*, 27 mar. 1992 , p. 3800)[21].

---

19. *O direito constitucional*, cit., p. 262-264.

20. *O direito constitucional*, cit., p. 264.

21. *O direito constitucional*, cit., p. 264-265.

Observamos que, editada a sentença condenatória, a recalcitrância do órgão em legislar representará desobediência a decisão judicial, que constitui crime.

Ao final dos presentes comentários adveio a Medida Provisória n. 2.220, de 4 de setembro de 2001 (*DOU*, de 5-9-2001), que veio disciplinar o então novo instrumento jurídico, que havia sido o instituto jurídico denominado concessão de uso especial para fins de moradia (arts. 15 a 20 da Lei n. 10.257/2001), que havia sido vetado.

Interessa-nos, sobre essa Medida Provisória, demorar um pouco sobre o Capítulo II, que tratou do Conselho Nacional de Desenvolvimento Urbano (CNDU), visto que, de certa forma, suas atribuições podem ter interferência no plano diretor do Município.

Verificamos que, dentre suas atribuições, previstas no art. 10 da referida Medida, existem algumas que, se não interpretadas de maneira sistemática com outras disposições, em especial as de ordem constitucional, poderão vir a surgir normas editadas inconstitucionalmente pelo CNDU, por afronta ao princípio da autonomia municipal.

Contém esse perigo a atribuição prevista no inciso I da Medida Provisória: "propor diretrizes, instrumentos, normas e prioridades da política nacional de desenvolvimento urbano". Essa atribuição terá de ser exercida por meio de normas válidas para a União, uma vez que se trata de normas regulamentares administrativas, as quais haurem sua legitimidade na competência (administrativa apenas) prevista no art. 21, XX, da Constituição: "instituir diretrizes para o desenvolvimento urbano, inclusive habitação, saneamento básico e transportes urbanos". Também essa competência está prevista no inciso IV do art. 3º do Estatuto.

Insista-se que as diretrizes, instrumentos, normas e prioridades referidos no inciso I não podem incidir ou ter reflexo direto na política de desenvolvimento urbano prevista no plano diretor, porque as diretrizes para tal, de competência da União, só podem ser fixadas por lei, segundo o *caput* do art. 182 da Constituição, e, no caso, tratar-se-ão de atos normativos administrativos. Se se pensar ao contrário, entretanto, observe-se que a competência ali disposta é para "propor" normas, e não para baixá-las.

Além disso, o Município não pode ficar sujeito à obediência de normatividades baixadas por um simples órgão federal, porque isso atentaria contra a autonomia municipal (art. 18 da CF).

O inciso II, parece-nos, não deverá levar a inconstitucionalidades na sua execução.

O inciso III diz que compete ao CNDU propor a edição de normas gerais de direito urbanístico e manifestar-se sobre propostas de alteração da legislação pertinente ao desenvolvimento urbano. Essa atribuição está perfeitamente de acordo com um órgão dessa natureza, que não tem e não pode ter caráter deliberativo, mas sim consultivo, em relação aos Municípios, a não ser em relação ao próprio órgão da União.

O inciso IV dá atribuições ao CNDU para emitir orientações e recomendações sobre a aplicação do Estatuto e sobre os demais atos normativos relacionados ao desenvolvimento urbano. Tal atribuição é de assessoramento. Mas as orientações e recomendações para a aplicação dos atos normativos que o próprio CNDU editar não podem ser obrigatórias para os Municípios, sob pena de violação ao princípio da autonomia municipal.

Quanto ao inciso V, promoção de cooperação entre as entidades federativas, mediante convênios e consórcios, está prevista na Constituição de maneira explícita e detalhada (ver o art. 241) e só pode ser desse modo, a não ser nas regiões metropolitanas, aglomerações urbanas e microrregiões (art. 25, § 3º, da CF), onde há uma compulsoriedade na cooperação.

Observamos que tais convênios e consórcios de cooperação deverão ser disciplinados por lei, diz o art. 241. A lei da União já existe (é a própria MP n. 2.220 e o Estatuto da Cidade – art. 3º, III); faltarão leis para tal dos Estados, do Distrito Federal e dos Municípios.

O art. 42-A da Lei n. 10.257/2001, com seus incisos e parágrafos, foi todo excluído pela Medida Provisória n. 547, de 2011. Em seguida, foi incluído, com redações próprias, pela Lei n. 12.608/2012, bem como o art. 42-B e seus incisos e parágrafos.

3.1.2. O princípio da função social da propriedade no direito brasileiro

Foi o célebre Léon Duguit[22] que cunhou, superando a noção absolutista do direito de propriedade, a seguinte assertiva: "A propriedade

22. *Las transformaciones generales del derecho privado*, Pamplona: Analecta, Ediciones y Libros, 1931, p. 37.

não é mais o direito subjetivo do proprietário; é a função social do detentor da riqueza".

Entre nós, a Constituição de 1934 introduziu o conceito de função social da propriedade, herdada da Constituição de Weimar de 1919. Passa, assim, o exercício do direito de propriedade a ser restringido pelo interesse social da coletividade, devendo adequar-se às relações de vizinhança impostas pelo direito civil e ao interesse social concretizado nas limitações urbanísticas à propriedade particular.

Com o tempo, o conceito de função social da propriedade foi-se introduzindo, tanto na doutrina como na jurisprudência, de tal modo que, a partir de 1946, já não se discute sua condição de princípio vetor do direito público.

A evolução do conceito de propriedade, no Brasil, fica mais esclarecida se atentarmos para o fato de que a função social da propriedade, tecnicamente, sempre foi lembrada, e, desde sua concepção originária, nunca deixou de existir.

A Constituição de 1934, no seu art. 113, n. 17, dispunha: "É garantido o direito de propriedade, que não poderá ser exercido contra o interesse social ou coletivo, na forma que a lei determinar". A Constituição de 1946, no seu art. 147, rezava: "O uso da propriedade será condicionado ao bem-estar social". A Constituição de 1967/69, no seu art. 157, contemplava a ideia de que a ordem econômica teria por fim realizar a justiça social com base, dentre outros princípios, na função social da propriedade (inc. III).

Por fim, a Constituição de 1988 contemplou no inciso XXIII do art. 5º a regra: "a propriedade atenderá a sua função social", e no art. 170 elevou a função social da propriedade a um dos princípios fundamentais da ordem econômica.

E o art. 182, no seu § 2º, pela vez primeira na história do nosso constitucionalismo, veio concretizar o princípio nestes termos: "A propriedade urbana cumpre sua função social quando atende às exigências fundamentais de ordenação da cidade expressas no plano diretor".

Essas exigências fundamentais estão consubstanciadas nas dezesseis diretrizes elencadas no art. 2º da Lei n. 10.257/2001 (Estatuto da Cidade), diretrizes estas que, obrigatoriamente, deverão estar contidas no plano diretor, segundo dispõe o art. 39 do Estatuto.

Voltaremos a esse aspecto mais adiante.

Resta dizer que o significado mais objetivo e claro do princípio da função social da propriedade nos foi dado pelo STF, em acórdão de 1942 (STF, Pleno, 17-6-1942, rel. Min. Castro Nunes, *RT*, v. 147, p. 785), no qual deixou ementado: "A antiga noção de propriedade, que não vedava ao proprietário senão o uso contrário às leis e regulamentos, completou-se com o da sua utilização posta ao serviço do interesse social; a propriedade não é legítima senão quando se traduz por uma realização vantajosa para a sociedade".

3.1.3. O princípio da função ambiental da propriedade no direito brasileiro

A Constituição de 1988 dispôs, no seu art. 225, *caput*, que o meio ambiente é bem de uso comum do povo, sendo dever do Poder Público e da coletividade preservá-lo e defendê-lo. Essa regra, genericamente, à evidência, contempla o princípio da função ambiental da propriedade.

Mas no seu art. 170 é mais clara e precisa, quando exige ao nível de princípio da Ordem Econômica e Financeira a "defesa do meio ambiente" (inc. VI).

E no art. 182, *caput*, dispõe que "a política de desenvolvimento urbano, executada pelo Poder Público municipal, *conforme diretrizes gerais fixadas em lei*, tem por objetivo ordenar o pleno desenvolvimento das funções sociais da cidade e *garantir o bem-estar de seus habitantes*" (grifos nossos).

Ora, a lei que fixou tais diretrizes é, exatamente, o Estatuto da Cidade (Lei n. 10.257/2001), que, dentre essas diretrizes, e para a garantia do bem-estar dos habitantes, impõe que o plano diretor contemple as diretrizes previstas nos incisos IV, VI, *f* e *g*, VIII, XII, todos do art. 2º (art. 39). Além disso, o Capítulo II – Dos Instrumentos da Política Urbana, no seu art. 4º, contempla como um deles o planejamento municipal (inc. III), com os institutos legais: "a) plano diretor; c) *zoneamento ambiental*"; dentre os institutos jurídicos e políticos temos: "e) instituições de unidades de conservação"; e como elemento prévio a certos licenciamentos ambientais e urbanísticos "o estudo prévio de impacto ambiental (EIA) e o estudo prévio de impacto de vizinhança".

Verifica-se, assim, que o Estatuto da Cidade, considerando a competência privativa do Município para legislar e atuar em matéria ambiental no meio urbano, veio, finalmente, tornar obrigatório, com o plano diretor, que os Municípios atuem de fato e de direito sobre o assunto que lhes havia sido negado antes e depois da Constituição de 1988 pela Lei n. 6.938/81, que, no seu art. 10, deu competência exclusiva para os Estados-membros licenciarem todas as atividades potencialmente poluidoras, ainda que puramente locais, numa inconstitucionalidade gritante que alguns, de má-fé, procuram ainda defender.

Porém, com o plano diretor em vigor não será mais possível contrariar a competência exclusiva do Município em exercer suas atividades de licenciamento e sancionatórias em relação ao meio ambiente, pois competir-lhe-á, mais do que aos Estados-membros, dar cumprimento à função ambiental da propriedade.

Função ambiental esta que, a partir de 11 de janeiro de 2003, está contemplada, expressamente, no nosso Código Civil, que, em seu art. 1.228, § 1º (Lei n. 10.406, de 10-1-2002), dispõe: "O direito de propriedade deve ser exercido em consonância com as suas finalidades econômicas e *sociais e de modo que sejam preservados*, de conformidade com o estabelecido em lei especial, a flora, a fauna, as belezas naturais, o equilíbrio ecológico e o patrimônio histórico e artístico, bem como evitada a poluição do ar e das águas".

Eis aí a função social ambiental da propriedade que o plano diretor, de acordo com as diretrizes do Estatuto da Cidade, deverá tornar efetiva.

3.1.4. Função e inserção da variável ambiental no direito de propriedade

I – Sempre houve, aqui e alhures, o conflito propriedade *versus* proteção do meio ambiente.

Desde a Constituição de 1988, entretanto, não deveria haver conflito nenhum nessa matéria, já que: a) o art. 170 dispõe que a ordem econômica, fundada na valorização do trabalho e na livre-iniciativa, deve observar os seguintes princípios: I – soberania nacional; II – propriedade privada; III – função social da propriedade; IV – livre concorrência; V – defesa do consumidor; VI – defesa do meio ambiente (*omissis*); b) o art. 225 prevê que o meio ambiente ecologicamente equilibrado é direito de todos, impondo ao Poder Público e à coletividade o dever de preservá-lo para as presentes e futuras gerações.

Quanto ao art. 225, Márcia Dieguez Leuzinger[23] diz que a Carta Federal "estabeleceu, portanto, uma função, a função ambiental, cuja titularidade foi outorgada ao Estado e à sociedade de um modo geral".

E mais:

> "E a noção de função está ligada à noção de dever. No exercício duma função o sujeito faz uso de um poder, porque, anteriormente, lhe é imposto um dever. A equação correta não se apresenta como um poder-dever, mas, sim, como dever-poder. O poder deixa de ser senhor e transmuda-se em vassalo dever"[24].

Mais adiante a mesma autora escreve:

> "A sujeição de bens ambientais privados a um regime especial, por se tratar de bens de interesse público, é a causa de grande parte dos conflitos ambientais, eis que, aparentemente, há um choque entre o direito de propriedade e o direito de todos ao meio ambiente ecologicamente equilibrado, ou seja, à qualidade ambiental".

Outra autora, em bem elaborado trabalho[25], pondera:

> "Os princípios do direito de propriedade e do meio ambiente são harmonizáveis, salvo se aquele for vislumbrado em sua concepção histórica ou liberal. A existência ou não do conflito dar-se-á em face do contexto em que o direito de propriedade é compreendido. À luz da Constituição, impõe-se um balanceamento dos respectivos pesos, de sorte a permitir a coexistência dos direitos fundamentais. Neste caso, fala-se de direitos competitivos, que são aqueles que podem competir entre si, porque levam a soluções distintas, porém é possível estabelecer um equilíbrio mediante um juízo de ponderação".

23. Meio ambiente – propriedade e repartição constitucional de competências, *Adcoas*, Rio de Janeiro, 2002, p. 51.

24. Márcia Dieguez Leusinger, *Adcoas*, cit., p. 51-52 – cf. Cláudio Hiron Alves Duarte, O município em função do ambiente, *Ajuris*, p. 287-288.

25. Fabíola Santos Albuquerque, *Direito de propriedade e meio ambiente*, Curitiba: Juruá, 1999, p. 124.

Em outro lanço, invocando Canotilho[26], transcreve sua observação:

"A doutrina e a jurisprudência preferem métodos concretos de balanceamento de direitos e interesses [...]. Com efeito, *a priori* e em abstrato é juridicamente incorreto dizer que o direito ao ambiente 'pesa', 'vale mais' ou é 'mais forte' do que o direito de propriedade ou o direito de iniciativa econômica privada".

O método do balanceamento ou de ponderação sugerido permite sopesar os valores e interesses em cada caso.

Ricardo Lorenzetti[27], no mesmo sentido, entende que

"os valores são por si mesmo distintos [...]. A valoração pode ser de tipo comparativo quando de dois objetos se diz que um tem maior valor que outro, expressando-se juízos de preferência ou equivalência, neste caso o modo de interpretar o valor é, então, mediante um juízo comparativo, que denominaremos juízo de ponderação, já que se trata de estabelecer uma medida, um equilíbrio [...], destinado a estabelecer 'seu peso' no caso concreto".

Roxana Cardoso Brasileiro Borges[28], após demonstrar que a Constituição Brasileira contempla uma função ambiental para a propriedade, em sentido amplo, observa que, em relação à propriedade rural, esse conteúdo é compreendido a partir do inciso II do art. 186 da CF, consistindo nos deveres de utilização adequada dos recursos naturais disponíveis e preservação do meio ambiente.

Já o conteúdo específico da função ambiental da propriedade "será dado pela legislação ambiental infraconstitucional", dando como exemplos a Lei n. 12.651/2012 – Código Florestal, a Lei n. 6.902/81, que dispõe sobre estações ecológicas e áreas de proteção ambiental, o Decreto n. 89.336/84, que dispõe sobre as reservas ecológicas e as áreas de relevante interesse ecológico, dentre outros.

Chama-nos a referida autora a atenção para a Lei n. 8.629, de 25 de fevereiro de 1993 – que é a lei complementar que regulamenta os dispositivos relativos à reforma agrária previstos na Constituição —, que traz os

---

26. *Proteção do meio ambiente e direito de propriedade*, Coimbra: Coimbra Ed., 1995, p. 90.

27. *Fundamentos do direito privado*, 1998, p. 287, especialmente p. 126-127.

28. *Função ambiental da propriedade rural*, São Paulo: LTr, 1999, p. 111.

conceitos de utilização adequada dos recursos naturais e preservação do meio ambiente.

Nesse sentido, transcreve os conteúdos do § 2º do art. 9º da Lei n. 8.629/93 e do § 3º do mesmo artigo:

> "§ 2º Considera-se adequada a utilização dos recursos naturais disponíveis quando a exploração se faz respeitando a vocação natural da terra, de modo a manter o potencial produtivo da propriedade.
>
> § 3º Considera-se preservação do meio ambiente a manutenção das características próprias do meio natural e da qualidade dos recursos ambientais na medida adequada à manutenção do equilíbrio ecológico da propriedade e da saúde e qualidade de vida das comunidades vizinhas".

Daí ver, a autora, uma dupla função protetora ambiental nessas disposições:

> "A função, conforme visto acima, consiste numa atividade exercida no interesse não apenas do sujeito que a executa, mas, principalmente, no interesse da sociedade. A função ambiental volta-se para a manutenção do equilíbrio ecológico enquanto interesse de todos, beneficiando, ao mesmo tempo, a sociedade e também aquele que a cumpre.
>
> Há uma dupla proteção na ideia de função ambiental da propriedade: a proteção do meio ambiente e a proteção da própria propriedade. Assim como há a proteção do interesse difuso, há também a proteção do interesse individual do proprietário, na medida em que, enquanto se protege o interesse da sociedade, também o proprietário, titular da função, é protegido"[29].

Ainda, em outra passagem, a autora escreve: "O conteúdo da função ambiental da propriedade é estabelecido legalmente, pois não há função ambiental presumida. O caráter da função ambiental da propriedade é legal. Logo, os deveres jurídicos do proprietário, no exercício do seu direito de propriedade, são estabelecidos por lei – em sentido amplo – para a segurança jurídica do proprietário e da ordem jurídica como um todo"[30].

II – No nosso entender, a legislação ambiental, passível de ser cogitada para interferir no uso da propriedade rural, faz parte constituinte da própria propriedade.

---

[29]. Roxana Cardoso Brasileiro Borges, *Função ambiental*, cit., p. 113.

[30]. Roxana Cardoso Brasileiro Borges, *Função ambiental*, cit., p. 110-111.

Isso significa que o proprietário rural que não estiver dando *adequada utilização aos recursos naturais existentes em sua propriedade, respeitando a vocação natural da terra* e não esteja preservando o meio ambiente, respeitando as características próprias do meio natural e da qualidade dos recursos ambientais, na medida adequada à manutenção do equilíbrio ecológico da propriedade e da saúde e qualidade de vida das comunidades vizinhas, estará exercendo o seu direito de propriedade ilegitimamente, estando sujeito às penalidades cabíveis, inclusive à interdição da atividade produtiva.

É que, em razão do art. 186 da Constituição, a função ambiental da propriedade não é algo externo a ela, mas faz parte intrínseca dela. A propriedade tem função social e ambiental.

Já quanto à propriedade urbana, diz o art. 182, § 2º, que "a propriedade urbana *cumpre sua função social* quando atende às exigências fundamentais de ordenação da cidade expressas no plano diretor".

Quanto à função ambiental, a propriedade urbana (assim como a rural), em seu exercício, deverá, conforme o art. 1.228 do Código Civil, observar o que dispõe o seu § 1º: "O direito de propriedade deve ser exercido em consonância com as suas finalidades econômicas e sociais e de modo que sejam preservados, de conformidade com o estabelecido em lei especial, a flora, a fauna, as belezas naturais, o equilíbrio ecológico e o patrimônio histórico e artístico, bem como evitada a poluição do ar e das águas".

Assim, o Código Civil veio complementar a introdução da função ambiental na propriedade por meio do citado dispositivo, fazendo parte integrante do exercício do direito referido a inafastável obrigação de se observarem as leis ambientais especiais.

A não observância acarretará, da mesma maneira como dissemos em relação à propriedade rural, a ilegitimidade do uso da propriedade, com a aplicação das sanções previstas na legislação, tais como a interdição de atividades ou a obrigação de recuperar os danos ou, ainda, o embargo de obra.

A legislação ambiental aqui referida não é a lei em sentido amplo, mas sim a lei formal, visto que somente ela poderá ser especial. Qualquer decreto, portaria, resolução ou outras normas de caráter inferior não estão enquadradas na expressão *lei especial*, desde que não se trate de regulamentações de leis anteriormente existentes.

Assim, por exemplo, uma Resolução do CONAMA que, *ab initio*, inaugure obrigações de fazer ou não fazer, sem se tratar, portanto, de regulamentação de lei formal anterior, não há de ser observada, segundo o texto do § 1º do art. 1.228 do Código Civil.

Em compensação, as leis formais ambientais (ou os seus regulamentos) fazem parte integrante do direito de propriedade, como conteúdo específico da sua função ambiental.

Com isso, o § 1º do art. 1.228 do Código Civil, com essa redação, veio terminar com o conflito "direito de propriedade *versus* meio ambiente".

3.2. OS PLANOS DIRETORES E SEUS PRINCÍPIOS FUNDAMENTAIS. METODOLOGIA DE SUA ELABORAÇÃO E EXECUÇÃO

Os planos urbanísticos consagrarão, segundo Fernando Alves Correia[31], os seguintes princípios estruturais: o princípio da legalidade, composto pelos subprincípios da homogeneidade da planificação, da tipicidade dos planos urbanísticos, do desenvolvimento urbanístico em conformidade com o plano e da obrigatoriedade da planificação; o da definição pela lei do procedimento de formação dos planos urbanísticos, o da diferenciação pela lei de um regime particular para certos tipos de bens, o princípio da hierarquia; o da proporcionalidade em sentido amplo ou da "proibição do excesso" e o princípio da igualdade.

O princípio da homogeneidade, que obriga o plano diretor a abranger o campo, não foi abraçado pela Constituição de 1988, no art. 182.

Alguns desses princípios, senão todos, estão contemplados em disposições esparsas do Estatuto.

Em termos doutrinários, no Brasil, José Afonso da Silva aponta cinco princípios aplicáveis ao plano diretor:

> "a) o processo de planejamento é mais importante que o plano; b) o plano deve ser exatamente adequado à realidade do Município; c) o plano deve ser exequível; d) o nível de profundidade dos estudos deve ser o necessário para

[31]. *O plano urbanístico e o princípio da igualdade*, Coimbra: Livr. Almedina, 1989, p. 285 e s.

orientar a ação da municipalidade; e) a elaboração do plano converge para dois documentos principais que consubstanciam todo o trabalho: 1) o Plano de Diretrizes – que fixa a política global do desenvolvimento do Município e as perspectivas mais gerais para o planejamento do Município (médio e longo prazos); 2) o Plano de Ação do Prefeito, que representa a decisão e o compromisso assumido pelo Prefeito, quanto às metas de sua administração"[32].

Ressalta, ainda, José Afonso da Silva a necessidade de o plano diretor ser elaborado em concordância com o plano plurianual (PPA, hoje) e os planos orçamentários anuais[33].

Ainda, quanto a sua metodologia de elaboração, o plano diretor deve contemplar uma etapa de levantamento de dados e de diagnóstico, projeção de hipóteses para o futuro em função desses dados, fixação de diretrizes, objetivos, programas e projetos. Todas essas fases, segundo José Afonso da Silva, deveriam ser desenvolvidas em três etapas: 1ª) pré-plano ou plano preliminar; 2ª) plano diretor geral; 3ª) planos executivos, inclusive planos parciais e planos especiais ou setoriais.

Lembre-se, ainda, quanto aos princípios do plano diretor, que:

O subprincípio da legalidade, que é o do desenvolvimento urbano em conformidade com o plano e a obrigação de planificar, é imposto pelo art. 182 da atual Constituição brasileira.

O subprincípio do procedimento necessário para a elaboração do plano não poderá prescindir da participação da comunidade, segundo o que dispõe o art. 29, XII.

O subprincípio da hierarquia está contemplado no art. 21, IX, pois ali há regra expressa no sentido de que a União possa formular planos nacionais ou regionais de ordenação do território, planos esses que serão de observância obrigatória na elaboração de planos diretores municipais.

Quanto ao princípio da proporcionalidade (ou, mais precisamente, o princípio da proporcionalidade dos meios aos fins), é subdividido pela doutrina alemã em: a) princípio da adequação; b) princípio da necessidade; c) princípio da proporcionalidade em sentido estrito.

---

[32]. *Direito urbanístico brasileiro*, cit., 1981, p. 270.

[33]. *Direito urbanístico brasileiro*, cit., p. 798.

O mais importante princípio a ser observado pelo plano diretor é o da igualdade, pois suas disposições não podem ser arbitrárias, não podem ser ilógicas; as diferenciações possíveis somente poderão ser legítimas se se tratar de situações desiguais e se justificadas plenamente.

As normas e diretrizes gerais do desenvolvimento urbano, segundo a Constituição Federal, têm assento no inciso XX do art. 21 e no inciso I do art. 24, sendo de competência da União. Mas as diretrizes fixadas em lei, de que fala o art. 182, podem também ser dos Estados-membros ou até dos Municípios, com base no art. 24 e no art. 30, II.

Além disso, devemos levar em conta que, em muitos aspectos, o direito urbanístico necessita que a propriedade seja profundamente alterada em sua substância. Daí não se poder esquecer que a lei federal poderá operar as alterações, com base na competência da União prevista no art. 22, I, da Constituição.

Hely Lopes Meirelles ainda nos chamava a atenção para a competência da União para "instituir diretrizes para o desenvolvimento urbano, inclusive habitação, saneamento básico e transporte urbano (art. 21, XX)"[34].

E, em nota de rodapé, reclamava:

> "A União, até hoje, não editou qualquer norma de Urbanismo, pela qual pudessem Estados-membros e Municípios pautar sua ação planificadora e regulamentação edilícia. A legislação urbanística federal restringe-se a umas poucas disposições dispersas em diplomas versantes sobre assuntos conexos, tais como as que regem o loteamento urbano e o tombamento em geral, que serão vistas mais adiante. Falta uma legislação federal orgânica e sistemática, abrangente de todos os assuntos urbanísticos – Código do Urbanismo, ou uma Lei Geral de Urbanismo, como já possuem os países mais adiantados no assunto"[35].

Adiante, ainda em nota de rodapé, Hely Lopes Meirelles informava: "Em 1983, o Presidente da República enviou ao Congresso projeto de lei sobre o objetivo e a promoção do desenvolvimento urbano (Projeto de Lei n. 775/83), cuja constitucionalidade foi examinada pelo autor e pelo prof. Mi-

---

[34]. Cf. *Direito de construir*, p. 98.

[35]. *Direito de construir*, cit., p. 98.

guel Reale, com os pareceres publicados na *Revista do Serviço Público* 111, n. 1. Esse projeto sofreu inúmeras emendas e acabou sendo objeto de substitutivo do Deputado Bonifácio de Andrada. Depois da Constituição de 1988, vários projetos foram apresentados, cumprindo destacar o do Senador Pompeu de Sousa (Projeto de Lei n. 5.788/98), denominado 'Estatuto da Cidade', que foi aprovado no Senado e ora se encontra em tramitação na Câmara"[36].

Em outro ponto relevante de sua obra, o autor, de certa forma, conceitua o plano diretor como

> "o instrumento técnico legal definidor de cada municipalidade e, por isso mesmo, com supremacia sobre os outros, para orientar toda a atividade da Administração e dos administrados nas realizações públicas e particulares que interessem ou afetem a coletividade"[37].

E completa:

> "O Plano Diretor é um único, embora sucessivamente adaptado às novas exigências da comunidade e do progresso local, num processo perene de planejamento que realize a sua adequação às necessidades da população, dentro das modernas técnicas de administração e dos recursos de cada Prefeitura. O Plano Diretor não é estático, é dinâmico e evolutivo. Na fixação dos objetivos e na orientação do desenvolvimento do Município é a lei suprema e geral que estabelece as prioridades nas realizações do governo local, conduz e ordena o crescimento da cidade, disciplina e controla as atividades urbanas em benefício do bem-estar social"[38].

Adiante, alerta que o plano diretor não exige plantas, memoriais e especificações detalhadas, pedindo apenas indicações precisas do que a Administração municipal pretende realizar, com a alocação aproximada e as características estruturais ou operacionais que permitam, nas épocas próprias, a elaboração de projetos executivos com a estimativa dos custos das respectivas obras, serviços ou atividades que vão compor os empreendimentos anteriormente planejados, sejam construções isoladas, sejam planos setoriais, de urbanização ou de reurbanização, sejam sistemas viá-

---

36. *Direito de construir*, cit., p. 98.

37. *Direito de construir*, cit., p. 99.

38. *Direito de construir*, cit., p. 99.

rios, redes de água e esgoto ou qualquer outro equipamento público ou de interesse social[39].

Ao lado disso, José Afonso da Silva chama a atenção para a necessidade de o planejamento municipal contemplar as metas e objetivos do plano diretor no plano plurianual e os recursos para tanto na Lei de Diretrizes Orçamentárias e nos orçamentos anuais[40].

A compatibilidade entre esses planos, aliás, foi imposta pelo Estatuto da Cidade.

Ainda quanto ao conteúdo específico do plano diretor, José Afonso da Silva indica:

> "Cuidará da fixação dos objetivos e diretrizes, estabelecerá normas ordenadoras e disciplinadoras pertinentes ao planejamento territorial. Definirá as áreas urbanas, urbanizáveis e de expansão urbana. Disporá sobre a ordenação do solo, estabelecendo as regras de uso e ocupação do solo, incluindo o parcelamento, o sistema de circulação, enfim, aqueles três sistemas: sistema viário, sistema de zoneamento e sistema de lazer e recreação"[41].

Hely Lopes Meirelles, embora tenha falado *en passant* sobre a vinculação que o plano enseja, não se aprofundou sobre tal aspecto.

Há várias facetas envolvidas aqui.

O referido autor adianta que

> "os planos específicos previstos no plano diretor (planos de reurbanização, ampliações de bairros, urbanizações e loteamento), e, ainda os empreendimentos parciais, integrantes do plano geral, não se confundem com o Plano Diretor, pois, embora sigam suas diretrizes, passam a constituir atos autônomos e concretos da administração e, ainda que aprovados por lei, quando devam ser por decreto, tornam-se passíveis de impugnação judicial se incidentes sobre a propriedade particular e lesivos de direito individual, mesmo antes das medidas expropriatórias para ocupação do imóvel"[42].

---

39. *Direito de construir*, cit., p. 99.
40. *Direito urbanístico brasileiro*, cit., p. 121.
41. *Direito urbanístico brasileiro*, cit., p. 130.
42. *Direito de construir*, cit., p. 100.

Contudo, com a edição da Constituição de 1988 (art. 182, § 2º), o plano tem efeito imediato sobre a propriedade urbana, pois ela cumpre sua função social quando atende àquele. Por isso, todos os empreendimentos, públicos ou privados, devem-lhe absoluta observância.

Sobre o aspecto da vinculação das disposições do plano em relação à Administração e em relação aos particulares, José Afonso da Silva[43] leciona:

> "Mas é certo que a lei do plano é eficaz nos limites de suas determinações, importando em efeitos, desde logo, vinculantes para os órgãos públicos e para os particulares. Assim, são nulos os atos municipais contrários às normas do plano. As limitações à propriedade privada operam imediatamente, quer quanto às obrigações de não fazer, como a regra *non aedificandi*, referentes às áreas declaradas não edificáveis, quer quanto às obrigações de fazer, como as definições de área em que o Poder Público municipal, mediante lei específica, poderá exigir, nos termos de lei federal, que o proprietário do solo urbano não edificado, subutilizado ou não utilizado, promova o seu adequado aproveitamento, sob pena de parcelamento ou edificação compulsórios (CF, art. 182, § 4º)".

3.3. A CONSTITUIÇÃO DE 1988 E O PLANO DIRETOR. ASPECTOS FUNDAMENTAIS

O texto constitucional, pela primeira vez em nossa história, veio falar em plano diretor, e o fez dizendo que toda a política de desenvolvimento urbano deve ser *executada* pelo Poder Público municipal, com exclusividade, observadas as diretrizes fixadas em lei (art. 182, *caput*), e que o instrumento básico dessa política de expansão urbana, para cidades com mais de vinte mil habitantes, é o plano diretor, aprovado pela Câmara Municipal.

A Constituição dá como assente que o plano diretor é de sabença comum, tanto que não o define.

Nós já o definimos. Também já fornecemos a definição sintética de Hely Lopes Meirelles.

---

43. *Direito urbanístico brasileiro*, cit., p. 131.

Poderíamos, ainda, lembrar a definição de José Afonso da Silva[44], segundo o qual o plano diretor, "como instrumento de atuação da função urbanística dos Municípios, constitui um plano geral e global que tem, portanto, por função, sintetizar o desenvolvimento físico, econômico e social do território municipal, visando o bem-estar da comunidade".

Joaquim Castro Aguiar, sinteticamente, diz: "chama-se plano diretor exatamente porque estabelece as linhas do desenvolvimento social, econômico, territorial e institucional (administrativo) do Município"[45].

Observamos que, ao contrário do que afirmou Hely Lopes Meirelles, no sentido de que o plano diretor deveria abranger em seu conjunto a cidade e o campo, e também ao contrário do que dispõe a lei ora anotada, o âmbito de abrangência do plano, pela Constituição, não alcança o meio rural.

Com efeito, o art. 182 diz que a política de desenvolvimento *urbano* é executada pelo Poder Público municipal visando garantir o pleno desenvolvimento das funções sociais da *cidade*.

E o § 1º não deixa dúvidas quanto a essa nossa posição, quando diz que o plano diretor é obrigatório para cidades (e não municípios) com mais de vinte mil habitantes e que é ele o instrumento básico da política de desenvolvimento e de *expansão urbana*.

E, ainda, diz o § 2º que a propriedade *urbana* (não a rural) cumpre sua função social quando atende às *exigências fundamentais de ordenação da cidade expressas no plano diretor* (grifos do autor).

A obrigatoriedade da existência do plano para cidades com mais de vinte mil habitantes e a previsão de que a propriedade cumprirá sua função social quando atender às exigências fundamentais expressas no plano engendram uma questão que merece nossa atenção: e nesse tempo, e ainda por pelo menos mais cinco anos, em que inexiste plano diretor, a legislação urbanística expedida pelos Municípios nessas condições tem validade jurídica?

Nossa primeira tentação seria responder positivamente a essa questão.

---

44. *Direito urbanístico brasileiro*, cit., p. 124.

45. Cf. *Direito da cidade*, cit., p. 44.

Quem, entretanto, melhor a analisou foi Nelson Saule Junior[46], apontando primeiramente o posicionamento pelo qual, na falta do instrumento, qualquer norma de direito urbanístico que implicasse restrição ao direito individual da propriedade não teria aplicabilidade, pois passaria a ser inconstitucional. Diz que, para Diogo de Figueiredo Moreira Neto[47], a sanção imponível ao Município que viesse a produzir legislação sem um plano diretor, ou contra seus dispositivos, é a nulidade, por inconstitucionalidade de todas as normas assim baixadas, pois não representariam a concretização das exigências que devem ser expressas naquele instrumento fundamental da política urbana.

O autor discorda dessa orientação, argumentando que as limitações urbanísticas ao direito individual de uso da propriedade urbana, como a lei de uso e ocupação do solo (lei de zoneamento urbano), devem continuar a ter validade mesmo sem a existência do plano diretor, se estiverem em concordância com os preceitos constitucionais da política urbana: ordenar o pleno desenvolvimento das questões sociais da cidade e garantir condições dignas de vida a seus habitantes.

Concordamos com referido autor quanto à conclusão, mas não quanto aos fundamentos. O fundamento de validade de referidas limitações urbanísticas, mesmo sem a existência do plano diretor, está no exercício do poder de polícia em matéria urbanística, que é conatural ao Poder Público.

Outro aspecto fundamental, de ordem constitucional, e este sim tendo como consequência a nulidade do próprio plano, está previsto no inciso XII do art. 29 da Constituição Federal, ou seja, o que obriga os Poderes Públicos locais a criar condições para a possibilidade de cooperação das associações representativas no planejamento municipal.

Em nosso entender, qualquer que seja a forma de participação da comunidade no planejamento municipal, alguns requisitos não poderiam ser deixados de lado: a) a representatividade popular só se pode dar por intermédio de associações; b) a participação da comunidade não é somente em

---

46. O tratamento constitucional do plano diretor como instrumento de política urbanística, in Edésio Fernandes (org.), *Direito urbanístico*, Belo Horizonte: Del Rey, 1998, p. 39.

47. Cf. Direito urbanístico e limitações administrativas urbanísticas, *Informações Legislativas*, v. 107, p. 108.

relação à elaboração do plano: ela abrange todo o processo de sua formulação, desde os diagnósticos, eleição das políticas, fixação das metas e diretrizes, aprovação do anteprojeto e, após a edição da lei, suas regulamentações (leis e decretos) e a execução do plano propriamente dito.

Ponto fundamental quanto à elaboração e aprovação do plano diretor está em sua tramitação legislativa, pois já era da doutrina que o plano diretor deveria ser aprovado por lei e agora a Constituição de 1988 previu expressamente essa obrigatoriedade (art. 182, *caput*).

O processo legislativo de sua aprovação é, em princípio, o comum. De acordo com cada lei orgânica municipal, a iniciativa da apresentação do projeto de lei será privativa do prefeito ou não.

Se a Lei Orgânica do Município silenciar a respeito da iniciativa dos projetos de lei referentes ao plano diretor, poderá ser de iniciativa de vereador, se não implicar aumento de despesa.

Quanto às emendas, vale a lição de Joaquim Castro Aguiar[48]:

> "Se o projeto de lei do plano diretor não envolver matéria de iniciativa do prefeito, pode ser substancialmente emendado. Se nele forem encontradas matérias de iniciativa exclusiva, pode ser emendado, desde que disso não resulte aumento da despesa prevista, podendo, porém, haver diminuição da despesa. Como o plano diretor, em princípio, nada contém de iniciativa privativa, a Câmara poderá em regra, livremente, emendá-lo".

Enfim, para terminar essa abordagem constitucional do plano diretor, de sua obrigatoriedade e da exigência da participação da comunidade em sua elaboração e no acompanhamento de sua execução, lembramos a assertiva lúcida de Spantigati quanto a esta última situação, segundo o qual "a planificação urbanística incide sobre os direitos de propriedade como mecanismo de predeterminação do conteúdo destes"[49].

E essa visão repousa sobre o fato fundamental

> "da participação obrigatória dos particulares na formulação dos planos, 'standards' e leis urbanísticas, e é por essa razão que esse direito prescinde, na

[48]. *Direito da cidade*, cit., p. 51.

[49]. Frederico Spantigati, *Manual de derecho urbanístico*, Madrid: Montecorvo, 1973, p. 5.

fase de sua aplicação, do problema da conciliação entre direitos subjetivos e direitos coletivos, uma vez que essa questão, como pressuposto, está superada (a intervenção no direito de propriedade teve já lugar no nível do plano urbanístico ou do 'standard' urbanístico, e nunca no nível da licença para construir)"[50].

3.4. A LEI N. 10.257/2001 E O PLANO DIRETOR

3.4.1. O planejamento global das atividades municipais e o plano diretor

A Lei n. 10.257/2001 veio completar a Lei Complementar n. 101/2000 (Lei de Responsabilidade Fiscal) no que toca à efetivação do princípio do planejamento governamental, tão cantado em prosa e verso e nunca efetivado, de fato e de direito, no País.

A Lei de Responsabilidade Fiscal tornou, por meio de suas diversas regras, em especial de seu art. 16, obrigatório o planejamento dos gastos públicos. Seu princípio fundamental é este: não se pode gastar mais do que se arrecada.

Pois bem, o primeiro dispositivo do Capítulo III da Lei n. 10.257/2001, que trata do plano diretor, é aquele que exige seja ele parte integrante do processo de planejamento municipal, devendo o plano plurianual, as diretrizes orçamentárias e o orçamento anual incorporar as diretrizes e as prioridades nele contidas (§ 1º do art. 40).

Portanto, essa norma, obrigatória, é absolutamente constitucional, uma vez que encontra fundamento nos §§ 1º e 2º do art. 165 da Constituição.

O mesmo não podemos dizer do § 2º do art. 40, que dispõe, inconstitucionalmente, que o plano diretor deverá englobar todo o território do Município e não apenas a zona urbana ou de expansão urbana, como determina o § 1º do art. 182.

Acresça-se que o § 2º diz que a propriedade urbana deve ser abrangida pelo plano diretor, e atender as suas exigências para cumprir sua função social.

---

[50]. Cf. nosso artigo Plano diretor nas constituições federal e estaduais e nas leis orgânicas municipais, *RDP*, v. 94, p. 56.

Já a propriedade rural, para cumprir sua função social, segundo o texto constitucional, deve observar outros condicionantes e requisitos previstos no art. 186. Portanto, a norma referida do Estatuto é absolutamente inconstitucional.

Pelo Estatuto, o plano diretor deve ter a duração de dez anos, já que o § 3º exige sua revisão após esse prazo.

O § 4º obriga os Poderes Públicos municipais a garantir, no processo de elaboração e na fiscalização da implementação do plano diretor, a promoção de audiências públicas e debates com a participação da população e de associações representativas de vários segmentos da comunidade; a publicidade quanto aos documentos e informações produzidos; o acesso de qualquer interessado a estes.

Tal dispositivo da lei, obrigatório para os Municípios, é constitucional, na medida em que cada uma das obrigações referidas encontra respaldo no próprio texto constitucional: as audiências públicas e a participação da comunidade na formulação e na fiscalização da execução do plano encontram fulcro no princípio da democracia participativa (art. 1º e parágrafo único da CF) e no art. 29, XII, da Constituição; a publicidade no *caput* do art. 37 e o acesso aos documentos e informações no art. 5º, XXXIII e XXXIV, *b*.

Portanto, se não houver o atendimento de tais obrigações pelo Município, haverá inconstitucionalidade absoluta do plano diretor que resultar sem a observância de tais condições.

O § 5º do art. 40, por isso mesmo, dizia ser nula a lei que instituísse o plano diretor em desacordo com o disposto no § 4º. Essa disposição foi vetada pelo Presidente sob o argumento de que fere o princípio federativo que assegura a autonomia municipal.

Ora, a autonomia municipal não pode prevalecer sobre comandos jurídicos partidos da própria Constituição.

Se a lei do plano for produzida sem aqueles requisitos legais, será inconstitucional, e, portanto, passível de anulação judicial.

3.4.2. As hipóteses previstas na lei em que será obrigatório o plano diretor

O art. 41 não se limitou a repetir a Constituição quanto à obrigatoriedade do plano diretor, prevista no § 1º do art. 182, ou seja, somente é obrigatória a existência do plano para cidades com mais de vinte mil habitantes.

Referido artigo criou, além dessa, mais quatro hipóteses: integrantes de regiões metropolitanas e aglomerações urbanas; onde o Poder Público municipal pretenda utilizar os instrumentos previstos no § 4º do art. 182 da Constituição Federal; integrantes de áreas de especial interesse turístico; e áreas inseridas no campo de influência de empreendimentos ou atividades com significativo impacto ambiental de âmbito regional ou nacional.

Como o espírito da disposição constitucional é obrigar as cidades de certo porte (com vinte mil habitantes, no mínimo), pensamos que é constitucional a obrigatoriedade do plano na hipótese do inciso II, uma vez que aí, pela intensa conurbação, os limites das cidades se apagam, ocorrendo verdadeiros vasos comunicantes em termos de habitação de uma cidade para outra, pois, em última análise, nessas situações, de fato, são grandes cidades; também pensamos ser constitucional a hipótese do inciso V, já que aí as cidades atendem à finalidade precípua da disposição constitucional.

Quanto às hipóteses dos incisos III, IV e VI, pensamos que são inconstitucionais, por não atenderem, nem mesmo em termos de finalidade, à disposição constitucional, sendo, dessa forma, as obrigatoriedades previstas nesses incisos ofensivas da autonomia municipal.

Ainda, o § 2º do art. 41 determina que, nas cidades com mais de quinhentos mil habitantes, deverá ser elaborado um plano de transporte urbano integrado, compatível com o plano diretor ou nele inserido.

Entendemos constitucional a obrigatoriedade, pois um plano integrado de transporte urbano deve fazer parte normalmente de um plano diretor, tendo base no próprio art. 182, § 1º, da Constituição.

Em que pese o fato de o § 3º ser importante para inclusão social de pessoas com deficiência ou mobilidade reduzida, por impor obrigações aos Municípios, entendemos ser inconstitucional por violação à autonomia municipal.

Não cabe a União impor aos Municípios obrigações, sem que isso decorra de uma previsão constitucional relativa a competência para estabelecer normas gerais.

O art. 42 da Lei prevê que o plano diretor deverá conter, no mínimo: a delimitação das áreas urbanas onde poderá ser aplicado o parcelamento, edificação ou utilização compulsórios, considerando a existência de infraestrutura e de demanda para utilização, na forma do art. 5º da Lei; disposições requeridas pelos arts. 25, 28, 29, 32 e 35; sistema de acompanhamento e controle.

Tais conteúdos são estabelecidos pelos Municípios, e, como vimos, outros conteúdos de maior envergadura e extensão deverão fazer parte do plano diretor.

Quanto ao inciso I, a Constituição já prevê a delimitação de tais áreas (art. 182, § 4º), sendo despicienda a estatuição. Quanto ao inciso II, a Lei condiciona suas "criações" efetivas pelos Municípios, dos instrumentos jurídicos novos, a suas previsões no plano diretor, quando em cada um dos artigos citados já são determinadas tais previsões. A estatuição, portanto, era despicienda.

Com relação ao inciso III, de todo necessária a previsão, pois é evidente que, sem um sistema de acompanhamento e controle da execução do plano, destinado a detectar falhas e desvios etc., tudo a requerer alterações no plano ou não, pois este é dinâmico, seria inócua a existência do próprio plano.

Lembramos, finalmente, quanto ao mais, que os diversos conteúdos dos planos, formalmente nele estabelecidos, poderão sê-lo por meio de normas jurídicas de eficácia imediata (vedações, obrigações de fazer, exigências, obrigações de não fazer etc.), tal como ocorre com a maioria das leis, ou por meio de normas jurídicas chamadas programáticas (diretrizes), que também têm eficácia jurídica, mas cuja cogência não é direta, mas indireta e mediata.

3.4.3. O art. 40 da Lei n. 10.257/2001 e as regras superiores do plano diretor

Dispõe o art. 40 que o plano diretor tem natureza de lei, e é o instrumento básico da política de desenvolvimento e de expansão urbana.

Repete, dessa forma, o que a Constituição já dizia desde 1988.

No § 1º declara que o plano diretor é parte integrante do processo de planejamento municipal, obrigando sua integração com o plano plurianual, com a Lei de Diretrizes Orçamentárias e com os orçamentos anuais, devendo estes incorporar as diretrizes e as prioridades naquele contidas. Trata-se, no caso, de recomendação anteriormente citada da doutrina.

3.4.4. O direito de preempção e o plano diretor

O art. 25, que institui o direito de preempção, determina que a Lei do plano diretor delimite as áreas em que incidirá tal direito, devendo fixar prazo de sua vigência não superior a cinco anos, renovável a partir de um ano após o decurso do prazo inicial (§ 1º).

O direito de preempção, como se sabe, é o direito de preferência que o Poder Público municipal tem para adquirir propriedades relativas a imóveis urbanos que sejam objeto de alienação onerosa entre particulares.

Assim, o Município pode instituir esse direito em determinadas áreas por meio do plano diretor, objetivando o desenvolvimento das funções sociais da cidade.

3.4.5. A outorga onerosa (solo criado) depende do plano diretor

O art. 28 dispõe que "o plano diretor poderá fixar áreas nas quais o direito de construir poderá ser exercido acima do coeficiente de aproveitamento básico adotado, mediante contrapartida a ser prestada pelo beneficiário".

A Lei define coeficiente de aproveitamento como "a relação entre a área edificável e a área do terreno" (§ 1º), podendo o plano diretor "fixar coeficiente de aproveitamento básico único para toda a zona urbana ou diferenciado para áreas específicas dentro da zona urbana" (§ 2º).

A questão que surge aqui é: se for adotada a segunda hipótese, não se estaria violando o princípio da igualdade no planejamento urbanístico, tão bem estudado, como já referido aqui, por Fernando Alves Correia?

Pensamos que, ao adotar tal diferenciação, haver-se-á que efetuar mediante completa e evidente, além de racional, demonstração e justificativa para tais diferenciações, sob pena de violação daquele princípio.

Finalmente, repita-se, a Lei impõe que o plano diretor deverá definir os limites máximos a serem atingidos pelo coeficiente de aproveitamento, considerando a proporcionalidade entre a infraestrutura existente e o aumento de densidade esperado em cada área.

Eis aí o fundamento da justificativa para a cobrança a ser feita pelo Município, pela outorga do direito de construir. O *quantum* deverá ser calculado em função de tais elementos: a necessidade de mais infraestrutura e o aumento de densidade na área.

3.4.6. As alterações do uso do solo e o plano diretor

Dispõe o art. 29 da Lei n. 10.257/2001 que o plano diretor poderá fixar áreas nas quais poderá ser permitida a alteração do uso do solo, mediante contrapartida a ser prestada pelo beneficiário.

Entendemos que esse instituto, pelo uso e abuso que poderá contemplar, pode tornar inócua, em grande parte, a legislação de uso e ocupação do solo e caótica a ocupação e localização das atividades, desfigurando o zoneamento das cidades.

Ademais, a lei municipal não poderá conceder um "cheque em branco", delegando completamente o poder de alteração do uso do solo ao Poder Executivo, a seu bel-prazer, sob pena de delegação legislativa inconstitucional, com ofensa ao princípio da separação de poderes (art. 2º da Constituição).

3.4.7. As operações urbanas consorciadas e o plano diretor

De acordo com o art. 32, lei específica, baseada no plano diretor, poderá delimitar área para a aplicação de operações urbanas consorciadas, que são definidas pelo § 1º do artigo. Ver o desenvolvimento do assunto em José Afonso da Silva. Pensamos que não há razão para se condicionar referida Lei ao plano diretor.

3.4.8. A transferência do direito de construir e o plano diretor

1. A Lei n. 10.257/2001 (Estatuto da Cidade), dentre outros institutos jurídicos novos, até então inexistentes no nosso sistema jurídico-urbanístico, institucionalizou o denominado e conhecido *solo criado* (muito discutido entre nós na década de 1980), denominando-o *outorga onerosa do direito de construir*.

Tendo em vista que algumas vozes se levantaram contra a criação do instituto, de maneira a alegar sua inconstitucionalidade, ou por violação a normas constitucionais tributárias (do que, efetivamente, não se trata) ou por infração do direito constitucional de propriedade, entendemos por bem aqui esclarecer tais equívocos.

Pensamos que tais vozes estão totalmente equivocadas, uma vez que, na década de 1980, houve mesmo aqui em São Paulo uma reunião de expoentes do nosso direito público que abraçaram a constitucionalidade do instituto, até mesmo sendo ele criado por lei municipal *ab initio* (com o que divergimos na época). A referida reunião foi retratada em um livro que se denominou *A Carta de Embu*.

Vamos, em seguida, demonstrar a absoluta constitucionalidade e legalidade desse instituto.

2. O art. 28 do Estatuto da Cidade está assim redigido:

"Art. 28. O plano diretor poderá fixar áreas nas quais o direito de construir poderá ser exercido acima do coeficiente de aproveitamento básico adotado, mediante contrapartida a ser prestada pelo beneficiário.

§ 1º Para os efeitos desta Lei, coeficiente de aproveitamento é a relação entre a área edificável e a área do terreno.

§ 2º O plano diretor poderá fixar coeficiente de aproveitamento básico único para toda a zona urbana ou diferenciado para áreas específicas dentro da zona urbana.

§ 3º O plano diretor definirá os limites máximos a serem atingidos pelos coeficientes de aproveitamento, considerando a proporcionalidade entre a infraestrutura existente e o aumento de densidade esperado em cada área".

Na realidade, o denominado *solo criado*, dito pelo Estatuto como outorga onerosa do direito de construir, não é coisa nova, nem instituto jurídico que tenha sido introduzido sem mais nem menos no direito positivo pátrio, eivado de inconstitucionalidade, por se tratar de tributo ou por violar o direito de propriedade, como querem alguns.

O instituto do *solo criado* é de há muito conhecido nos países do primeiro mundo, em especial na França (*plafond légal*), e também em outros países europeus. Há muitos anos (quando veio à baila a introdução do instituto no Brasil), não obstante a posição tomada na *Carta de Embu* por renomados juristas que entendiam ser possível ao Município, sem lei federal, introduzir em seu âmbito o *solo criado*, assim nos manifestamos:

"Conclusões: a) À norma edilícia-urbanística municipal compete impor um limite acima do qual não se poderá construir, que será o útil ao exercício do direito de propriedade pelo proprietário do solo. Acima dele permanece latente o direito do proprietário, pois que, se considerássemos que pudesse a lei administrativa operar a transferência desse direito para o Poder Público, ela estaria regrando a substância do direito de propriedade o que seria de competência da União, *ex vi* da Constituição Federal. Se hoje o limite imposto pela lei administrativa é um e amanhã é outro maior (em altura), a diferença automaticamente, pela lei civil, pertence ao proprietário.

b) Quanto à transferência do direito de construir, seja esta de particular para o Poder Público ou de particular para particular, somente norma formal da União pode regrar o assunto, sendo esta a que será competente para operar a substituição da teoria que vê na natureza jurídica do espaço aéreo e do subsolo um direito acessório do imóvel, agasalhada no nosso atual Código Civil, pela outra, que vê nelas um direito autônomo"[51].

Agora, com o Estatuto da Cidade, uma lei ordinária federal de mesma estatura que o Código Civil, o *solo criado* adentrou, validamente, o nosso sistema jurídico-positivo.

O Professor José Afonso da Silva observou que o fenômeno (do solo criado) germinou da evolução tecnológica, da realidade social, em última análise, mas só recentemente o mundo jurídico começou a descobri-lo, para enquadrá-lo no sistema normativo. Sob esse aspecto, em seu conceito, procura conjugar quatro mecanismos básicos:

1) coeficiente de aproveitamento único;
2) vinculação a um sistema de zoneamento rigoroso;
3) transferência do direito de construir;
4) proporcionalidade entre solos públicos e solos privados[52].

Em outro ponto, o autor observa que *a transferência do direito de construir*, segundo alguns, é componente necessário do conceito de solo criado; não é o que lhe parece[53].

E observa:

"Surge, porém, um problema quanto à competência para regulamentar a compra e venda do direito de construir. Essa não é matéria administrativa, para pertencer à competência municipal. É, na verdade, um negócio de compra e venda, e não há compra e venda administrativa, porque se trata de um instituto de direito civil e da competência legislativa da União (CF, art. 22, I).

Então, lei municipal não pode tratar do assunto"[54].

---

[51]. Toshio Mukai, O solo criado e a competência edilícia-urbanística municipal, *Jornal da Gente*, EMPLASA, 1978, p. 12.

[52]. *Direito urbanístico brasileiro*, cit., 2. ed., p. 233.

[53]. *Direito urbanístico brasileiro*, cit., p. 235.

[54]. *Direito urbanístico brasileiro*, cit., p. 235.

Pois bem, o Estatuto da Cidade, sendo lei federal, tratou do assunto e possibilitou que os Municípios permitissem a transferência do direito de construir.

Em outro ponto, entretanto, José Afonso da Silva entende que o conceito de solo criado não importa na separação da faculdade de construir do direito de propriedade do terreno. Diz: "Ao contrário, reafirma sua correlação na medida em que transforma em direito subjetivo a faculdade de construir até o limite do coeficiente único".

E acrescenta:

> "Vale dizer que, se adotado o instituto do solo criado, permanecerá intacta a norma do art. 572 do Código Civil, segundo o qual, como já tantas vezes vimos, o proprietário pode levantar em seu terreno as construções que lhe aprouver, salvo o direito dos vizinhos e os regulamentos administrativos. O solo criado nada mais seria do que uma simples aplicação dos diversos regulamentos administrativos, que, em verdade, são todas as leis de uso e ocupação do solo e demais leis e regulamentos edilícios.
>
> Por isso mesmo é que sustentamos que sua instituição pode ser estabelecida por lei municipal de uso e ocupação do solo, de preferência pelo plano diretor, visto que não se trata de regular relações civis sobre propriedade"[55].

Como se vê, a tese do ilustre autor não proliferou entre os Municípios, e os poucos que tentaram introduzi-la esbarraram em óbices legais e jurídicos intransponíveis.

É que, como dissemos, somente norma civil de competência da União poderia instituir a separação do direito de construir do direito de propriedade prevista no Código Civil, já que essa separação, no solo criado, é imprescindível, uma vez que, senão, como se poderia explicar a obrigação que se cria, com tal instituto, para o particular, de ter de *comprar* o direito de construir (que passa a não mais ser seu como no Código Civil), do Poder Público?

Como asseverou o ínclito Seabra Fagundes[56], "implica, em certo sentido, o regular o conteúdo mesmo do direito de propriedade".

Por isso, "a matéria de competência para legislar sobre o solo criado – tal como o que diz com planos de urbanização – *suscita dúvidas, não fá-*

---

55. *Direito urbanístico brasileiro*, cit., p. 236.

56. Aspectos jurídicos do solo criado, *RDA*, v. 129, p. 9.

ceis de remover. Primeiro, porque o critério do coeficiente único de edificação envolve, de par com o direito de construir, situado inequivocamente na jurisdição municipal, o direito de dispor, que, sendo um dos elementos configuradores do direito de propriedade, se há de situar, primariamente, no âmbito legislativo da União".

E o saudoso Ministro Seabra Fagundes tinha razão, pois se o direito de construir, pelo Código Civil, é inerente ao direito de propriedade, e se o denominado solo criado consiste em "toda edificação acima do coeficiente único, quer envolva ocupação do espaço aéreo, quer a do subsolo"[57], e se para poder construir acima do coeficiente o proprietário tem de *comprar* tal direito do Poder Público (o Estatuto da Cidade denominou, por isso mesmo, o instituto *outorga onerosa do direito de construir*), a separação do direito de construir do direito de propriedade é ponto central do conceito de solo criado. Nesse sentido, o impulso inicial na instituição dessa figura, entre nós, depende primariamente de lei federal.

Porém, "com a negociabilidade do solo criado é possível suscitar dúvidas. Caberia à União regulá-la, ou, pelo menos, permitir, por reflexo, não bem o direito de edificar, mas sim o conteúdo econômico da propriedade (disposição de direito)"[58].

É que a legislação urbanística municipal, metropolitana ou estadual só pode dispor sobre obrigações de fazer ou não fazer (poder de polícia em matéria urbanística); quando se tratar de obrigações de dar, terá de estar autorizada em lei federal, uma vez que isso comporta adentrar o conteúdo do direito de propriedade, de competência privativa da União.

Portanto, quando o art. 28, § 1º, do Estatuto da Cidade prevê, acima do coeficiente mínimo, a obrigatoriedade de uma contrapartida por parte do particular, para poder criar solo novo, está regrando o direito de propriedade e o seu exercício. Nada há de inconstitucionalidade nisso, pois a Constituição Federal *garante* o direito de propriedade (inciso XXII do art. 5º), mas impõe que "a propriedade deverá atender a sua função social" (inciso XXIII do art. 5º).

---

57. Seabra Fagundes, Carta de Embu, item 1.2, in *Solo criado/Carta de Embu*, p. 169.

58. Seabra Fagundes, *Solo criado/Carta de Embu*, cit., p. 8.

E o art. 182 da Constituição outorga ao plano diretor a atribuição de concretizar essa função social da propriedade, ao dispor que "a propriedade urbana cumpre sua função social quando atende às exigências fundamentais de ordenação da cidade expressas no plano diretor" (§ 2º do art. 182).

E o art. 28 do Estatuto da Cidade diz que o plano diretor poderá fixar áreas nas quais o direito de construir poderá ser exercido acima do coeficiente mínimo de aproveitamento básico adotado, mediante contrapartida a ser prestada pelo beneficiário. É a outorga onerosa do direito de construir.

Portanto, a introdução do referido instituto por meio do Estatuto da Cidade, sendo lei federal como é, nada tem de inconstitucional, visto que, na espécie, trata-se de uma obrigação de dar, que a lei civil poderia criar, e somente ela, com validade jurídica.

É o mesmo que ocorre em relação aos loteamentos, para os quais se exige, do proprietário da gleba, como condição de aprovação do parcelamento, uma obrigação de dar consistente na destinação, no seu projeto, de áreas de reserva pública (para circulação, áreas institucionais, verdes, para equipamentos urbanos etc.).

E, após aprovado o parcelamento, com o registro do loteamento no cartório competente, o art. 22, *caput*, da Lei n. 6.766/79 reza expressamente:

> "Desde a data de registro do loteamento, passam a integrar o domínio do Município, as vias e praças, os espaços livres e as áreas destinadas a edifícios públicos e outros equipamentos urbanos, constantes do projeto e do memorial descritivo".

Essa disposição, que, por constar de lei federal, criou uma obrigação de dar (assim como já fazia o Dec.-lei n. 58) jamais foi acoimada de inconstitucional.

Dessarte, concluímos o presente trabalho afirmando a absoluta legalidade e constitucionalidade da figura da outorga onerosa introduzida pelo Estatuto da Cidade, pois a contrapartida pela outorga mencionada não constitui tributo, mas sim uma obrigação de dar, legitimamente criada pelo legislador do Estatuto da Cidade (lei federal).

O art. 35 concede à lei municipal, baseada no plano diretor, a possibilidade de autorizar o proprietário de imóvel urbano, privado ou público, a exercer em outro local, ou alienar mediante escritura pública, o direito de construir previsto no plano diretor ou em legislação urbanística decorrente, quando o imóvel for considerado necessário para fins de implantação de equipamentos urbanos e comunitários; preservação, quando o imóvel for considerado de interesse histórico, ambiental, paisagístico, social ou cultural; servir a programação de regularização fundiária, urbanização de áreas ocupadas por população de baixa renda e habitação de interesse social.

Segundo o § 1º, a mesma faculdade poderá ser concedida ao proprietário que doar ao Poder Público seu imóvel, ou parte dele, para os fins dos incisos I a III do art. 35. Trata-se, no caso, de versão ampliada da "operação interligada" prevista na Lei n. 10.209, de 9 de dezembro de 1986, do Município de São Paulo.

O problema para os Municípios, ao pretender criar esse instituto, será também o cuidado de não dar um "cheque em branco" ao Executivo para a sua aplicação, com total discricionariedade.

4

Anotações sobre o Capítulo IV

DA GESTÃO DEMOCRÁTICA DA CIDADE

Por que falar em gestão democrática da cidade? Por que a lei disciplina a concretização jurídica desse princípio?

É fácil responder. Em primeiro lugar, o artigo inaugural da Constituição da República diz que a República Federativa do Brasil constitui-se em Estado Democrático de Direito. Em segundo lugar, não nos esqueçamos de que o parágrafo único do art. 1º da mesma Constituição afirma que "todo o poder emana do povo, que o exerce por meio de representantes eleitos ou *diretamente*", nos termos da Constituição. Em terceiro lugar, observamos que o art. 29 da Carta dispõe que os Municípios, em suas Leis Orgânicas, deverão observar, dentre outros preceitos, o previsto no seu inciso XII – cooperação das associações representativas no planejamento municipal.

Portanto, justifica-se plenamente esta oportuna seção sobre a gestão democrática da cidade.

O art. 43 estabelece que, para que haja a gestão democrática da cidade, deverão ser utilizados, dentre outros, os seguintes instrumentos: órgãos colegiados de política urbana, nos níveis nacional (já existem), estadual e municipal; debates, audiências e consultas públicas; conferências sobre assuntos de interesse urbano, nos níveis nacional, estadual e municipal; iniciativa popular de projeto de lei e de planos, programas e projetos de desenvolvimento urbano; o último inciso, que foi vetado, obrigava ao referendo popular e ao plebiscito.

Dispõe o art. 44 que, no âmbito municipal, a gestão orçamentária participativa de que trata a alínea *f* do inciso III do art. 4º da Lei incluirá a realização de debates, audiências e consultas públicas sobre as propostas do plano plurianual, da lei de diretrizes orçamentárias e do orçamento anual, como condição obrigatória para sua aprovação pela Câmara Municipal.

Trata-se de condição importante e que completa a Lei de Responsabilidade Fiscal, no aspecto de sua filosofia voltada para a transparência.

Finalmente, o art. 45 determina que os organismos gestores de regiões metropolitanas e aglomerações urbanas incluirão obrigatória e significativa participação da população e de associações representativas dos vários segmentos da comunidade, de modo a garantir o controle direto de suas atividades e o pleno exercício da cidadania.

Embora, pelo art. 25 da Constituição, a instituição e a legislação sobre regiões metropolitanas sejam hoje de competência dos Estados-membros, a norma nos parece constitucional, no sentido de que impõe a observação do princípio da democracia direta, prevista no parágrafo único do art. 1º da Constituição.

5

Anotações sobre o Capítulo V

DISPOSIÇÕES GERAIS

Como o art. 4º da Lei n. 10.257/2001 previu vários instrumentos a serem utilizados para o desenvolvimento urbano, em especial o parcelamento, a edificação ou a utilização compulsória, o art. 46 dispõe que o proprietário atingido pela medida poderá requerer ao Poder Público municipal o estabelecimento de *consórcio imobiliário* (que não consta na lei como um dos instrumentos para sua efetivação), figura nova que é definida como "a forma de viabilização de planos de urbanização, de regularização fundiária ou de reforma, conservação ou construção de edificação por meio da qual o proprietário transfere ao Poder Público municipal seu imóvel e, após a realização das obras, recebe, como pagamento, unidades imobiliárias devidamente urbanizadas ou edificadas, ficando as demais unidades incorporadas ao patrimônio público" (§ 1º).

O valor das unidades imobiliárias a serem entregues ao proprietário será correspondente ao valor do imóvel antes da execução das obras (§ 2º do art. 46), ou seja, não se pretende dar um ganho sem causa ao proprietário.

No tocante ao § 3º, é importante notar que o fato de ser instaurado um consórcio imobiliário não exime o proprietário que deu causa à formação de núcleos urbanos informais de responder por isso administrativamente, civilmente ou criminalmente.

José Afonso da Silva[1] assim se pronunciou sobre esse instituto:

[1]. *Direito urbanístico brasileiro*, 2. ed. São Paulo: Malheiros, 1995, p. 331.

"O proprietário de imóvel poderá requerer ao Executivo municipal o estabelecimento de consórcio imobiliário, como forma de viabilização financeira de plano de urbanificação. Consiste ele em uma associação do proprietário com a municipalidade, pela qual ele entrega a esta seu imóvel e, após a execução do plano, recebe, como pagamento, imóvel devidamente urbanizado, correspondente ao valor do seu imóvel antes das obras de urbanificação realizadas com recursos públicos. Não há, ainda, experiência digna de nota, de consórcio imobiliário na forma indicada. Ele apareceu no Projeto de Plano Diretor de São Paulo, que não se transformou em lei, mas foi aproveitado pelo Plano Diretor de Diadema nos termos indicados aqui (arts. 36 e 37)".

Estabelece o art. 47 da Lei que os tributos sobre imóveis urbanos, assim como as tarifas relativas a serviços públicos urbanos, serão diferenciados em função do interesse social.

O art. 48 trata dos programas e projetos habitacionais de interesse social desenvolvidos por órgãos ou entidades da Administração Pública com atuação específica na área. Os contratos de concessão de direito real de uso de imóveis públicos terão, para todos os fins de direito, caráter de escritura pública, não se aplicando o disposto no art. 108 do Código Civil e constituirão título de aceitação obrigatória em garantia de contratos de financiamentos imobiliários.

Lembramos que, com oportunidade, tais concessões de direito real de uso, para os fins determinados nesse artigo, estão dispensadas de licitação pelo art. 17, I, *f*, da Lei n. 8.666, de 21 de junho de 1993.

O art. 49 impõe o prazo de noventa dias, a partir da entrada em vigor da Lei, para fixar prazos para a expedição de diretrizes de empreendimentos urbanísticos, aprovação de projetos de parcelamento e de edificação, realização de vistorias e expedição de termo de verificação e conclusão de obras. Esse artigo revoga o art. 16, § 1º, da Lei n. 6.766, de 19 de dezembro de 1979, com a redação dada pela Lei n. 9.785, de 29 de janeiro de 1999, que considera rejeitado o projeto de parcelamento urbano que não for examinado e aprovado no prazo fixado em lei municipal.

O parágrafo único do art. 49 da Lei n. 10.257/2001 dispõe, aliás, que, "não sendo cumprida a determinação do *caput*, fica estabelecido o prazo de sessenta dias para a realização de cada um dos referidos atos administrativos, que valerá até que os Estados e Municípios disponham em lei de forma diversa".

A nova lei autoriza, portanto, Estados e Municípios a impor outros prazos; nada mais do que isso, porém, pois a desaprovação por decurso de prazo está revogada pela própria Lei n. 10.257/2001.

À época da vigência da Lei n. 10.257, de 10 de julho de 2001 (90 dias de sua publicação), segundo o art. 50, os Municípios que estivessem enquadrados nas obrigações previstas nos incisos I e II do *caput* do art. 41 ("o plano diretor é obrigatório para cidades: I – com mais de vinte mil habitantes; II – integrantes de regiões metropolitanas e aglomerações urbanas") que não tinham plano diretor aprovado na data de entrada em vigor da Lei deveriam aprová-lo até 30 de junho de 2008. O estabelecimento desse prazo foi fundamental para a concretização da norma constitucional de onde ele haure sua legitimidade (art. 182, § 1º, da CF). Determina o art. 51 que se aplicam ao Distrito Federal e ao governador do Distrito Federal as disposições relativas, respectivamente, a Município e a prefeito.

O art. 52 contém disposição da maior importância visando concretizar a obrigatoriedade constitucional. Apenas com a sanção de improbidade administrativa, nos termos da Lei n. 8.429, de 2 de junho de 1992, ao prefeito, sem prejuízo de outras sanções cabíveis, estas também aplicáveis a outros agentes públicos envolvidos, quando: impedir ou deixar de garantir a participação de comunidades, movimentos e entidades da sociedade civil, conforme o § 3º do art. 4º (vetado, a nosso ver sem sentido e inconstitucionalmente); deixar de proceder, no prazo de cinco anos, ao adequado aproveitamento do imóvel incorporado ao patrimônio público, conforme o § 4º do art. 8º; utilizar áreas obtidas por meio do direito de preempção em desacordo com o art. 26 da Lei; aplicar os recursos auferidos com a outorga onerosa do direito de construir e de alteração de uso em desacordo com o previsto no art. 30; aplicar os recursos auferidos com operações consorciadas em desacordo com o previsto no § 1º do art. 33; impedir ou deixar de garantir os requisitos contidos nos incisos I a III do § 4º do art. 40 (são instrumentos da democracia direta); deixar de tomar as providências necessárias para garantir a observância do disposto no § 3º do art. 40 (promover a revisão do plano diretor a cada dez anos) e no art. 50 (os Municípios têm o prazo de cinco anos para aprovar o plano diretor). Pergunta-se: e se a Câmara Municipal não aprovar o plano nesse prazo, como ficará o prefeito? O mal da Lei foi não apenar os vereadores que não aprovarem a lei nesse prazo também com a sanção de improbidade administrativa; adquirir imóvel objeto do direito de preempção, nos termos dos arts. 25 a 27, pelo valor da proposta apresentada, se este for, comprovadamente, superior ao de mercado.

Com relação ao inciso VII, há, ainda, sanção para o Município.

Como dissemos alhures, a sanção para o Município pela não elaboração e aprovação do plano diretor será a nulidade de toda a sua legislação urbanística, uma vez que inconstitucional.

Esse também o posicionamento de Diogo de Figueiredo Moreira Neto[2], para quem

> a sanção imponível ao Município que viesse a produzir legislação sem um Plano Diretor, ou contra seus dispositivos, é a nulidade, por inconstitucionalidade, de todas as normas assim baixadas, pois não representariam a concretização das exigências que devem ser expressas naquele instrumento fundamental da política urbana; por conseguinte, sem Plano Diretor onde seja obrigatório, não há política urbana constitucionalmente válida (art. 182) e, sem ela, nenhuma lei urbanística municipal será legítima por lhe faltar, por sua vez, a fonte de validade. A obrigatoriedade do Plano Diretor para as cidades de mais de vinte mil habitantes tem sua sanção na nulidade e inconstitucionalidade de todas as normas urbanísticas municipais que vierem a ser baixadas sem ter nele sua fundamentação, seja por falta do Plano Diretor, seja por sua violação (art. 182, 2º).

Entretanto, essa posição não é compartilhada por Nelson Saule Júnior[3].

O segundo artigo (54) acresceu ao art. 4º da Lei n. 7.347/85, que contempla os objetivos de ação cautelar ajuizada para os fins da lei, a expressão "à ordem urbanística".

Entendemos que eram despiciendas tais providências, pois na expressão "dano ao meio ambiente" já estava contemplada a ordem urbanística. Como ensinou Diogo de Figueiredo Moreira Neto, "o direito urbanístico é um esgalho do direito ambiental"[4].

Mas, reconheçamos, parece que a intenção óbvia do legislador foi dar um instrumento claro e preciso ao Ministério Público e às associações co-

---

[2]. Direito urbanístico e limitações administrativas urbanísticas, *Revista de Informação Legislativa*, Brasília, Senado Federal, v. 107, p. 108.

[3]. *Direito urbanístico*, cit., p. 40 e s.

[4]. *Introdução ao direito ecológico e ao direito urbanístico*. Rio de Janeiro: Forense, 1975, p. 29.

munitárias com mais de um ano de existência para, por meio da ação civil pública, não só obrigar o Município a fazer ou deixar de fazer algo em tema urbanístico como, e principalmente, obrigar a Câmara Municipal a tomar as providências necessárias para a aprovação do plano diretor, se ultrapassados os cinco anos de que fala o art. 50 da Lei n. 10.257/2001. Isso com base no art. 3º da Lei n. 7.347/85.

Se, por um lado, o prefeito que não tomar as providências nesse sentido incidirá na sanção de improbidade administrativa, por outro os vereadores não sofrerão punição alguma se não aprovarem o plano diretor naquele prazo. Portanto, a inclusão da "ordem urbanística" como objeto da ação civil pública, e ainda, principalmente, como motivo da ação cautelar, é instrumento poderoso para a concretização da obrigatoriedade do plano.

Os arts. 55 e 56 da Lei n. 10.257/2001 trazem alterações à Lei de Registros Públicos (Lei n. 6.015/73), o primeiro dando nova redação ao item 28 do inciso I do art. 167, incluindo na expressão "sentenças declaratórias de usucapião" o complemento "*independente da regularidade do parcelamento do solo ou da edificação*", que por força do disposto na Medida Provisória n. 2220/2001 foi retirada da Lei de Registros Públicos.

Tratava-se de inovação oportuna uma vez que nas regularizações de parcelamento do solo, muitas vezes, não se tendo mais o parcelador, ou estando a gleba em litígio, não havia como registrar o parcelamento como um todo; assim, os adquirentes, quase sempre de baixa renda, ficavam sem ter o registro de seu lote. Apesar do legislador ter dado adequado tratamento à matéria, voltou-se a situação de se resolver a questão da regularidade do parcelamento ou da edificação.

O art. 56 deu nova redação ao inciso I do art. 167 da Lei n. 6.015/73 (Lei de Registros Públicos), que foi acrescido dos itens 37, 38 e 39:

> "37) dos termos administrativos ou das sentenças declaratórias da concessão de uso especial para fins de moradia, independente da regularidade do parcelamento do solo ou da edificação;
>
> 38) contrato de concessão de direito real do uso de imóvel público, independente da regularidade do parcelamento do solo ou da edificação (*vetado*);
>
> 39) da constituição do direito de superfície de imóvel urbano ".

O item 38 foi vetado "em decorrência dos vetos aos arts. 15 a 20". Entretanto, esses artigos tratam da concessão de uso especial para fins de moradia, enquanto foi vetado o registro do contrato de concessão de direito real de uso. Deveria ter sido vetado, portanto, o item 37, não o 38.

Essa situação foi corrigida com a edição da Medida Provisória n. 2.220/2001, que regulamentou a denominada Concessão Especial para Fins de Moradia, porém, retirou do dispositivo legal a frase: "independente da regularidade do parcelamento do solo ou da edificação". Não restabelecendo, entretanto, o que estava disposto no item 38.

A Lei n. 10.257/2001 segue aqui o mesmo princípio do artigo anterior, permitindo o registro nos casos referidos, independente da regularidade do parcelamento do solo urbano ou da edificação; no último caso, como direito autônomo, permitiu o registro do direito de superfície, criado pela Lei.

Finalmente, o art. 57 altera a Lei n. 6.015/73, cujo art. 167, inc. II, passa a vigorar acrescido dos itens 18, 19 e 20:

> "18) da notificação para parcelamento, edificação ou utilização compulsórios de imóvel urbano;
>
> 19) da extinção da concessão de uso especial para fins de moradia;
>
> 20) da extinção do direito de superfície do imóvel urbano".

Neste artigo, permite-se a averbação (inciso II do art. 167) dos novos institutos jurídicos criados pela lei.

O último artigo da Lei n. 10.257/2001, o 58, dispõe que a Lei entrará em vigor noventa dias contados de sua publicação.

Pensamos que esse é um prazo razoável, mas alguns dispositivos deverão suscitar muitas dúvidas quanto a sua correta aplicação.

Não obstante, para nós, preencheu-se uma lacuna com essa Lei, que, prevista na Constituição de 1988, tramitava no Congresso desde 1990.

É bem-vinda, sem dúvida, pois necessária para a correção do verdadeiro caos urbano em que se transformou o País.

6

Estudos Especiais

1. REGULARIZAÇÃO FUNDIÁRIA EM FACE DO ESTATUTO DA CIDADE

A Constituição Federal, no seu art. 182, § 2º, concretizou o princípio da função social da propriedade, dizendo que a propriedade urbana cumpre sua função social quando atende às exigências fundamentais de ordenação da cidade expressas no plano diretor.

Mas não é somente com base nessa disposição que a propriedade cumpre sua função social. Cumpre-a, sobretudo, quando atende às camadas da população de baixa renda, pelo menos em termos de possibilidade de uma moradia digna para essa população.

E foi por isso mesmo que, no art. 183, a Constituição Federal instituiu o direito a usucapião urbana, em áreas de até 250 m^2, a quem a possuir por cinco anos ininterruptos e sem oposição.

Ao lado disso, a Constituição Federal contemplou como um dos seus novos princípios o do direito à moradia (art. 6º).

Daí ter o Estatuto da Cidade criado dois institutos novos:

1) a usucapião especial urbana;

2) a concessão especial para fins de moradia.

Nos itens seguintes analisaremos os aspectos fundamentais contemplados pelo Estatuto da Cidade, relativamente aos dois institutos.

Usucapião especial de imóvel urbano (art. 183 da CF). Prazo inicial: 5 anos (5-10-1988)

1. *Usucapião individual*

Requisitos:

a) não superior a 250 m^2;

b) utilização da área para sua moradia ou de sua família;

c) possuidor há, pelo menos, cinco anos ininterruptos e sem oposição;

d) o possuidor não pode ser proprietário de outro imóvel urbano ou rural;

e) o título de domínio será conferido ao homem ou à mulher, ou a ambos, independentemente do estado civil;

f) o direito de usucapir não será reconhecido ao mesmo possuidor mais de uma vez.

2. *Usucapião coletiva*

Nas áreas urbanas com mais de duzentos e cinquenta metros quadrados, ocupados e possuídos com finalidade de moradia por população de baixa renda, por cinco anos, sem interrupção ou oposição do proprietário, e desde que não seja possível identificar os terrenos ocupados, é permitida a declaração de usucapião especial de imóvel urbano na modalidade coletiva. Os possuidores não podem ser proprietários de outro imóvel urbano ou rural.

Haverá a obrigação da constituição de um condomínio entre os possuidores, o que implica que todos os ocupantes terão direito a uma fração de terreno (arts. 1.314 a 1.326 do CC). Esse condomínio é indivisível; a extinção depende de deliberação favorável de dois terços dos condôminos. As deliberações normais serão tomadas por maioria de votos.

Enquanto durar a ação de usucapião especial urbano (com a intervenção do Ministério Público, obrigatória), fica sobrestada toda e qualquer outra ação, petitória ou possessória, que venha a ser proposta em relação ao imóvel objeto da usucapião.

As partes legítimas para propor ação de usucapião especial urbana são: 1) o possuidor, isolado ou em litisconsórcio originário ou superveniente; 2) os possuidores em estado de composse, ou posse comum; 3) como substituto processual, a associação de moradores da comunidade, regularmente constituída, com personalidade jurídica, e explicitamente autorizada pelos representantes para o feito.

O autor terá benefícios de assistência judiciária gratuita, inclusive perante o cartório de registro de imóveis.

O termo inicial da contagem dos cinco anos de posse mansa e pacífica corre, a nosso ver, a partir da data da entrada em vigor da Constituição de 1988 e não de 7 de outubro de 2001, data em que entrou em vigor o Estatuto da Cidade, uma vez que este regulamentou um direito já constante do texto magno. E isso porque o art. 183 da Constituição, embora tenha sido regulamentado pelo Estatuto, é uma norma de eficácia plena, que não depende de regulamentação para a sua eficácia.

Concessão especial para fins de moradia

1. Concessão individual

O Estatuto da Cidade, nos seus arts. 15 a 20 (*vetados*), instituía o que denominou concessão de uso especial para fins de moradia.

O art. 15 dizia: "Aquele que possuir como sua área ou edificação urbana de até 250 m^2 *situada em imóvel público* por cinco anos ininterruptos e sem oposição, utilizando-a para sua moradia ou de sua família, tem o direito à concessão de uso especial para fins de moradia em relação à referida área ou edificação, desde que não seja proprietário ou concessionário de outro imóvel urbano ou rural".§ 1º A concessão de uso especial para fins de moradia será conferida *de forma gratuita* ao homem ou à mulher, ou a ambos, independentemente do estado civil. A Medida Provisória n. 2.220/2001, que instituiu a denominada Concessão Especial para Fins de Moradia, no §1º de seu artigo 1º, estabeleceu a mesma redação. Pode-se debater a correção de tal disposição, pois é sabido que para a segurança jurídica do núcleo familiar em questões de moradia o melhor é que o título jurídico fique no nome da mulher.

O art. 16 previa a concessão especial para fins de moradia coletiva, nas áreas urbanas com mais de 250 m^2 situadas em imóvel público, *ocupados por populações de baixa renda* para sua moradia, por cinco anos, ininterruptamente e sem oposição, onde não fosse possível identificar os terrenos ocupados por cada possuidor.

O presidente vetou esses artigos alegando que não foi fixado limite para a aquisição da concessão de uso especial, o que estimularia a continuidade das invasões.

Em seguida o governo federal editou, como exposto anteriormente, a Medida Provisória n. 2.220, de 4 de setembro de 2001, retornando com o instituto.

Em artigo intitulado "O Estatuto da Cidade", publicado em diversas revistas especializadas, a propósito do referido instituto, dissemos:

> "Temos sérias dúvidas quanto à constitucionalidade dessa disposição, tendo em vista a impossibilidade da oneração de bens públicos".

João Carlos Macruz, José Carlos Macruz e Maria Moreira[1] entendem ser inconstitucional o instituto, por ofender a autonomia municipal. Apontam que o legislador, fincado no art. 183, § 1º, da Constituição, o qual prevê que "o título de domínio e a *concessão de uso* serão conferidos ao homem ou à mulher...", equivocou-se, apoiando-se, para tal, em José Afonso da Silva.

A autonomia municipal foi ofendida quando uma lei ordinária federal obrigou o Município a dar em concessão bem de sua propriedade.

O instituto, em nossa opinião, é novidade, não sendo de confundi-lo com concessão administrativa ou de uso real de bem público.

Refletindo melhor sobre esse novel instituto, pensamos que ele é constitucional, na medida em que encontra fundamento e legitimidade, quanto à obrigação de fazer e a de dar impostas ao Município, no princípio constitucional do direito à moradia, previsto como um dos direitos sociais no art. 6º da Constituição.

A Medida Provisória n. 2.220 previu esse direito apenas àqueles que, até 22 de dezembro de 2016, possuíram como seu, por cinco anos ininterruptos e sem oposição, até 250 m^2 de imóvel público situado em área urbana utilizada para moradia sua ou de sua família.

A Lei n. 13.465, de 11 de julho de 2017, alterou o art. 9º da referida Medida Provisória n. 2.220, que ficou com a seguinte redação: "É facultado

---

1. *O Estatuto da Cidade e seus instrumentos urbanísticos*, São Paulo: LTr, 2002, p. 143-144.

ao Poder Público competente conceder autorização de uso àquele que, até 22 de dezembro de 2016, possuiu como seu, por cinco anos, ininterruptamente e sem oposição, até duzentos e cinquenta metros quadrados de imóvel público situado em área com características e finalidade urbanas para fins comerciais".

O § 1º do art. 1º prevê a *gratuidade* da concessão. Essa gratuidade, a nosso ver, a lei federal não poderia criar , posto que, por se tratar de área pública de domínio de outros entes federativos, caberia a eles tal especificação.

2. *Concessão coletiva*

A Medida Provisória criou, ainda, *a concessão coletiva de uso especial para fins de moradia* nos imóveis públicos com mais de 250 m² ocupados até 22 de dezembro de 2016 por população de baixa renda por cinco anos ininterruptos e sem oposição (disposição devidamente alterada pela Lei n. 13.465/2017).

Se a ocupação acarretar risco à vida ou à saúde dos ocupantes, o Poder Público garantirá ao possuidor o exercício do direito de concessão de uso, em outro local (art. 4º).

No mesmo sentido, o Poder Público tem a faculdade de assegurar aquele exercício em outro local, nas hipóteses de ocupação do imóvel: 1) de uso comum do povo; 2) destinado a projeto de urbanização; 3) de interesse da defesa nacional; de preservação do meio ambiente; 4) reservado à construção de represas e obras congêneres; 5) situado em via de comunicação.

O título de concessão será obtido pela via administrativa perante o órgão competente.

Se houver recusa ou omissão, o título deverá ser obtido pela via judicial (art. 6º); a concessão então será declarada pelo juiz, em sentença (§ 3º).

A Administração terá o prazo de doze meses para decidir sobre o pedido de concessão, desde o seu protocolamento (§ 1º).

Se se tratar de ocupação de bem imóvel da União ou dos Estados, o interessado deverá instruir o requerimento de concessão de uso especial para fins de moradia com certidão expedida pelo Poder Público municipal, que atesta a localização do imóvel em área urbana e a sua destinação para moradia do ocupante ou de sua família (§ 2º).

O título outorgado pelo Poder Público ou a sentença judicial deverão ser levados a registro no cartório competente (§ 4º).

O direito de concessão é transferível *inter vivos* ou *causa mortis*.

Os casos de extinção da concessão estão elencados pelo art. 8º da Medida Provisória e a extinção deverá ser averbada no registro de imóvel, por meio de declaração do Poder Público competente (parágrafo único do art. 8º).

O art. 9º permite, ainda que a utilização (possuído até 22-12-2016), por cinco anos ininterruptos, de até 250 m² de imóvel público para *fins comerciais* seja passível de tratamento semelhante. Trata-se, no caso, de *autorização de uso*.

2. O MUNICÍPIO, A PROTEÇÃO AMBIENTAL E A CONSTITUIÇÃO DE 1988

Pretendemos, neste estudo, examinar as possibilidades que tem o Município de efetivar uma política de proteção ambiental em todo o seu território, em face da Constituição de 1988.

Como se sabe, o tema do meio ambiente e da sua proteção somente foi alçado ao nível constitucional agora, com a edição da Constituição de 1988. Antes, a não ser a União, que detinha competências expressas para legislar e atuar sobre matérias que indiretamente diziam respeito à proteção ambiental (caça e pesca, fauna, flora, florestas, energia, águas etc.), Estados e Municípios atuavam nesse campo com base no seu poder de polícia, inerente que é essa faculdade ao Poder Público.

Agora, o art. 225 da Constituição (Capítulo VI – Do Meio Ambiente, do Título VIII – Da Ordem Social), como também os seus arts. 23 e 30, I e II, permite, expressamente, que o Município legisle e atue em matéria de proteção ambiental.

Vejamos, a seguir, como e com que fundamentos constitucionais o Município pode e deve efetivar sua política de proteção ambiental em todo o seu território.

1. O art. 225 referido criou um direito subjetivo de tutela ambiental para todo aquele que resida no Brasil, ao mesmo tempo que criou um dever-poder para os órgãos públicos em geral de defender e preservar o meio ambiente para as presentes e futuras gerações.

O § 1º desse artigo obriga que o Poder Público (União, Estados, Distrito Federal e Municípios):

> preserve e restaure os processos ecológicos essenciais e proveja o manejo ecológico das espécies e ecossistemas (inc. I);
>
> preserve a integridade e a diversidade do patrimônio genético do País e fiscalize as entidades dedicadas à pesquisa e manipulação de material genético (inc. II);
>
> defina, em todas as unidades da Federação, espaços territoriais e seus componentes a serem especialmente protegidos, sendo a alteração e a supressão permitidas somente através de lei, vedada qualquer utilização que comprometa a integridade dos atributos que justifiquem sua proteção (inc. III); exija, na forma da lei, para instalação de obra ou atividade potencialmente causadora de significativa degradação do meio ambiente, estudo prévio de impacto ambiental, a que se dará publicidade (inc. IV); controle a produção, a comercialização e o emprego de técnicas, métodos e substâncias que comportem risco para a vida, a qualidade de vida e o meio ambiente (inc. V);
>
> promova a educação ambiental em todos os níveis de ensino e a conscientização pública para a preservação do meio ambiente (inc. VI);
>
> proteja a fauna e a flora, vedadas, na forma da lei, as práticas que coloquem em risco sua função ecológica, provoquem a extinção de espécies ou submetam os animais a crueldade (inc. VII).

Todas essas atribuições (ou deveres), porque se trata de ações de competência do Poder Público, devem ser previstas em lei de cada entidade pública para ter legitimidade e observar o princípio da legalidade.

Tais atribuições são de cunho privativo de cada entidade política, a qual disciplinará ao seu talante, em lei, a efetivação das medidas impostas no texto constitucional.

Observe-se que a definição dos espaços territoriais e seus componentes a serem especialmente protegidos (áreas de proteção ambiental, estações ecológicas, parques nacionais, estaduais e municipais etc.) serão determinados por decreto, mas suas alterações ou supressões serão mediante lei.

O estudo de impacto ambiental deve ser previsto também em lei de cada entidade política e somente será exigível para a instalação de obra ou atividade potencialmente causadora de significativa degradação do meio ambiente. Não será exigível, portanto, em toda e qualquer instalação de obra ou atividade.

A publicidade do estudo é imprescindível, sem o que o mandamento constitucional não estará cumprido.

O controle da produção, a comercialização e o emprego de técnicas, métodos e substâncias que comportem risco para a vida, a qualidade de vida e o meio ambiente devem ser também disciplinados em lei de cada entidade política, independentemente do que for determinado em nível federal, estadual ou, ainda, municipal.

O particular, nessa hipótese, terá de atender às estipulações legais dos três níveis de governo.

Em caso de conflito entre as normas a serem observadas, aplicar-se-á a regra haurida do direito constitucional norte-americano, segundo a qual, nessa hipótese, prevalece, em ordem, a lei federal sobre a estadual e municipal, e a estadual sobre a municipal, visto que aí estamos perante a incidência de normas de polícia administrativa, matéria concorrente, como é evidente.

A promoção da educação ambiental fica na dependência da normatividade e da hierarquia da disciplina sobre educação no País (Capítulo III, Seção I, do Título III – Da Ordem Social); já a conscientização pública para a preservação do meio ambiente será objeto de programas, atividades cívicas, palestras, seminários etc. elaborados e efetivados pela União, Estados, Distrito Federal e Municípios.

A proteção da fauna e da flora, que era de competência federal exclusiva, fica agora ao alcance de Estados e Municípios, que devem discipliná-la em leis ordinárias.

Em complemento a essas atribuições, os §§ 2º e 3º trazem determinações importantes.

O § 2º obriga que todo aquele que explorar recursos minerais deva recuperar o meio ambiente degradado, conforme solução técnica exigida pelo órgão público competente, na forma da lei.

A primeira questão a ser considerada nessa disposição é a seguinte: qual o órgão público competente para apresentar ao minerador as soluções técnicas? Será o Departamento Nacional de Produção Mineral (DNPM), que é o órgão responsável pela concessão da lavra? Ou será um órgão estadual competente para controlar as atividades potencialmente danosas ao meio ambiente? Será ainda o órgão municipal competente?

Como o mandamento consta de um parágrafo do art. 225, temos de considerar o que comanda o *caput* para termos a resposta, pois um parágrafo de dispositivo legal não pode estar divorciado deste.

Vê-se que o art. 225 impõe ao Poder Público o dever de defender e preservar o meio ambiente. Assim, o órgão público competente referido no seu § 2º será não o DNPM (órgão que atua em concessões minerárias), mas sim um órgão federal, estadual ou municipal competentes para a proteção e preservação do meio ambiente. A lei de que fala o mesmo § 2º será, portanto, tanto a federal como a estadual ou municipal.

Outro aspecto importante que decorre dessa disposição é que a lei referida não só poderá impor e disciplinar a recuperação do meio ambiente degradado pela atividade minerária como prever condições técnicas para a mineração, as quais visem evitar, em certos casos, a degradação irrecuperável ou mesmo impor proibições para a atividade minerária (ainda que a competência para legislar sobre a substância desse direito seja da União – inciso XII do art. 22 da CF) em locais em que, comprovadamente, tal atividade possa tornar irrecuperável o meio ambiente, se degradado.

É que, se a obrigação constitucional é no sentido da recuperação do meio ambiente degradado pela mineração, parece-nos decorrente dessa estatuição, e óbvio, que a lei que disciplinar tal recuperação pode, ainda como decorrência da referida previsão constitucional, evitar que a própria degradação se consuma, em casos que a técnica indique que ela, se consumada, será de ordem irrecuperável; para isso, a lei poderá impor condições técnicas para a exploração ou, até mesmo, proibi-la.

O § 3º dispõe que as condutas e atividades consideradas lesivas ao meio ambiente sujeitarão os infratores, pessoas físicas ou jurídicas, a sanções penais e administrativas, independentemente da obrigação de reparar os danos causados.

As sanções penais já estão previstas em algumas leis federais, não sendo suficientes, entretanto. O ideal seria a aprovação do capítulo "Dos Crimes Ecológicos" na Parte Especial do Código Penal, o qual uma comissão de juristas preparou ao tempo do Governo Figueiredo para o Ministério da Justiça.

As sanções administrativas (advertência, multa, suspensão de atividade, embargo de obra, fechamento de estabelecimento) deverão vir contempladas em leis federais, estaduais ou municipais, conforme o caso.

A reparação do dano, em matéria ambiental, é de ordem objetiva (independe da demonstração de culpa ou dolo) tanto para os danos decorrentes de atividades nucleares (art. 21, XXIII, *c*, da CF) como em qualquer outra hipótese (art. 14 da Lei n. 6.938/81).

2. O art. 23 dispõe sobre a competência comum da União, dos Estados, do Distrito Federal e dos Municípios.

No inciso VI vem contemplada a competência para "proteger o meio ambiente e combater a poluição em qualquer de suas formas", e, no inciso VII, para "preservar as florestas, a fauna e a flora".

Segundo o parágrafo único desse artigo, caberá à lei complementar fixar normas para a cooperação entre a União e os Estados, o Distrito Federal e os Municípios, visando o equilíbrio do desenvolvimento e do bem-estar em âmbito nacional.

Portanto, tais competências, que são de natureza administrativa (mas que, em qualquer caso, dependerão de lei, em face do princípio da legalidade), visam ao equilíbrio do desenvolvimento e do bem-estar nacional, e, por isso mesmo, têm cunho cooperativo (federalismo cooperativo). Não serão exercitadas privativamente (ou isoladamente) pelos entes políticos, mas, sim, em termos cooperativos, na forma que vier a ser estabelecida pela lei complementar.

Essa lei complementar, por outro lado, deverá fixar apenas as normas de cooperação para a atuação conjunta dos entes federativos, ou seja, estabelecerá critérios para que tal atuação seja realmente cooperativa, isenta de conflitos e desentendimentos, fixando assim os parâmetros dessa atuação conjugada para obter o desiderato indicado na parte final do parágrafo único.

Um critério razoável seria a aplicação do princípio da subsidiariedade, pelo qual se entende que os entes de maior grau devem abster-se de se imiscuir e atuar na solução de problemas que o ente menor, por suas próprias forças, tenha condições de solucionar. É a filosofia do crescimento e do desenvolvimento autóctone que informa esse princípio, tão bem concebido e explicado pelo Papa João XXIII, em anos passados.

De acordo com esse princípio, a lei complementar estabeleceria que em todos os casos de proteção ambiental (licenciamento, fiscalização, controle e aplicação de sanções), em primeiro lugar, compareceria o Município para solucionar a questão; se suas forças, recursos técnicos e financeiros etc. não fossem suficientes, comunicaria tal fato ao Estado, que passaria a atuar sobre o caso; somente se o Estado não solucionasse a questão, passaria a intervir a União.

Outros critérios, alternativos ou complementares, poderiam ser fixados pela lei complementar, mas sempre visando a cooperação dos entes federativos na solução dos problemas.

3. O art. 24 contempla a competência concorrente entre a União, os Estados e o Distrito Federal, sendo que o inciso VI traz as matérias: "florestas, caça, pesca, fauna, conservação da natureza, defesa do solo e dos recursos naturais, proteção do meio ambiente e controle da poluição".

Verifique-se que, embora o Município não esteja indicado no *caput* do art. 24, ele pode legislar sobre certas matérias elencadas por esse artigo, em especial sobre a indicada no inciso VI, com base na sua competência para "suplementar a legislação federal e a estadual no que couber" (inc. II do art. 30).

É que a matéria de proteção ambiental advém do exercício do poder de polícia do Poder Público, e, como aquele poder é inerente a este, o Município não pode ser excluído dessa competência; por outro lado, por isso mesmo, sendo de ordem concorrente a matéria, o Município, para legislar sobre ela, não pode deixar de observar a legislação federal e estadual correspondentes.

Entretanto, há de observar que a legislação federal, a partir da data da publicação da Constituição, só pode ter caráter geral, estando derrogadas todas as disposições constantes de lei federal sobre meio ambiente, ou correlatas, que dispunham sobre normas procedimentais e de cunho concreto, as quais não possam subsistir com um caráter geral.

É o que prevê o § 1º do art. 24: "No âmbito da legislação concorrente, a competência da União limitar-se-á a estabelecer normas gerais" (portanto nas matérias indicadas no inc. VI do art. 24).

Os Estados, por sua vez, têm competência suplementar à União para editar também normas gerais e, na falta de normas gerais da União, têm competência plena para atender a suas peculiaridades; mas a superveniência de lei federal sobre normas gerais suspende a eficácia da lei estadual, no que lhe for contrário.

O mesmo se aplica aos Municípios, que têm somente a competência suplementar quanto à matéria de proteção ambiental (concorrente), sendo que a superveniência de lei federal sobre normas gerais suspende a eficácia da lei municipal naquilo que lhe for contrário.

4. Essas são as atribuições do Município em matéria de proteção ambiental: competências isoladas e privativas, com base nos §§ 1º a 3º do art. 225 da Constituição; competência comum, com base no art. 23, dependente de lei complementar (atuação conjugada com a União, Distrito Federal e Estados); e competência concorrente, com base no inciso II do art. 30.

3. PLANO DIRETOR E LEGISLAÇÃO AMBIENTAL

I – Introdução

Para entendermos corretamente a questão das implicações existentes entre o plano diretor e a legislação ambiental, mister se faz que nos debrucemos, preliminarmente, sobre quatro disposições pertinentes da Constituição Federal de 1988.

A primeira delas está contemplada no inciso XXIII do art. 5º, que diz que "a propriedade atenderá a sua função social", complementada a estatuição pelo art. 170, que eleva a função social da propriedade a princípio da ordem econômica. A segunda e a terceira vêm dispostas no § 2º do art. 182 e no art. 186.

De um lado, a Constituição definiu o que seja a função social da propriedade urbana e, de outro, o que seja a função social da propriedade rural.

Assim, dentro do Capítulo II, do Título VII, que disciplina a "política urbana", dispôs que "a propriedade urbana cumpre sua função social quando atende às exigências fundamentais de ordenação da cidade expressas no plano diretor" (§ 2º do art. 182). E dentro do Capítulo III do mesmo título, que disciplina a "política agrícola e fundiária", dispôs que a propriedade rural cumpre sua função social quando atende simultaneamente, segundo critérios e graus de exigência estabelecidos em lei, a quatro requisitos, dentre os quais o da "utilização adequada dos recursos naturais disponíveis e preservação do meio ambiente" (art. 186, II).

A quarta disposição vem contemplada no art. 225 da Constituição, que declara que "todos têm direito ao meio ambiente ecologicamente equilibrado, bem de uso comum do povo e essencial à sadia qualidade de vida, impondo-se ao Poder Público e à coletividade o dever de defendê-lo e preservá-lo para as presentes e futuras gerações".

Em face dessas normas básicas atinentes ao tema, desenvolveremos, a seguir, nossas ulteriores considerações, procurando extrair daí as consequências jurídicas que sejam úteis para o enfoque legislativo da matéria.

II – O Plano Diretor e seu Conteúdo

Tendo em vista o disposto no § 2º do art. 182 da Constituição Federal, já se pode observar que o plano diretor tem, espacialmente, o seu conteúdo limitado ao meio urbano, mesmo porque o *caput* fala que a política de desenvolvimento urbano executada pelo Poder Público municipal, conforme diretrizes gerais fixadas em lei, tem por objetivo ordenar o pleno desenvolvimento das funções sociais da cidade e garantir o bem-estar de seus habitantes, que o plano diretor "é o instrumento básico da política de desenvolvimento e de expansão urbana" (§ 1º do art. 182).

Além disso, o inciso VIII do art. 30, que contempla as competências do Município, declara ser dele a atribuição de "promover, no que couber, adequado ordenamento territorial, mediante planejamento e controle do uso, do parcelamento e da ocupação do solo urbano".

Verifica-se, pois, que a Constituição, além de impor que o plano diretor somente faça exigências em relação à propriedade urbana (e não à rural), conforme previsto no § 2º do art. 182, ainda estabelece, em várias disposições, que o âmbito do plano diretor, espacialmente, seja a zona de expansão urbana, não podendo, portanto, alcançar a zona rural.

Já em termos de conteúdo material, antigamente o plano diretor somente se restringia aos aspectos físico-territoriais, evoluindo, após, para contemplar os aspectos sociais, econômicos e administrativos e, finalmente, levar em conta a proteção do meio ambiente.

Nesse último aspecto, convém salientar que o urbanismo, parte fundamental do plano, é essencial para a preservação ambiental, dizendo com a disciplina e proteção do uso do solo. Em termos jurídicos, Diogo Figueiredo Moreira Neto já dizia que "o Direito Urbanístico é um esgalho do Direito Ambiental"[2].

Dessa forma, sem dúvida nenhuma o plano diretor deve e pode contemplar a vertente ambiental, na qual se inserirá a urbanística, no âmbito de suas diretrizes, normas e exigências gerais. Estas, posteriormente, deverão ser concretizadas em lei de cunho ambiental, ou seja, no Código Ambiental do Município. Entretanto, as estatuições de natureza ambiental, constantes do plano diretor, como vimos, não poderão abranger a zona rural, pois o âmbito geral do plano somente deve ir até a zona de expansão urbana, sob pena de inconstitucionalidade.

III – A Zona Rural e o Meio Ambiente

Como vimos, o art. 186 da Constituição dispõe que a propriedade rural cumpre sua função social quando atende, simultaneamente, segundo critérios e graus de exigência estabelecidos em lei, dentre outros requisitos, "à utilização adequada dos recursos naturais disponíveis e a preservação do meio ambiente" (inc. II).

Considerando-se que é dever do Poder Público defender e preservar o meio ambiente (art. 225 da CF), em especial incumbindo-lhe "proteger a fauna e a flora, vedadas, na forma da lei, as práticas que coloquem em risco sua função ecológica, provoquem a extinção de espécies ou submetam os animais a crueldade" (inc. VII do § 1º do art. 225 da CF), e que compete ao Município "suplementar a legislação federal e a estadual no que couber" (inc. II do art. 30 da CF), cabe a este legislar em matéria ambiental em relação a todo o seu território, em especial, à zona rural.

[2]. *Introdução ao direito ecológico e ao direito urbanístico*, Rio de Janeiro: Forense, 1975, p. 54.

Assim, embora não possa, constitucionalmente, fazer exigências de ordem ambiental no seu plano diretor senão relativamente à zona urbana e de expansão urbana, o Município, no seu Código Ambiental (ou simples lei) pode e deve impor normas ambientais visando a propriedade rural no sentido de que ela cumpra a sua função social, conforme autoriza o inciso II do art. 186 da Constituição.

Assim, esse Código, sim, pode disciplinar a matéria em relação a todo o território municipal. Em relação à zona urbana e de expansão urbana, será concretizador das diretrizes e exigências previstas no plano diretor. Em relação à zona rural, inauguralmente, imporá exigências e regrará a proteção ambiental em relação à propriedade rural.

IV – A Competência Municipal em Matéria Ambiental e Urbanística

A competência legislativa, tanto em matéria ambiental como urbanística, segundo a Constituição de 1988, é de ordem concorrente.

Com efeito, o art. 24 da Carta Magna determina que compete à União, aos Estados e ao Distrito Federal legislar concorrentemente sobre direito urbanístico (inc. I) e sobre "florestas, caça, pesca, fauna, conservação da natureza, defesa do solo e dos recursos naturais, proteção do meio ambiente e controle da poluição" (inc. VI).

O Município também tem competência concorrente nessas matérias, com base no inciso II do art. 30 (suplementar a legislação federal e a estadual no que couber), relativamente à matéria ambiental, e com base no inciso VIII ("promover, no que couber, adequado ordenamento territorial, mediante planejamento e controle do uso, do parcelamento e da ocupação do solo urbano") desse mesmo artigo em relação à matéria urbanística.

Assim, cabe ao Município utilizar-se da sua competência constitucional concorrente para legislar em matéria ambiental e urbanística.

Tais competências são enquadradas, segundo a doutrina, na denominada repartição vertical de competência.

Com efeito, além da repartição horizontal de competência, típica do federalismo clássico, que consiste na discriminação das matérias em dois círculos (três no caso do Brasil), entregues, a título de competência exclusiva, um à ordem central e o outro a cada uma das ordens estaduais, no limite do respectivo território[3], a evolução do federalismo fez surgir a "repartição vertical de competência, que realiza a distribuição de idêntica matéria legislativa entre a União e os Estados-membros, estabelecendo condomínio legislativo consoante regras constitucionais de convivência"[4].

E dessas regras constitucionais de convivência entre órbitas da competência concorrente, segundo observou o Ministro Sepúlveda Pertence do Supremo Tribunal Federal (como relator no julgamento do RE n. 117.809-4-PR, *BDM*, mar. 1990, p. 234), "a mais comum é a prevalência de lei federal, anterior ou posterior, sobre a lei local atinente à mesma matéria: essa vinha sendo a tradição do constitucionalismo brasileiro, seja no campo da competência tributária concorrente, seja na área da competência complementar ou supletiva dos Estados".

Essa regra, porém, continua a ser válida em face do texto constitucional vigente, pelo que se verifica da leitura dos parágrafos do art. 24 da Constituição, em relação aos Estados-membros, e dos incisos II e VIII do art. 30, em relação aos Municípios.

Como acentuou Pontes de Miranda,

> "na esfera da técnica de repartição vertical, invertem-se, pois, os termos da equação do federalismo clássico: a relação entre lei federal e lei estadual deixa de ser uma questão de competência, que, em tese, é comum à União e aos Estados, para reduzir-se a uma questão de hierarquia de normas"[5].

No caso da legislação ambiental e urbanística, que são matérias concorrentes, o Município haverá de observar as normas gerais da União e as normas da competência legislativa plena dos Estados-membros. Aqui, não há falar em autonomia local do Município ou matéria de interesse local como limites das atribuições legislativas do Estado-membro, já que estamos no âmbito da repartição vertical e não no da repartição horizontal de competência, não se podendo aplicar em relação à primeira os critérios utilizados normalmente em relação à segunda.

---

3. Raul Machado Horta, *Autonomia do Estado-membro*, Belo Horizonte: Est. Graf. Sta. Maria S/A, 1964, p. 49 e s.

4. Raul Machado Horta, *Autonomia*, cit., p. 53.

5. *Comentários à Constituição de 1946*, São Paulo: Max Limonad, 1953, t. 1, p. 441.

É que é contra a natureza das coisas que algo esteja em dois lugares ao mesmo tempo, assim como um volume determinado de líquido não pode estar contido, em sua totalidade, em dois recipientes ao mesmo tempo.

V – O Estatuto da Cidade e a Regularização Fundiária

Note-se que o presente tópico ainda diz respeito do plano diretor e legislação ambiental uma vez que a regularização fundiária prevista no Estatuto da Cidade é sustentável e, assim, o plano diretor deve contemplá-la.

A Lei n. 10.257/2001, conhecida como Estatuto da Cidade, veio regulamentar os arts. 182 e 183 da Constituição Federal.

Com relação ao art. 182, estabeleceu diretrizes gerais previstas nesse artigo para houvesse o pleno desenvolvimento das cidades, para tal, possibilitando a elaboração de planos diretores municipais.

Com relação ao art. 183, o Estatuto deu correção à possibilidade de o possuidor de uma propriedade urbana de até 250 m^2, que a mantinha por cinco anos, ininterruptamente e sem oposição, utilizando-a para sua moradia ou de sua família, adquirisse o seu domínio, inaugurando um ponto importante, a regularização fundiária das pequenas propriedades, geralmente de posse de pessoas de baixa renda; ao lado disso, e com as mesmas finalidades, a lei introduziu no ordenamento jurídico a figura da concessão especial de moradia, que, depois, foi regulamentada por outra lei.

Mas o Estatuto da Cidade não parou na regularização fundiária, dispondo sobre a regularização fundiária, urbanística e ambiental das áreas ocupadas por pessoas de baixa renda.

Assim, a lei referida, quando, no seu art. 2º, em que dispõe sobre as diretrizes gerais a serem levadas em conta pelo plano diretor, contempla no inciso XIV a "regularização fundiária e urbanização de áreas ocupadas por população de baixa renda mediante o estabelecimento de normas especiais de urbanização, uso e ocupação do solo e edificação, consideradas a situação socioeconômica da população e as normas ambientais".

Essa diretriz, como as outras quinze previstas no art. 2º da Lei, devem ter sido contempladas, obrigatoriamente, no plano diretor, tendo em vista que assim determina o art. 39 do Estatuto.

Ainda no Capítulo II, que trata dos instrumentos da política urbana, no art. 4º, inciso V, coloca como instrumentos dessa política: "f) instituição de zonas especiais de interesse social; (...) h) concessão especial para fins de moradia; (...) j) usucapião especial de imóvel urbano; (...) q) regularização fundiária (...)".

O § 2º do art. 4º reza que: "Nos casos de programas e projetos habitacionais de interesse social, desenvolvidos por órgãos ou entidades da Administração Pública com atuação específica nessa área, a concessão de direito real de uso de imóveis públicos poderá ser contratada coletivamente".

O art. 26 do Estatuto dispõe que "o direito de preempção será exercido sempre que o Poder Público necessitar de áreas para: I – regularização fundiária; II – execução de programas e projetos habitacionais de interesse social".

Destarte, um dos aspectos a serem sublinhados no Estatuto da Cidade é que se quer a regularização de áreas de populações de baixa renda, determinando que o plano diretor complete essa sua diretriz.

Além disso, em tema de regularização fundiária, temos que efetuar uma análise da Lei n. 11.977, de 7 de julho de 2009 (Programa Minha Casa, Minha Vida, e regularização fundiária de assentamentos localizados em áreas urbanas).

Regularização fundiária, Estatuto da Cidade e política habitacional

O art. 1º da Lei n. 11.977/2009 prevê que o Programa tem por finalidade criar mecanismos de incentivo à produção e aquisição de novas unidades habitacionais ou requalificação de imóveis urbanos e produção ou reforma de habitações rurais, para famílias com renda mensal de até R$ 4.650,00 e compreende os seguintes subprogramas:

I – o Programa Nacional de Habitação Urbana – PNHU; e

II – o Programa Nacional de Habitação Rural – PNHR.

O art. 5º-A da mencionada Lei dispõe:

> "Para a implantação de empreendimentos no âmbito do PNHU, deverão ser observados:
>
> I – localização do terreno na malha urbana ou em área de expansão que atenda aos requisitos estabelecidos pelo Poder Executivo federal, observado o respectivo plano diretor, quando existente;

II – adequação ambiental do projeto;

III – infraestrutura básica que inclua vias de acesso, iluminação pública e solução de esgotamento sanitário e de drenagem de águas pluviais e permita ligações domiciliares de abastecimento de água e energia elétrica; e

IV – a existência ou compromisso do poder público local de instalação ou de ampliação dos equipamentos e serviços relacionados a educação, saúde, lazer e transporte público".

O Capítulo II da Lei n. 11.977/2009, que tratava de regularização fundiária de assentamentos urbanos foi totalmente revogado pelo disposto no art. 109 da Lei n. 13.465/2017.

No Capítulo IV – Disposições Finais, a lei, além de assegurar condições no PMCMV, dispõe sobre alterações a outras leis.

No art. 73 são assegurados no PMCMV:

"I – condições de acessibilidade a todas as áreas públicas e de uso comum;

II – disponibilidade de unidades adaptáveis ao uso por pessoas com deficiência, com mobilidade reduzida e idosos, de acordo com a demanda;

III – condições de sustentabilidade das construções;

IV – uso de novas tecnologias construtivas.

Parágrafo único. Na ausência de legislação municipal ou estadual acerca de condições de acessibilidade que estabeleça regra específica, será assegurado que, do total de unidades habitacionais construídas no âmbito do PMCMV em cada Município, no mínimo, 3% (três por cento) sejam adaptadas ao uso por pessoas com deficiência".

O art. 74 traz uma modificação no Decreto-lei n. 3.365, de 21 de junho de 1941, no seu art. 15, acrescendo-lhe o § 4º, com a seguinte redação: "A imissão provisória na posse será registrada no registro de imóveis competente".

Também o art. 32 da Lei de Desapropriações por utilidade pública foi alterado, constando dele:

"§ 1º As dívidas fiscais serão deduzidas dos valores depositados, quando inscritas e ajuizadas.

§ 2º Incluem-se na disposição prevista no § 1º as multas decorrentes de inadimplementos e de obrigações fiscais.

§ 3º A discussão acerca dos valores inscritos ou executados será realizada em ação própria".

É de se ressaltar que o art. 76 alterou em alguns pontos a Lei dos Registros Públicos (Lei n. 6.015, de 31-12-1973).

O art. 167, que trata dos documentos que devem ser averbados ou registrados, foi acrescido do item 41 – da legitimação de posse (inc. I); do inciso II, no item 26, foi acrescido do auto de demarcação urbanística.

O art. 221 recebeu o inciso V – contratos ou termos administrativos, assinados com a União, Estados e Municípios no âmbito de programas de regularização fundiária, dispensado o reconhecimento de firma.

O art. 78 trouxe alteração na Lei n. 10.257, de 10 de julho de 2001 (Estatuto da Cidade). No art. 4º desta Lei, que traz um rol de instrumentos a serem utilizados para se alcançar as finalidades da lei, foram incluídas as alíneas *t* e *u*, respectivamente: "*t*) demarcação urbanística para fins de regularização fundiárias; *u*) legitimação de posse".

Os arts. 82 ao 82-D finalizam a lei.

O Decreto federal n. 7.499, de 16 de junho de 2011 (*DOU* de 17-6-2011), regulamenta dispositivos da Lei n. 11.977, de 7 de julho de 2009, que dispõe sobre o Programa Minha Casa, Minha Vida.

Os pontos principais desse decreto regulamentar são:

"Art. 2º Para a implementação do PMCMV, a União, observada a disponibilidade orçamentária e financeira:

I – concederá subvenção econômica ao beneficiário pessoa física no ato da contratação do financiamento habitacional;

II – participará do Fundo de Arrendamento Residencial (FAR), mediante integralização de cotas e transferirá recursos ao Fundo de Desenvolvimento Social (FDS) de que tratam, respectivamente, a Lei n. 10.188, de 12 de fevereiro de 2001, e a Lei n. 8.677, de 13 de julho de 1993;

III – realizará oferta pública de recursos destinados à subvenção econômica ao beneficiário pessoa física de operações em Municípios com população de até 50.000 (cinquenta mil) habitantes;

IV – participará do Fundo Garantidor da Habitação Popular – FGHab; e

V – concederá subvenção econômica por meio do Banco Nacional de Desenvolvimento Econômico e Social – BNDES, sob a modalidade de equalização de taxas de juros e outros encargos financeiros, especificamente nas operações de financiamento de linha especial para infraestrutura em projetos de habitação popular".

O art. 3º dispõe que, para a indicação dos beneficiários do PMCMV, deverão ser observados os seguintes requisitos:

> I – comprovação de que o interessado integra família com renda mensal de até R$ 4.650,00 (quatro mil, seiscentos e cinquenta reais);
>
> II – faixas de renda definidas pelo Poder Executivo federal para cada uma das modalidades de operações;
>
> III – prioridade de atendimento às famílias residentes em áreas de risco, insalubres, que tenham sido desabrigadas ou que perderam a moradia em razão de enchente, alagamento, transbordamento ou em decorrência de qualquer desastre natural do gênero;
>
> IV – prioridade de atendimento às famílias com mulheres responsáveis pela unidade familiar; e
>
> V – prioridade de atendimento às famílias de que façam parte pessoas com deficiência.

O § 1º do art. 3º impõe critérios, em áreas urbanas, a serem respeitados para os projetos de PMCMV a ser objeto de regulamentação do Ministério das Cidades:

> I – a doação pelos Estados, pelo Distrito Federal e pelos Municípios de terrenos localizados em área urbana consolidada para implantação de empreendimentos vinculados ao programa;
>
> II – a implementação pelos Estados, pelo distrito Federal e pelos Municípios de medidas de desoneração tributária, para as construções destinadas à habitação de interesse social;
>
> III – a implementação pelos Municípios dos instrumentos da Lei n. 10.257, de 10 de julho de 2001, voltados ao controle da retenção das áreas urbanas em ociosidade.

A Seção II trata do Programa Nacional de Habitação Urbana – PNHU.

O art. 6º-A veicula o seguinte:

> "As operações realizadas com recursos advindos da integralização de cotas no FAR e recursos transferidos ao FDS, conforme previsto no inciso II do *caput* do art. 2º, são limitadas a famílias com renda mensal de até R$ 1.395,00 (mil trezentos e noventa e cinco reais), e condicionadas a:
>
> I – exigência de participação financeira dos beneficiários, sob a forma de prestações mensais;

II – quitação da operação, em casos de morte ou invalidez permanente do beneficiário, sem cobrança de contribuição; e

III – cobertura de danos físicos ao imóvel, sem cobrança de contribuição do beneficiário".

A Seção III trata do Programa Nacional de Habitação Rural – PNHR.

O art. 11 dispõe que o PNHR tem como finalidade subsidiar a produção ou reforma de imóveis para agricultores familiares e trabalhadores rurais, por intermédio de operação de repasse de recursos do orçamento geral da União ou de financiamento habitacional com recursos do FGTS, desde 14 de abril de 2009.

O art. 15 prevê que o poder Executivo regulamentará as diretrizes e condições gerais de operação, gestão, acompanhamento, controle e avaliação do PNHR.

O art. 16 faz competir à Caixa Econômica Federal a gestão operacional do PNHR.

A LEI FEDERAL N. 12.424, DE 16 DE JUNHO DE 2011

Esta Lei altera a Lei n. 11.977, de 7 de julho de 2009, e as Leis n. 10.188, de 1º de fevereiro de 2001, 6.766, de 19 de dezembro de 1979, 4.591, de 16 de dezembro de 1964, 8.212, de 24 de julho de 1991, e 10.406, de 10 de janeiro de 2002 – Código Civil.

De novidade, essa Lei traz os seguintes pontos:

Altera a redação da parte final do art. 1º da Lei n. 11.977/2009: "para famílias com renda mensal de até dez salários mínimos" para até R$ 4.650,00.

Os arts. 47, 53, 54 e 58 da Lei n. 11.977/2009 também foram alterados, porém, foram revogados pela Lei n. 13.465/2017.

O art. 6º da Lei n. 12.424, de 16 de junho de 2011, dispõe:

"O parágrafo único do art. 22 da Lei n. 6.766, de 19 de dezembro de 1979, passa a vigorar com a seguinte redação:

Art. 22. (...)

Parágrafo único. Na hipótese de parcelamento do solo implantado e não registrado, o Município poderá requerer, por meio da apresentação de planta do parcelamento elaborada pelo loteador ou aprovada pelo Município e de declaração de que o parcelamento se encontra implantado, o registro das áreas destinadas a uso público, que passarão dessa forma a integrar o seu domínio".

O art. 9º da Lei n. 12.424/2011 dispõe sobre alteração no Código Civil.

A Lei n. 10.406, de 10 de janeiro de 2002, passa a vigorar acrescida do seguinte art. 1.240-A:

"Art. 1.240-A. Aquele que exerce, por 2 (dois) anos ininterruptamente e sem oposição, posse direta, com exclusividade, sobre imóvel urbano de até 250 m², cuja propriedade divida com ex-cônjuge ou ex-companheiro que abandonou o lar, utilizando-o para sua moradia ou de sua família, adquirir-lhe-á o domínio integral, desde que não seja proprietário de outro imóvel urbano ou rural".

O art. 11 da Lei n. 12.424/2011 cria o cadastro de beneficiário de programas habitacionais urbanos, promovidos pelo Poder Público, nos quais tenham sido concedidos, com recursos públicos, materiais ou financeiros, incentivos de qualquer natureza, que possam ser considerados subsídio.

"§ 1º O cadastro de que trata o *caput* reunirá informações da União, dos Estados, do Distrito Federal e dos Municípios e será implantado, progressivamente, nos termos do regulamento.

§ 2º A adesão dos Estados, do Distrito Federal e dos Municípios ao cadastro previsto no *caput* é condição para o repasse de recursos da União ou por ela geridos direcionados a programas habitacionais ou de regularização fundiária em áreas urbanas".

ALTERAÇÕES PROCEDIDAS PELA LEI N. 12.608, DE 10 DE ABRIL DE 2012

A Lei referida trouxe alterações ao Estatuto da Cidade, à Lei n. 6.766/79 e à Lei n. 12.340, de 1º de dezembro de 2010.

A Lei n. 12.608/2012 altera diversos artigos da Lei n. 12.340, de 1º de dezembro de 2010, que "Dispõe sobre as transferências de recursos da União aos órgãos e entidades dos Estados, Distrito Federal e Municípios para a execução de ações de prevenção em áreas de risco de desastres e de resposta e de recuperação em áreas atingidas por desastres e sobre o Fundo Nacional para Calamidades Públicas, Proteção e Defesa Civil".

O art. 16 da Lei n. 12.608/2012 contém norma indutora para que os Municípios adotem medidas em favor de habitação de interesse social, autorizando a União a conceder incentivo ao Município para tanto, por meio de institutos previstos na Lei n. 10.257, de 2001, na forma do regulamento.

O seu parágrafo único dispõe que "o incentivo de que trata o *caput* compreenderá a transferência de recursos para a aquisição de terrenos destinados a programas de habitação de interesse social".

Trata-se de uma norma que exige regulamentação, devendo-se fixar as exigências documentais e condições para que o Município receba tais transferências, que por sua vez deverão ser definidos se o serão a fundo perdido ou não.

O art. 24 acresce nova alínea ao inciso VI do art. 2º da Lei n. 10.257, de 10 de julho de 2001:

> "Art. 2º (...)
>
> *h*) a exposição da população a riscos de desastres".

O art. 26 traz acréscimos à Lei n. 10.257/2001:

> "Art. 42-A. Além do conteúdo previsto no art. 42, o plano diretor dos Municípios incluídos no cadastro nacional de municípios com áreas suscetíveis à ocorrência de deslizamentos de grande impacto, inundações bruscas ou processos geológicos ou hidrológicos correlatos deverá conter:
>
> I – parâmetros de parcelamento, uso e ocupação do solo, de modo a promover a diversidade de usos e a contribuir para a geração de emprego e renda;
>
> II – mapeamento contendo as áreas suscetíveis à ocorrência de deslizamentos de grande impacto, inundações bruscas ou processos geológicos ou hidrológicos correlatos;
>
> III – planejamento de ações de intervenção preventiva e realocação de população de áreas de risco de desastre;
>
> IV – medidas de drenagem urbana necessárias à prevenção e à mitigação de impactos de desastres; e
>
> V – diretrizes para a regularização fundiária de assentamentos urbanos irregulares, se houver, observadas a Lei n. 11.977, de 7 de julho de 2009, e demais normas federais e estaduais pertinentes, e previsão de áreas para habitação de interesse social por meio da demarcação de zonas especiais de interesse social e de outros instrumentos de política urbana, onde o uso habitacional for permitido.
>
> § 1º A identificação e o mapeamento de áreas de risco levarão em conta as cartas geotécnicas.

§ 2º O conteúdo do plano diretor deverá ser compatível com as disposições insertas nos planos de recursos hídricos, formulados consoante a Lei n. 9.433, de 8 de janeiro de 1997.

§ 3º Os Municípios adequarão o plano diretor às disposições deste artigo, por ocasião de sua revisão, observados os prazos legais.

§ 4º Os Municípios enquadrados no inciso VI do art. 41 desta Lei e que não tenham plano diretor aprovado terão o prazo de 5 (cinco) anos para o seu encaminhamento para aprovação pela Câmara Municipal.

Art. 42-B. Os Municípios que pretendam ampliar o seu perímetro urbano após a data de publicação desta Lei deverão elaborar projeto específico que contenha, no mínimo:

I – demarcação do novo perímetro urbano;

II – delimitação dos trechos com restrições à urbanização e dos trechos sujeitos a controle especial em função de ameaça de desastres naturais;

III – definição de diretrizes específicas e de áreas que serão utilizadas para infraestrutura, sistema viário, equipamentos e instalações públicas, urbanas e sociais;

IV – definição de parâmetros de parcelamento, uso e ocupação do solo, de modo a promover a diversidade de usos e contribuir para a geração de emprego e renda;

V – a previsão de áreas para habitação de interesse social por meio da demarcação de zonas especiais de interesse social e de outros instrumentos de política urbana, quando o uso habitacional for permitido;

VI – definição de diretrizes e instrumentos específicos para proteção ambiental e do patrimônio histórico e cultural; e

VII – definição de mecanismos para garantir a justa distribuição dos ônus e benefícios decorrentes do processo de urbanização do território de expansão urbana e a recuperação para a coletividade da valorização imobiliária resultante da ação do poder público.

§ 1º O projeto específico de que trata o *caput* deste artigo deverá ser instituído por lei municipal e atender às diretrizes do plano diretor, quando houver.

§ 2º Quando o plano diretor contemplar as exigências estabelecidas no *caput*, o Município ficará dispensado da elaboração do projeto específico de que trata o *caput* deste artigo.

§ 3º A aprovação de projetos de parcelamento do solo no novo perímetro urbano ficará condicionada à existência do projeto específico e deverá obedecer às suas disposições".

A elaboração de projeto específico objetivando uma expansão urbana é uma novidade no direito urbanístico brasileiro, e os elementos que constarão dele são de disciplina legal das áreas nele contidas e, ainda, das qualidades e condições de utilização dessas áreas.

Pela primeira vez, embora sempre se tenha falado na doutrina e em leis, da área de expansão urbana, não havia parâmetros e condições para a sua fixação pelos Municípios. Agora, com a exigência do projeto e dos seus elementos integrantes, fica mais certa a fixação da referida área.

O projeto de expansão urbana deverá atender às diretrizes do plano diretor, quando houver. Tais diretrizes são as previstas no art. 2º da Lei n. 10.257/2001.

O § 3º do art. 42-B da Lei n. 10.257/2001 dispõe que "a aprovação de projetos de parcelamento do solo no novo perímetro urbano ficará condicionada à existência do projeto específico e deverá obedecer às suas disposições".

Essa norma até então inexistia. Apenas existia o art. 3º da Lei n. 6.766/79, com a seguinte redação: "Somente será admitido o parcelamento do solo para fins urbanos em zonas urbanas ou de expansão urbana, assim definidas por lei municipal".

A dificuldade dessa disposição estava em saber em quais critérios e/ou parâmetros deveríamos nos apoiar para considerar, por lei municipal, uma determinada área como sendo zona de expansão urbana. Agora, o critério é se a área em questão faz ou não parte do projeto específico.

O § 2º do art. 42-B determina que, "quando o plano diretor contemplar as exigências estabelecidas no *caput*, o Município ficará dispensado da elaboração do projeto específico de que trata o *caput*".

O *caput* (art. 42-A) elenca as exigências e o conteúdo para a elaboração do plano de expansão urbana.

Por fim, o art. 27 cuida de dar nova redação ao art. 12 da Lei n. 6.766/79 (que dispõe sobre o parcelamento do solo urbano).

DA POLÍTICA NACIONAL DE MOBILIDADE URBANA

Diretrizes: instituição. Lei n. 12.587, de 3 de janeiro de 2012

O Capítulo I – Disposições Gerais, traz, no seu art. 1º, o fundamento constitucional da referida Lei: "A Política Nacional de Mobilidade Urbana é instrumento da política de desenvolvimento urbano de que tratam o inciso XX do art. 21 e o art. 182 da Constituição Federal, objetivando a integração entre os diferentes modos de transporte e a melhoria da acessibilidade e mobilidade de pessoas e de cargas no território do Município.

Parágrafo único. A Política Nacional a que se refere o *caput* deve atender ao previsto no inciso VII do art. 2º e no § 2º do art. 40 da Lei n. 10.257, de 10 de julho de 2001 (Estatuto da Cidade)".

O inciso VII do art. 2º do Estatuto da Cidade reza que uma das diretrizes gerais a ser observada pela política de desenvolvimento urbano é a "integração e complementaridade entre as atividades urbanas e rurais, tendo em vista o desenvolvimento socioeconômico do Município e do território sob sua área de influência".

O § 2º do art. 40 do Estatuto dispõe:

"§ 2º O plano diretor deverá englobar o território do Município como um todo".

Nesta obra, demonstramos que essa disposição é inconstitucional porque, segundo o art. 182 da Constituição:

a) O art. 182 diz que a política de desenvolvimento urbano, executada pelo Poder Público Municipal (...) tem por objetivo ordenar o pleno funcionamento das funções sociais da cidade e garantir o bem-estar de seus habitantes.

b) O plano diretor, aprovado pela Câmara Municipal, obrigatório para cidades com mais de vinte mil habitantes, é o instrumento básico da política de desenvolvimento e de expansão urbana (§ 1º).

Ou seja, o plano diretor deve abranger até a área de expansão urbana, não podendo alcançar a zona rural, não cabendo, portanto, a uma lei federal estabelecer uma obrigação para os municípios que não tenha suporte na Constituição.

c) A propriedade urbana cumpre sua função social quando atende às exigências fundamentais do plano diretor (§ 2º).

Portanto, o âmbito de abrangência do plano diretor é a cidade, a zona urbana e de expansão urbana. Em consequência, o § 2º do art. 40 do Estatuto da Cidade é absolutamente inconstitucional ao pretender englobar no plano diretor a zona rural do Município.

O art. 2º da Lei n. 12.587/2012 dispõe sobre o objetivo da Política Nacional de Mobilidade Urbana e tem como propósito contribuir para o acesso universal à cidade, o fomento e a concretização das condições que contribuam para a efetivação dos princípios, objetivos e diretrizes da política de desenvolvimento urbano, por meio do planejamento e da gestão democrática do Sistema Nacional de Mobilidade Urbana.

Vejamos, mais à frente, se esse sistema é ou não inconstitucional, como o é o SISNAMA, que criou uma hierarquia administrativa entre os entes políticos a partir da União (CONAMA), o que não é admissível em um regime federativo.

O art. 3º diz que esse sistema é o conjunto organizado e coordenado dos modos de transporte, de serviços e de infraestruturas que garante os deslocamentos de pessoas e cargas no território do Município.

"§ 1º São modos de transporte urbano:

I – motorizados; e

II – não motorizados.

§ 2º Os serviços de transporte urbano são classificados:

I – quanto ao objeto:

a) de passageiros;

b) de cargas;

II – quanto à característica do serviço:

a) coletivo;

b) individual;

III – quanto à natureza do serviço:

a) público;

b) privado.

§ 3º São infraestruturas de mobilidade urbana:

I – vias e demais logradouros públicos, inclusive metroferrovias, hidrovias e ciclovias;

II – estacionamentos;

III – terminais, estações e demais conexões;

IV – pontos para embarque e desembarque de passageiros e cargas;

V – sinalização viária e de trânsito;

VI – equipamentos e instalações; e

VII – instrumentos de controle, fiscalização, arrecadação de taxas e tarifas e difusão de informações".

O art. 4º nos traz várias definições para os fins da lei, tais como "transporte urbano", "mobilidade urbana" (condição em que se realizam os deslocamentos de pessoas e cargas no espaço urbano) etc.

A Seção II traz os "Princípios, Diretrizes e Objetivos da Política Nacional de Mobilidade Urbana".

O art. 5º inicia essa Seção, trazendo os fundamentos da Política Nacional de Mobilidade Urbana, por meio de diversos princípios, valendo citar o mais importante deles: "V – gestão democrática e controle social do planejamento e avaliação da Política Nacional de Mobilidade Urbana".

O art. 6º nos apresenta as diretrizes pelas quais a Política Nacional de Mobilidade Urbana deverá ser orientada, arrolados pelos seus incisos I a VIII, sendo a mais relevante a do inciso I: "integração com a política de desenvolvimento urbano e respectivas políticas setoriais de habitação, saneamento básico, planejamento e gestão do uso do solo no âmbito dos entes federativos".

O art. 7º nos detalha os objetivos da Política já referida, pelos incisos I a V.

O Capítulo II da Lei trata "Das Diretrizes para a Regulação dos Serviços de Transporte Público Coletivo".

Esse é o Capítulo mais importante da Lei para os Municípios, já que a ele compete, em seu território, a regulação dos transportes coletivos, em especial o de passageiros.

O art. 8º dispõe que a política tarifária do serviço de transporte público coletivo é orientada pelas seguintes diretrizes:

> "I – promoção da equidade no acesso aos serviços;
>
> II – melhoria da eficiência e da eficácia na prestação dos serviços;
>
> III – ser instrumento da política de ocupação equilibrada da cidade de acordo com o plano diretor municipal, regional e metropolitano;
>
> IV – contribuição dos beneficiários diretos e indiretos para custeio da operação dos serviços;
>
> V – simplicidade na compreensão, transparência da estrutura tarifária para o usuário e publicidade do processo de revisão;
>
> VI – modicidade da tarifa para o usuário;
>
> VII – integração física, tarifária e operacional dos diferentes modos e das redes de transporte público e privado nas cidades;

> VIII – articulação interinstitucional dos órgãos gestores dos entes federativos por meio de consórcios públicos;
>
> IX – estabelecimento e publicidade de parâmetros de qualidade e quantidade na prestação dos serviços de transporte público coletivo; e
>
> X – incentivo à utilização de créditos eletrônicos tarifários.
>
> § 1º (*Vetado.*)
>
> § 2º Os Municípios deverão divulgar, de forma sistemática e periódica, os impactos dos benefícios tarifários concedidos no valor das tarifas dos serviços de transporte público coletivo.
>
> § 3º (*Vetado.*)."

Essa norma é inconstitucional porque lei federal pode obrigar o Município a fazer ou deixar de fazer algo, sob pena de invasão da sua autonomia municipal, ainda mais quando a Constituição não estabelece tal obrigação, em que pese não termos conhecimento de nenhum questionamento sobre a constitucionalidade de tal disposição junto ao Poder Judiciário.

> "Art. 9º O regime econômico e financeiro da concessão e o da permissão do serviço de transporte público coletivo serão estabelecidos no respectivo edital de licitação, sendo a tarifa de remuneração da prestação de serviço de transporte público coletivo resultante do processo licitatório da outorga do poder público.
>
> § 1º A tarifa de remuneração da prestação do serviço de transporte público coletivo deverá ser constituída pelo preço público cobrado do usuário pelos serviços somado à receita oriunda de outras fontes de custeio, de forma a cobrir os reais custos do serviço prestado ao usuário por operador público ou privado, além da remuneração do prestador.
>
> § 2º O preço público cobrado do usuário pelo uso do transporte público coletivo denomina-se tarifa pública, sendo instituída por ato específico do poder público outorgante.
>
> § 3º A existência de diferença a menor entre o valor monetário da tarifa de remuneração da prestação do serviço de transporte público de passageiros e a tarifa pública cobrada do usuário denomina-se déficit ou subsídio tarifário".

O § 4º segue complementando a definição anterior.

Segundo o § 5º, caso o poder público opte pela adoção de subsídio tarifário, o *déficit* originado deverá ser coberto por receitas extratarifárias, receitas alternativas, subsídios orçamentários, subsídios cruzados intrassetoriais e intersetoriais provenientes de outras categorias de beneficiários dos serviços de transporte, dentre outras fontes, instituídos pelo poder público delegante.

Trata-se de norma confusa e que nos parece totalmente contraditória.

O § 7º diz o óbvio sobre reajuste de tarifa, idem com relação ao § 8º, e aos §§ 9º a 12.

O art. 10 trata da contratação dos serviços de transporte coletivo que deverá ser precedida de licitação e deverá observar as seguintes diretrizes:

"I – fixação de metas de qualidade e desempenho a serem atingidas e seus instrumentos de controle e avaliação;

II – definição dos incentivos e das penalidades aplicáveis vinculadas à consecução ou não das metas;

III – alocação dos riscos econômicos e financeiros entre os contratados e o poder concedente;

IV – estabelecimento das condições e meios para a prestação de informações operacionais, contábeis e financeiras ao poder concedente; e

V – identificação de eventuais fontes de receitas alternativas, complementares, acessórias ou de projetos associados, bem como da parcela destinada à modicidade tarifária.

Parágrafo único. Qualquer subsídio tarifário ao custeio da operação do transporte público coletivo deverá ser definido em contrato, com base em critérios transparentes e objetivos de produtividade e eficiência, especificando, minimamente, o objetivo, a fonte, a periodicidade e o beneficiário, conforme o estabelecido nos arts. 8º e 9º desta Lei".

O art. 11 nos traz a seguinte regra:

"Os serviços de transporte privado coletivo, prestados entre pessoas físicas ou jurídicas, deverão ser autorizados, disciplinados e fiscalizados pelo poder público competente, com base nos princípios e diretrizes desta Lei".

A Lei n. 13.640/2018 incluiu os artigos 11-A e 11-B:

"Art. 11-A. Compete exclusivamente aos Municípios e ao Distrito Federal regulamentar e fiscalizar o serviço de transporte remunerado privado individual de passageiros previsto no inciso X do art. 4º desta Lei no âmbito dos seus territórios.

Parágrafo único. Na regulamentação e fiscalização do serviço de transporte privado individual de passageiros, os Municípios e o Distrito Federal deverão observar as seguintes diretrizes, tendo em vista a eficiência, a eficácia, a segurança e a efetividade na prestação do serviço:

I - efetiva cobrança dos tributos municipais devidos pela prestação do serviço;

II - exigência de contratação de seguro de Acidentes Pessoais a Passageiros (APP) e do Seguro Obrigatório de Danos Pessoais causados por Veículos Automotores de Vias Terrestres (DPVAT);

III - exigência de inscrição do motorista como contribuinte individual do Instituto Nacional do Seguro Social (INSS), nos termos da alínea *h* do inciso V do art. 11 da Lei n. 8.213, de 24 de julho de 1991.

Art. 11-B. O serviço de transporte remunerado privado individual de passageiros previsto no inciso X do art. 4º desta Lei, nos Municípios que optarem pela sua regulamentação, somente será autorizado ao motorista que cumprir as seguintes condições:

I - possuir Carteira Nacional de Habilitação na categoria B ou superior que contenha a informação de que exerce atividade remunerada;

II - conduzir veículo que atenda aos requisitos de idade máxima e às características exigidas pela autoridade de trânsito e pelo poder público municipal e do Distrito Federal;

III - emitir e manter o Certificado de Registro e Licenciamento de Veículo (CRLV);

IV - apresentar certidão negativa de antecedentes criminais.

Parágrafo único. A exploração dos serviços remunerados de transporte privado individual de passageiros sem o cumprimento dos requisitos previstos nesta Lei e na regulamentação do poder público municipal e do Distrito Federal caracterizará transporte ilegal de passageiros".

Segundo o art. 12, os serviços públicos de transporte individual de passageiros, deverão ser organizados, disciplinados e fiscalizados pelo poder público municipal, com base nos requisitos mínimos de segurança, de conforto, de higiene, de qualidade dos serviços e de fixação prévia dos valores máximos das tarifas a serem cobradas.

O art. 12-A dispõe que o direito à exploração de serviços de táxi poderá ser outorgado a qualquer interessado que satisfaça os requisitos exigidos pelo poder público local:

"§ 1º É permitida a transferência da outorga a terceiros que atendam aos requisitos exigidos em legislação municipal.

§ 2º Em caso de falecimento do outorgado, o direito à exploração do serviço será transferido a seus sucessores legítimos, nos termos dos arts. 1.829 e seguintes do Título II do Livro V da Parte Especial da Lei n.10.406, de 10 de janeiro de 2002 (Código Civil).

§ 3º As transferências de que tratam os §§ 1º e 2º dar-se-ão pelo prazo da outorga e são condicionadas à prévia anuência do poder público municipal e ao atendimento dos requisitos fixados para a outorga".

O art. 12-B dispõe que na outorga de exploração de serviço de táxi, reservar-se-ão 10% (dez por cento) das vagas para condutores com deficiência:

"§ 1º Para concorrer às vagas reservadas na forma do *caput* deste artigo, o condutor com deficiência deverá observar os seguintes requisitos quanto ao veículo utilizado:

I – ser de sua propriedade e por ele conduzido; e

II – estar adaptado às suas necessidades, nos termos da legislação vigente.

§ 2º No caso de não preenchimento das vagas na forma estabelecida no *caput* deste artigo, as remanescentes devem ser disponibilizadas para os demais concorrentes".

O art. 13 nos traz outra regra de duvidosa constitucionalidade: "Na prestação de serviços de transporte público coletivo, o poder público delegante deverá realizar atividades de fiscalização e controle dos serviços delegados, preferencialmente em parceria com os demais entes federativos".

O Capítulo III trata "Dos Direitos dos Usuários".

Além da referência que faz à Lei das Concessões e Permissões de Serviços Públicos (Lei n. 8.987/95), sobre os "Direitos dos Usuários" em geral, aqui, a Lei n. 12.587/2012, especificamente sobre os usuários dos transportes coletivos, traz esse Capítulo III.

O art. 14 diz que:

"São direitos dos usuários do Sistema Nacional de Mobilidade Urbana, sem prejuízo dos previstos nas Leis n. 8.078, de 11 de setembro de 1990, e 8.987, de 13 de fevereiro de 1995:

I – receber o serviço adequado, nos termos do art. 6º da Lei n. 8.987, de 13 de fevereiro de 1995;

II – participar do planejamento, da fiscalização e da avaliação da política local de mobilidade urbana;

III – ser informado nos pontos de embarque e desembarque de passageiros, de forma gratuita e acessível, sobre itinerários, horários, tarifas dos serviços e modos de interação com outros modais; e

IV – ter ambiente seguro e acessível para a utilização do Sistema Nacional de Mobilidade Urbana, conforme as Leis n. 10.048, de 8 de novembro de 2000, e 10.098, de 19 de dezembro de 2000.

Parágrafo único. Os usuários dos serviços terão o direito de ser informados, em linguagem acessível e de fácil compreensão, sobre:

I – seus direitos e responsabilidades;

II – os direitos e obrigações dos operadores dos serviços; e

III – os padrões preestabelecidos de qualidade e quantidade dos serviços ofertados, bem como os meios para reclamações e respectivos prazos de resposta".

O art. 15 dispõe:

"A participação da sociedade civil no planejamento, fiscalização e avaliação da Política Nacional de Mobilidade Urbana deverá ser assegurada pelos seguintes instrumentos:

I – órgãos colegiados com a participação de representantes do Poder Executivo, da sociedade civil e dos operadores dos serviços;

II – ouvidorias nas instituições responsáveis pela gestão do Sistema Nacional de Mobilidade Urbana ou nos órgãos com atribuições análogas;

III – audiências e consultas públicas; e

IV – procedimentos sistemáticos de comunicação, de avaliação da satisfação dos cidadãos e dos usuários e de prestação de contas públicas".

O Capítulo IV trata "Das Atribuições" e é um dos capítulos mais importantes da Lei.

Trata-se da distribuição de competências entre a União (art. 16), os Estados (art. 17) e os Municípios (art. 18). O Distrito Federal tem as atribuições previstas, no que couber, aos Estados e Municípios (art. 19).

A União, segundo o art. 16, entre outras atribuições (incisos I a VII), tem a de prestar assistência técnica e financeira aos Estados, Distrito Federal e aos Municípios; contribuir para a capacitação continuada de pessoas para o desenvolvimento das instituições vinculadas à Política Nacional de Mobilidade Urbana nos Estados, Municípios e Distrito Federal; fomentar a implantação de projetos de transporte público coletivo de grande e média capacidade nas aglomerações urbanas e nas regiões metropolitanas.

O art. 17 trata das atribuições dos Estados dentre outras: "I – prestar, diretamente ou por delegação ou gestão associada, os serviços de transporte público coletivo intermunicipais de caráter urbano, em conformidade com o § 1º do art. 25 da Constituição Federal".

O parágrafo único admite que o Estado delegue aos Municípios a organização e a prestação dos serviços de transporte público coletivo intermunicipal de caráter urbano, desde que constituído consórcio público ou convênio de cooperação para tal fim.

Essa norma tem assento no art. 241 da Constituição Federal.

O art. 18 contempla as atribuições dos Municípios:

> "I – planejar, executar e avaliar a política de mobilidade urbana, bem como promover a regulamentação dos serviços de transporte urbano;
>
> II – prestar, direta, indiretamente ou por gestão associada, os serviços de transporte público coletivo urbano, que têm caráter essencial;
>
> III – capacitar pessoas e desenvolver as instituições vinculadas à política de mobilidade urbana do Município; e
>
> IV – (*Vetado.*)".

O art. 19, como visto, determina a aplicação, no que couber, ao Distrito Federal, das atribuições previstas para os Estados e os Municípios, nos termos dos arts. 17 e 18.

O art. 20 dispõe que "o exercício das atribuições previstas neste Capítulo subordinar-se-á, em cada ente federativo, às normas fixadas pelas respectivas leis de diretrizes orçamentárias, às efetivas disponibilidades asseguradas pelas suas leis orçamentárias anuais e aos imperativos da Lei Complementar n. 101, de 4 de maio de 2000".

Esta é a Lei de Responsabilidade Fiscal.

O Capítulo V trata das "Diretrizes para o Planejamento e Gestão dos Sistemas de Mobilidade Urbana".

O art. 21 prevê que o planejamento, a gestão e a avaliação dos sistemas de mobilidade deverão contemplar:

> "I – a identificação clara e transparente dos objetivos de curto, médio e longo prazos;
>
> II – a identificação dos meios financeiros e institucionais que assegurem sua implantação e execução;

III – a formulação e implantação dos mecanismos de monitoramento e avaliação sistemáticos e permanentes dos objetivos estabelecidos; e

IV – a definição das metas de atendimento e universalização da oferta de transporte público coletivo, monitorados por indicadores preestabelecidos".

O art. 22 traz as atribuições mínimas dos órgãos gestores dos entes federativos incumbidos respectivamente do planejamento e gestão do sistema de mobilidade urbana:

"I – planejar e coordenar os diferentes modos e serviços, observados os princípios e diretrizes desta Lei;

II – avaliar e fiscalizar os serviços e monitorar desempenhos, garantindo a consecução das metas de universalização e de qualidade;

III – implantar a política tarifária;

IV – dispor sobre itinerários, frequências e padrão de qualidade dos serviços;

V – estimular a eficácia e a eficiência dos serviços de transporte público coletivo;

VI – garantir os direitos e observar as responsabilidades dos usuários; e

VII – combater o transporte ilegal de passageiros".

Quanto aos instrumentos de gestão do sistema de transporte e da mobilização urbana, os entes federativos poderão se utilizar de:

"Art. 23 (...)

II – estipulação de padrões de emissão de poluentes para locais e horários determinados, podendo condicionar o acesso e a circulação aos espaços urbanos sob controle;

III – aplicação de tributos sobre modos e serviços de transporte urbano pela utilização da infraestrutura urbana (...);

IV – dedicação de espaço exclusivo nas vias públicas para os serviços de transporte público coletivo e modos de transporte não motorizados;

(...)

VI – controle do uso e operação da infraestrutura viária destinada à circulação e operação do transporte de carga, concedendo prioridades ou restrições;

VII – monitoramento e controle das emissões dos gases de efeito local e de efeito estufa dos modos de transporte motorizado, facultando a restrição de acesso a determinadas vias em razão da criticidade dos índices de emissões de poluição;

VIII – convênios para o combate ao transporte ilegal de passageiros; e

IX – convênio para o transporte coletivo urbano internacional nas cidades definidas como cidades gêmeas nas regiões de fronteira do Brasil com outros países, observado o art. 178 da Constituição Federal".

O art. 24 dispõe que o Plano de Mobilização Urbana é o instrumento de efetivação da Política Nacional de Mobilidade Urbana e deverá contemplar os princípios, os objetivos e as diretrizes desta Lei, bem como condições e serviços descritos nos seus 11 (onze) incisos.

O § 1º nos traz uma disposição da maior importância.

Lembramos que o Estatuto da Cidade exige que, "no caso de cidades com mais de quinhentos mil habitantes, deverá ser elaborado um plano de transporte urbano integrado, compatível com o plano diretor ou nele inserido" (§ 2º do art. 41 do Estatuto da Cidade).

Aquele § 1º dispõe agora que em Municípios com mais de 20.000 (vinte mil) habitantes e em todos os demais obrigados, na forma da lei, à elaboração do plano diretor, deverá ser elaborado o Plano de Mobilidade Urbana, integrado e compatível com os respectivos planos diretores ou neles inserido.

O § 2º dispõe que nos Municípios sem sistema de transporte público coletivo ou individual, o Plano de Mobilidade Urbana deverá ter o foco no transporte não motorizado e no planejamento da infraestrutura urbana destinada aos deslocamentos a pé e por bicicleta, de acordo com a legislação vigente.

O § 3º dispõe que o Plano de Mobilidade Urbana deverá ser compatibilizado com o plano diretor municipal, existente ou em elaboração, no prazo máximo de 6 (seis) anos da entrada em vigor desta Lei.

O § 4º dispõe que os Municípios que não tenham elaborado o Plano de Mobilidade Urbana até a data de promulgação desta Lei terão o prazo máximo de 7 (sete) anos de sua entrada em vigor para elaborá-lo, findo o qual ficarão impedidos de receber recursos orçamentários federais destinados à mobilidade urbana até que atendam à exigência desta Lei.

O § 5º dispõe que o Plano de Mobilidade Urbana deverá contemplar medidas destinadas a atender aos núcleos urbanos informais consolidados, nos termos da Lei n. 13.465, de 11 de julho de 2017.

O § 6º foi vetado.

O Capítulo VI trata dos "Instrumentos de Apoio à Mobilidade Urbana".

O art. 25 dispõe que: "O Poder Executivo da União, o dos Estados, o do Distrito Federal e o dos Municípios, segundo suas possibilidades orçamentárias e financeiras e observados os princípios e diretrizes desta Lei, farão constar dos respectivos projetos de planos plurianuais e de leis de diretrizes orçamentárias as ações programáticas e instrumentos de apoio que serão utilizados, em cada período, para o aprimoramento dos sistemas de mobilidade urbana e melhoria da qualidade dos serviços.

Parágrafo único. A indicação das ações e dos instrumentos de apoio a que se refere o *caput* será acompanhada, sempre que possível, da fixação de critérios e condições para o acesso aos recursos financeiros e às outras formas de benefícios que sejam estabelecidos".

Finalmente, a lei traz o seu Capítulo VII, que trata das "Disposições Finais".

O art. 26 prevê: "Esta Lei se aplica, no que couber, ao planejamento, controle, fiscalização e operação dos serviços de transporte público coletivo intermunicipal, interestadual e internacional de caráter urbano". Esqueceram-se do mais importante: ela se aplica, mais precisamente ao transporte público coletivo urbano municipal, que, pelas disposições anteriores, está regulado pela Lei n. 12.587, de 3 de janeiro de 2012 (*DOU* de 4-1-2012).

O art. 27 foi vetado e o art. 28 dispõe que a Lei entrará em vigor 100 (cem) dias após a data de sua publicação.

POLÍTICA NACIONAL DE PROTEÇÃO E DEFESA CIVIL (LEI N. 12.608, DE 10-4-2012 – CONVERSÃO DA MP N. 547, DE 2011)

A Lei veio em boa hora (se não já em atraso), ao pretender disciplinar medidas de controle de danos causados por desastres naturais e por consequência de ações humanas, em âmbito nacional, tentando com isso dirimir as tragédias que têm ocorrido no País, em decorrência de chuvas, inundações, desastres ambientais, deslizamentos, ruptura de barragens de rejeitos, etc.

Infelizmente, como visto recentemente, não obteve maiores êxitos.

O seu art. 1º institui a Política Nacional de Defesa Civil – PNPDEC, dispõe sobre o sistema de informações e monitoramento de desastres, sendo que o parágrafo único dispõe que as definições técnicas para aplicação da Lei serão estabelecidas em ato do Poder Executivo federal.

O art. 2º prevê que: "é dever da União, dos Estados, do Distrito Federal e dos Municípios adotar as medidas necessárias à redução dos riscos de desastre. O § 1º dispõe que "as medidas previstas no *caput* poderão ser adotadas com a colaboração de entidades públicas ou privadas e da sociedade em geral. O § 2º diz que "a incerteza quanto ao risco de desastre não constituirá óbice para a adoção das medidas preventivas e mitigadoras da situação de risco".

O Capítulo II trata "Da Política Nacional de Proteção e Defesa Civil - PNPDEC", sendo que a Seção I dispõe sobre "Diretrizes e Objetivos".

O art. 3º diz que a PNPDEC abrange as ações de prevenção, mitigação, preparação, resposta e recuperação voltadas à proteção e à defesa civil.

O parágrafo único desse artigo contém uma norma integrativa da maior importância. Diz: "A PNPDEC deve integrar-se às políticas de ordenamento territorial, desenvolvimento urbano, saúde, meio ambiente, mudanças climáticas, gestão de recursos hídricos, geologia, infraestrutura, educação, ciência e tecnologia e às demais políticas setoriais, tendo em vista a promoção do desenvolvimento sustentável".

O art. 4º traz as diretrizes da PNPDEC por meio dos incisos I a VI, e o art. 5º arrola os objetivos do PNPDEC mediante seus incisos I a XV.

A Seção II nos traz as "Competências dos Entes Federados".

O art. 6º traça as competências da União, com seus incisos I a XIII.

O § 1º dispõe que o Plano Nacional de Proteção e Defesa Civil conterá, no mínimo:

> "I – a identificação dos riscos de desastres nas regiões geográficas e grandes bacias hidrográficas do País; e
>
> II – as diretrizes de ação governamental de proteção e defesa civil no âmbito nacional e regional, em especial quanto à rede de monitoramento meteorológico, hidrológico e geológico e dos riscos biológicos, nucleares e químicos e à produção de alerta antecipados das regiões com risco de desastres".

O § 2º dispõe que os prazos para elaboração e revisão do Plano Nacional de Proteção e Defesa Civil serão definidos em regulamento.

O art. 7º contempla as atribuições dos Estados, com seus incisos I a VIII, e o parágrafo único prevê a criação de Planos Estaduais de Proteção e Defesa Civil, que deverá conter, no mínimo:

"I – a identificação das bacias hidrográficas com risco de ocorrência de desastres; e

II – as diretrizes de ação governamental de proteção e defesa civil no âmbito estadual, em especial no que se refere à implantação da rede de monitoramento meteorológico, hidrológico e geológico das bacias com risco de desastre".

O art. 8º traz as competências dos Municípios:

"I – executar a PNPDEC em âmbito local;

II – coordenar as ações de proteção e defesa civil em articulação com a União e os Estados;

III – incorporar as ações de proteção e defesa civil no planejamento municipal;

IV – identificar e mapear as áreas de risco de desastres;

V – promover a fiscalização das áreas de risco de desastre e vedar novas ocupações nessas áreas;

VI – declarar situação de emergência e estado de calamidade pública;

VII – vistoriar edificações e áreas de risco e promover, quando for o caso, a intervenção preventiva e a evacuação da população das áreas de alto risco ou das edificações vulneráveis;

VIII – organizar e administrar abrigos provisórios para assistência à população em situação de desastre, em condições adequadas de higiene e segurança;

IX – manter a população informada sobre áreas de risco e ocorrência de eventos extremos, bem como sobre protocolos de prevenção e alerta e sobre as ações emergenciais em circunstâncias de desastres;

X – mobilizar e capacitar os radioamadores para atuação na ocorrência de desastre;

XI – realizar regularmente exercícios simulados, conforme Plano de Contingência de Proteção e Defesa Civil;

XII – promover a coleta, a distribuição e o controle de suprimentos em situações de desastre;

XIII – proceder à avaliação de danos e prejuízos das áreas atingidas por desastres;

XIV – manter a União e o Estado informados sobre a ocorrência de desastres e as atividades de proteção civil no Município;

XV – estimular a participação de entidades privadas, associações de voluntários, clubes de serviços, organizações não governamentais e associações de classe e comunitárias nas ações do SINPDEC e promover o treinamento de associações de voluntários para atuação conjunta com as comunidades apoiadas; e

XVI – prover solução de moradia temporária às famílias atingidas por desastres".

O art. 9º dispõe sobre competência comum da União, dos Estados e dos Municípios para:

> "I – desenvolver cultura nacional de prevenção de desastres, destinada ao desenvolvimento da consciência nacional acerca dos riscos de desastre no País;
>
> II – estimular comportamentos de prevenção capazes de evitar ou minimizar a ocorrência de desastres;
>
> III – estimular a reorganização do setor produtivo e a reestruturação econômica das áreas atingidas por desastres;
>
> IV – estabelecer medidas preventivas de segurança contra desastres em escolas e hospitais situados em áreas de risco;
>
> V – oferecer capacitação de recursos humanos para as ações de proteção e defesa civil; e
>
> VI – fornecer dados e informações para o sistema nacional de informações e monitoramento de desastres".

O Capítulo III trata do "Sistema Nacional de Proteção e Defesa Civil – SINPDEC".

A Seção I prevê "Disposições Gerais", sendo que o art. 10 dispõe que o SINPDEC é constituído pelos órgãos e entidades da administração pública federal, dos Estados, do Distrito Federal e dos Municípios e pelas entidades públicas e privadas de atuação significativa na área de proteção e defesa civil.

O parágrafo único diz que o SINPDEC tem por finalidade contribuir no processo de planejamento, articulação, coordenação e execução dos programas, projetos e ações de proteção e defesa civil.

Essa norma é inconstitucional, na medida em que obriga (uma lei federal) os entes federativos a compor um colegiado, ofendendo sua autonomia, insculpida no art. 18 da Constituição Federal.

O art. 11 segue a mesma inconstitucionalidade, assim como o art. 12, em especial no seu § 2º, que obriga os entes federativos ofendendo a autonomia de cada qual.

O Capítulo IV trata das "Disposições Finais".

O art. 13 autoriza a criação de sistema de informações de monitoramento de desastres, em ambiente informatizado, que atuará por meio de base de dados compartilhada entre os integrantes do SINPDEC, visando ao oferecimento de informações atualizadas para prevenção, mitigação, alerta, resposta e recuperação em situações de desastre em todo o território nacional.

Vamos a seguir nos referir às disposições mais importantes deste Capítulo IV.

O art. 16 autoriza a União a conceder incentivo ao Município que adotar medidas voltadas ao aumento da oferta de terra urbanizada para utilização em habitação de interesse social, por meio dos institutos previstos na Lei n. 10.257, de 10 de julho de 2001, na forma do regulamento.

> "Parágrafo único. O incentivo de que trata o *caput* compreenderá a transferência de recursos para a aquisição de terrenos destinados a programas de habitação de interesse social".

O art. 18 indica os agentes de proteção e defesa civil:

> "I – os agentes políticos da União, dos Estados, do Distrito Federal e dos Municípios responsáveis pela direção superior dos órgãos do SINPDEC;
>
> II – os agentes públicos responsáveis pela coordenação e direção de órgãos ou entidades públicas prestadores dos serviços de proteção e defesa civil;
>
> III – os agentes públicos detentores de cargo, emprego ou função pública, civis ou militares, com atribuições relativas à prestação ou execução dos serviços de proteção e defesa civil; e
>
> IV – os agentes voluntários, vinculados a entidades privadas ou prestadores de serviços voluntários que exercem, em caráter suplementar, serviços relacionados à proteção e defesa civil".

O art. 20 dispõe:

> "A ementa da Lei n. 12.340, de 1º de dezembro de 2010, passa a vigorar com a seguinte redação:
>
> Dispõe sobre as transferências de recursos da União aos órgãos e entidades dos Estados, Distrito Federal e Municípios para a execução de ações de resposta e recuperação nas áreas atingidas por desastre, e sobre o Fundo Especial para Calamidades Públicas; e dá outras providências".

O art. 22 reza:

> "A Lei n. 12.340, de 1º de dezembro de 2010, passa a vigorar acrescida dos seguintes arts.: 3º-A, 3º-B e 5º-A:
>
> Art. 3º-A. O Governo Federal instituirá cadastro nacional de municípios com áreas suscetíveis à ocorrência de deslizamentos de grande impacto, inundações bruscas ou processos geológicos ou hidrológicos correlatos, conforme regulamento.

§ 1º A inscrição no cadastro previsto no *caput* dar-se-á por iniciativa do Município ou mediante indicação dos demais entes federados, observados os critérios e procedimentos previstos em regulamento.

§ 2º Os Municípios incluídos no cadastro deverão:

I – elaborar mapeamento contendo as áreas suscetíveis à ocorrência de deslizamentos de grande impacto, inundações bruscas ou processos geológicos ou hidrológicos correlatos;

II – elaborar Plano de Contingência de Proteção e Defesa Civil e instituir órgãos municipais de defesa civil, de acordo com os procedimentos estabelecidos pelo órgão central do Sistema Nacional de Proteção e Defesa Civil – SINPDEC;

III – elaborar plano de implantação de obras e serviços para a redução de riscos de desastre;

IV – criar mecanismos de controle e fiscalização para evitar a edificação em áreas suscetíveis à ocorrência de deslizamentos de grande impacto, inundações bruscas ou processos geológicos ou hidrológicos correlatos; e

V – elaborar carta geotécnica de aptidão à urbanização, estabelecendo diretrizes urbanísticas voltadas para a segurança dos novos parcelamentos do solo e para o aproveitamento de agregados para a construção civil.

§ 3º A União e os Estados, no âmbito de suas competências, apoiarão os Municípios na efetivação das medidas previstas no § 2º.

§ 4º Sem prejuízo das ações de monitoramento desenvolvidas pelos Estados e Municípios, o Governo Federal publicará, periodicamente, informações sobre a evolução das ocupações em áreas suscetíveis à ocorrência de deslizamentos de grande impacto, inundações bruscas ou processos geológicos ou hidrológicos correlatos nos Municípios constantes do cadastro.

§ 5º As informações de que trata o § 4º serão encaminhadas, para conhecimento e providências, aos Poderes Executivo e Legislativo dos respectivos Estados e Municípios e ao Ministério Público.

§ 6º O Plano de Contingência de Proteção e Defesa Civil será elaborado no prazo de 1 (um) ano, sendo submetido a avaliação e prestação de contas anual, por meio de audiência pública, com ampla divulgação.

Art. 3º-B. Verificada a existência de ocupações em áreas suscetíveis à ocorrência de deslizamentos de grande impacto, inundações bruscas ou processos geológicos ou hidrológicos correlatos, o município adotará as providências para redução do risco, dentre as quais, a execução de plano de contingência e de obras de segurança e, quando necessário, a remoção de edificações e o reassentamento dos ocupantes em local seguro.

§ 1º A efetivação da remoção somente se dará mediante a prévia observância dos seguintes procedimentos:

I – realização de vistoria no local e elaboração de laudo técnico que demonstre os riscos da ocupação para a integridade física dos ocupantes ou de terceiros; e

II – notificação da remoção aos ocupantes acompanhada de cópia do laudo técnico e, quando for o caso, de informações sobre as alternativas oferecidas pelo poder público para assegurar seu direito à moradia.

§ 2º Na hipótese de remoção de edificações, deverão ser adotadas medidas que impeçam a reocupação da área.

§ 3º Aqueles que tiverem suas moradias removidas deverão ser abrigados, quando necessário, e cadastrados pelo Município para garantia de atendimento habitacional em caráter definitivo, de acordo com os critérios dos programas públicos de habitação de interesse social.

Art. 5º-A. Constatada, a qualquer tempo, a presença de vícios nos documentos apresentados, ou a inexistência do estado de calamidade pública ou da situação de emergência declarados, o ato administrativo que tenha autorizado a realização da transferência obrigatória perderá seus efeitos, ficando o ente beneficiário obrigado a devolver os valores repassados, devidamente atualizados.

Parágrafo único. Sem prejuízo do disposto no *caput*, ocorrendo indícios de falsificação de documentos pelo ente federado, deverão ser notificados o Ministério Público Federal e o Ministério Público Estadual respectivo, para adoção das providências cabíveis".

O art. 23 da lei prescreve que: "É vedada a concessão de licença ou alvará de construção em áreas de risco indicadas como não edificáveis no plano diretor ou legislação dele derivada".

Essa norma é das mais importantes e vem corrigir um hábito que já se tornou quase comum.

O art. 24 vem alterar o Estatuto da Cidade no seguinte aspecto:

"O inciso VI do art. 2º da Lei n. 10.257, de 10 de julho de 2001, passa a vigorar acrescido da seguinte alínea *h*:

'Art. 2º (...)

VI – (...)

h) a exposição da população a riscos de desastres '".

Observamos que o art. 2º traz as diretrizes do desenvolvimento urbano e, dentre essas diretrizes, que são, atualmente, dezesseis, acrescenta-se a

17, com a inserção, no inciso VI do art. 2º, da alínea *h* – a exposição da população a riscos de desastres deve ser evitada.

O art. 25 da lei faz outra alteração ao Estatuto da Cidade: o art. 41 da Lei n. 10.257, de 10 de julho de 2001, passa a ser acrescido do inciso VI, com a seguinte redação: "VI – incluídas no cadastro nacional de Municípios com áreas suscetíveis à ocorrência de deslizamentos de grande impacto, inundações bruscas ou processos geológicos ou hidrológicos correlatos".

O art. 41 do Estatuto da Cidade diz quais cidades estão obrigadas a elaborar e manter o plano diretor: cidades com mais de vinte mil habitantes e outras cinco hipóteses.

A Constituição Federal, no § 1º do seu art. 182, reza: "O plano diretor, aprovado pela Câmara Municipal, obrigatório para cidades com mais de vinte mil habitantes, é o instrumento básico da política de desenvolvimento e de expansão urbana".

Portanto, o inciso VI acrescido ao art. 41 é, em princípio, inconstitucional, salvo nos casos em que o Município, na área urbana, tenha mais de vinte mil habitantes.

O art. 26 da Lei n. 12608/2012 é aquele que traz maiores alterações ao Estatuto da Cidade, evidentemente, para sua adaptação às regras da presente Lei.

Assim, o art. 26 diz que a Lei n. 10.257/2001 passa a vigorar acrescida dos seguintes arts. 42-A e 42-B:

> "Art. 42-A. Além do conteúdo previsto no art. 42, o plano diretor dos Municípios incluídos no cadastro nacional de municípios com áreas suscetíveis à ocorrência de deslizamentos de grande impacto, inundações bruscas ou processos geológicos ou hidrológicos correlatos deverá conter:
>
> [Obs.: se tais municípios resolverem *sponte propria*, elaborar os seus planos diretores, pois a tanto não estão obrigados constitucionalmente].
>
> I – parâmetros de parcelamento, uso e ocupação do solo, de modo a promover a diversidade de usos e a contribuir para a geração de emprego e renda;
>
> II – mapeamento contendo as áreas suscetíveis à ocorrência de deslizamentos (...);
>
> III – planejamento de ações de intervenção preventiva e realocação de população de áreas de risco de desastre;

IV – medidas de drenagem urbana necessárias à prevenção e à mitigação de impactos de desastres; e

V – diretrizes para a regularização fundiária de assentamentos urbanos irregulares, se houver, observadas a Lei n. 11.977, de 7 de julho de 2009, e demais normas federais e estaduais pertinentes, e previsão de áreas para habitação de interesse social por meio da demarcação de zonas especiais de interesse social e de outros instrumentos de política urbana, onde o uso habitacional for permitido.

§ 1º A identificação e o mapeamento de áreas de risco levarão em conta as cartas geotécnicas.

§ 2º O conteúdo do plano diretor deverá ser compatível com as disposições insertas nos planos de recursos hídricos, formulados consoante a Lei n. 9.433, de 8 de janeiro de 1997.

§ 3º Os Municípios adequarão o plano diretor às disposições deste artigo, por ocasião de sua revisão, observados os prazos legais.

§ 4º Os Municípios enquadrados no inciso VI do art. 41 desta Lei e que não tenham plano diretor aprovado terão o prazo de 5 (cinco) anos para o seu encaminhamento para aprovação pela Câmara Municipal".

Essa disposição é duplamente inconstitucional: primeiro, porque, se não tiver vinte mil habitantes, não estão obrigados constitucionalmente a elaborar o plano diretor e, em segundo lugar, porque como já expomos anteriormente, não pode uma lei federal obrigar o Município a fazer ou deixar de fazer alguma coisa, sob pena de invasão da autonomia constitucional do Município, insculpida no art. 18 da Constituição.

"Art. 42-B. Municípios que pretendam ampliar o seu perímetro urbano após a data de publicação desta Lei deverão elaborar projeto específico, que contenha, no mínimo:

[Obs.: a disposição tem validade desde a data da emissão da MP n. 5.478, de 2011, porque a Lei n. 12.608/2012 é a lei de sua conversão.]

I – demarcação do novo perímetro urbano;

II – delimitação dos trechos com restrições à urbanização e dos trechos sujeitos a controle especial em função de ameaça de desastres naturais;

III – definição de diretrizes específicas e de áreas que serão utilizadas para infraestrutura, sistema viário, equipamentos e instalações públicas, urbanas e sociais;

IV – definição de parâmetros de parcelamento, uso e ocupação do solo, de modo a promover a diversidade de usos e contribuir para a geração de emprego e renda;

V – a previsão de áreas para habitação de interesse social por meio da demarcação de zonas especiais de interesse social e de outros instrumentos de política urbana, quando o uso habitacional for permitido;

VI – definição de diretrizes e instrumentos específicos para proteção ambiental e do patrimônio histórico e cultural; e

VII – definição de mecanismos para garantir a justa distribuição dos ônus e benefícios decorrentes do processo de urbanização do território de expansão urbana e a recuperação para a coletividade da valorização imobiliária resultante da ação do poder público".

[Obs.: esse inciso nos mostra que, quando o art. 42-B alude à hipótese de o Município ampliar o perímetro urbano, aí está incluída a hipótese dessa ampliação pela expansão urbana, pois o inciso VII emprega a expressão "(...) decorrentes do processo de urbanização do território de expansão urbana(...)".]

O § 1º dispõe que o projeto específico de que trata o *caput* deste artigo deverá ser instituído por lei municipal e atender às diretrizes do plano diretor, quando houver.

O § 2º prevê a hipótese em que o plano diretor contemple as exigências estabelecidas no *caput* (incisos I a VII), o Município ficará dispensado da elaboração do projeto específico de que trata o *caput* deste artigo.

O § 3º dispõe que a aprovação de projetos de parcelamentos do solo no novo perímetro urbano ficará condicionada à existência do projeto específico e deverá obedecer às suas disposições.

O art. 27 altera a Lei dos Loteamentos e Desmembramentos Urbanos (Lei n. 6.766/79), cujo art. 12 passa a vigorar com a redação a seguir, renumerando-se o atual parágrafo único para § 1º.

"Art. 12. (...)

§ 1º O projeto aprovado deverá ser executado no prazo constante do cronograma de execução, sob pena de caducidade da aprovação".

O art. 12 da Lei n. 6.766/79 trata da aprovação do parcelamento urbano pela Prefeitura Municipal a quem compete afixação de diretrizes a que aludem os arts. 6º e 7º da Lei.

Não continha nenhum parágrafo e agora ficou acrescido dos §§ 1º, 2º e 3º.

A questão do prazo do cronograma de execução do projeto aprovado vinha regulado no inciso V do art. 18 da Lei n. 6.766/79, que previa que o cronograma teria a duração máxima de 2 (dois) anos, o que era inconstitucional por ofender a autonomia do Município.

O § 2º adapta a Lei n. 6.766/79 às regras da presente lei, ao dispor: "Nos Municípios inseridos no cadastro nacional de municípios com áreas suscetíveis à ocorrência de deslizamentos de grande impacto, inundações bruscas ou processos geológicos ou hidrológicos correlatos, a aprovação do projeto de que trata o *caput* ficará vinculada ao atendimento dos requisitos constantes da carta geotécnica de aptidão à urbanização".

O § 3º veda a "aprovação de projeto de loteamento e desmembramento em áreas de risco definidas como não edificáveis, no plano diretor ou em legislação dele derivada".

O art. 30 revoga os arts. 1º, 2º e 17 da Lei n. 12.340, de 1º de dezembro de 2010.

O art. 31 diz que a Lei entra em vigor na data de sua publicação (11-4-2012), com exceção do disposto no § 2º do art. 12 da Lei n. 6.766, de 19 de dezembro de 1979, que entrará em vigor após decorridos 2 (dois) anos da data de sua publicação oficial.

VII – Conclusões

Em face das considerações expendidas, podemos concluir essa breve exposição, enfatizando que:

a) o conteúdo do plano diretor, espacialmente, está limitado à zona de expansão urbana, não podendo alcançar a zona rural;

b) o conteúdo do plano diretor, materialmente, deve abranger os aspectos físico-territoriais, sociais, econômicos, administrativos e ambientais;

c) o Município pode e deve disciplinar a preservação do meio ambiente na zona rural mediante um Código Ambiental (ou lei específica) que abranja todo o território municipal;

d) o Código será concretizador das diretrizes e exigências previstas no plano diretor, em termos de proteção ambiental da cidade, e imporá exigências inaugurais em relação à zona rural;

e) tanto em matéria ambiental como urbanística, o Município deverá observar a legislação federal sobre normas gerais existentes e a legislação oriunda da competência plena dos Estados-membros nessas matérias, que, por se enquadrarem, segundo a Constituição Federal vigente, na competência vertical e não na horizontal, comportam hierarquia legislativa;

f) não há possibilidade jurídica de introduzir no trato da repartição vertical (concorrente) de competência critérios válidos para a repartição horizontal de competências (privativas).

7

A instituição do Estatuto da Metrópole e as alterações no Estatuto da Cidade promovidas pela Lei n. 13.089/2015

A Lei n. 13.089, de 12 de janeiro de 2015, veio para estabelecer a regulamentação da região metropolitana, que recebeu da Constituição de 1988 nova estruturação.

É um diploma legal importante, posto que, com a extrema conurbação ocorrida no Brasil desde os fins da década de 60 do século passado, por razões óbvias, causou e causa sérias dificuldades na forma de gestão e prestação de serviços públicos comuns em determinadas áreas urbanas.

Nesse sentido, ressalte-se o posicionamento de Pedro Estevam Alves Pinto Serrano[1]:

> "... temos as Regiões Metropolitanas, aglomerações urbanas e microrregiões, que serão constituídas por agrupamentos de Municípios limítrofes, para integrar a organização, o planejamento e a execução de funções públicas de interesse comum (art. 25, §3º)".

Evidentemente já está em vigor há algum tempo e, por isso, não nos cabe comentá-la no seu todo.

Apenas chamaremos a atenção de alguns dos seus dispositivos que têm alguma relação com o Estatuto da Cidade.

[1] *Região metropolitana e seu regime constitucional.* São Paulo: Editora Verbatim, 2010, p. 123.

Assim, o § 2º do art. 1º dispõe: "§ 2º Na aplicação das disposições desta Lei, serão observadas as normas gerais de direito urbanístico estabelecidas na Lei n. 10.257, de 10 de julho de 2001 (Estatuto da Cidade)".

O art. 2º contém no seu inciso II a seguinte regra:

"II – função pública de interesse comum: política pública ou ação nela inserida cuja realização por parte de um Município, isoladamente, seja inviável ou cause impacto em Municípios limítrofes;".

O referido art. 2º traz, ainda, outros dispositivos que merecem ser destacados:

"III – gestão plena: condição de região metropolitana ou de aglomeração urbana que possui:

a) formalização e delimitação mediante lei complementar estadual;

b) estrutura de governança interfederativa própria, nos termos do art. 8º desta Lei; e

c) plano de desenvolvimento urbano integrado aprovado mediante lei estadual;

IV – governança interfederativa: compartilhamento de responsabilidades e ações entre entes da Federação em termos de organização, planejamento e execução de funções públicas de interesse comum;

V – metrópole: espaço urbano com continuidade territorial que, em razão de sua população e relevância política e socioeconômica, tem influência nacional ou sobre uma região que configure, no mínimo, a área de influência de uma capital regional, conforme os critérios adotados pela Fundação Instituto Brasileiro de Geografia e Estatística – IBGE;

VI – plano de desenvolvimento urbano integrado: instrumento que estabelece, com base em processo permanente de planejamento, viabilização econômico-financeira e gestão, as diretrizes para o desenvolvimento territorial estratégico e os projetos estruturantes da região metropolitana e aglomeração urbana;

VII – região metropolitana: unidade regional instituída pelos Estados e integrada, conforme o caso, pelo Distrito Federal, por meio de lei complementar, constituída por agrupamento de Municípios limítrofes para integrar a organização, o planejamento e a execução de funções públicas de interesse comum; [redação dada pela Medida Provisória n. 862/2018]

VIII – área metropolitana: representação da expansão contínua da malha urbana da metrópole, conurbada pela integração dos sistemas viários, abrangendo, especialmente, áreas habitacionais, de serviços e industriais com a presença de deslocamentos pendulares no território;

IX – governança interfederativa das funções públicas de interesse comum: compartilhamento de responsabilidades e ações entre entes da Federação em termos de organização, planejamento e execução de funções públicas de interesse comum, mediante a execução de um sistema integrado e articulado de planejamento, de projetos, de estruturação financeira, de implantação, de operação e de gestão.

Parágrafo único. Cabe ao colegiado da microrregião decidir sobre a adoção do Plano de Desenvolvimento Urbano ou quaisquer matérias de impacto".

O § 1º do art. 3º reza: "Estado e Municípios inclusos em região metropolitana ou em aglomeração urbana formalizada e delimitada na forma do *caput* deste artigo deverão promover a governança interfederativa, sem prejuízo de outras determinações desta Lei".

O § 2º do art. 5º estabelece: "Respeitadas as unidades territoriais urbanas criadas mediante lei complementar estadual até a data de entrada em vigor desta Lei, a instituição de região metropolitana impõe a observância do conceito estabelecido no inciso VII do *caput* do art. 2º".

O Capítulo III trata "Da Governança Interfederativa de Regiões Metropolitanas e de Aglomerações Urbanas", que deverá ter os seguintes princípios (art. 6º):

"I – prevalência do interesse comum sobre o local;

II – compartilhamento de responsabilidades e de gestão para a promoção do desenvolvimento urbano integrado;

III – autonomia dos entes da Federação;

IV – observância das peculiaridades regionais e locais;

V – gestão democrática da cidade; consoante os arts. 43 a 45 da Lei n. 10.257, de 10 de julho de 2001;

VI – efetividade no uso dos recursos públicos;

VII – busca do desenvolvimento sustentável".

O art. 7º impõe outras sete diretrizes a serem observadas pelas governanças interfederativas. Dentre elas sublinhamos a que se encontra no inciso VI do citado dispositivo legal:

"VI – compatibilização dos planos plurianuais, leis de diretrizes orçamentárias e orçamentos anuais dos entes envolvidos na governança interfederativa".

O art. 8º estabelece em seus incisos que a governança interfederativa das regiões metropolitanas e das aglomerações urbanas compreenderá em sua estrutura:

> "I – instância executiva composta pelos representantes do Poder Executivo dos entes federativos integrantes das unidades territoriais urbanas;
>
> II – instância colegiada deliberativa com representação da sociedade civil;
>
> III – organização pública com funções técnico-consultivas; e
>
> IV – sistema integrado de alocação de recursos e de prestação de contas".

O Capítulo IV traz: "Dos Instrumentos de Desenvolvimento Urbano Integrado".

São indicados no art. 9º os seguintes instrumentos:

> "I – plano de desenvolvimento urbano integrado;
>
> II – planos setoriais interfederativos;
>
> III – fundos públicos;
>
> IV – operações urbanas consorciadas interfederativas;
>
> V – zonas para aplicação compartilhada dos instrumentos urbanísticos previstos na Lei n. 10.257, de 10 de julho de 2001;
>
> VI – consórcios públicos, observada a Lei n. 11.107, de 6 de abril de 2005;
>
> VII – convênios de cooperação;
>
> VIII – contratos de gestão;
>
> IX – compensação por serviços ambientais ou outros serviços prestados pelo Município à unidade territorial urbana, conforme o inciso VII do *caput* do art. 7º desta Lei;
>
> X – parcerias público-privadas interfederativas".

O art. 10 dispõe expressamente:

> "Art. 10. As regiões metropolitanas e as aglomerações urbanas deverão contar com plano de desenvolvimento urbano integrado, aprovado mediante lei estadual".

O § 2º do citado art. 10 dispõe: "A elaboração do plano previsto no *caput* deste artigo não exime o Município integrante da região metropolitana ou aglomeração urbana da formulação do respectivo plano diretor, nos termos do § 1º do art. 182 da Constituição Federal e da Lei n. 10.257, de 10 de julho de 2001".

O § 3º completa: "Nas regiões metropolitanas e nas aglomerações urbanas instituídas mediante lei complementar estadual, o Município deverá compatibilizar seu plano diretor com o plano de desenvolvimento urbano integrado da unidade territorial urbana".

O art. 12 estabelece que: "O plano de desenvolvimento urbano integrado de região metropolitana ou de aglomeração urbana deverá considerar o conjunto de Municípios que compõem a unidade territorial urbana e abranger áreas urbanas e rurais".

O § 1º do artigo acima citado diz que o plano previsto no *caput* deverá contemplar, no mínimo:

> "I – as diretrizes para as funções públicas de interesse comum, incluindo projetos estratégicos e ações prioritárias para investimentos;
>
> II – o macrozoneamento da unidade territorial urbana;
>
> III – as diretrizes quanto à articulação dos Municípios no parcelamento, uso e ocupação no solo urbano;
>
> IV – as diretrizes quanto à articulação intersetorial das políticas públicas afetas à unidade territorial urbana;
>
> V – a delimitação das áreas com restrições à urbanização visando à proteção do patrimônio ambiental ou cultural, bem como das áreas sujeitas a controle especial pelo risco de desastres naturais, se existirem;
>
> VI – o sistema de acompanhamento e controle de suas disposições; e
>
> VII – as diretrizes mínimas para implementação de efetiva política pública de regularização fundiária urbana, nos termos da Lei n· 13.465, de 11 de julho de 2017".

O § 2º anota: "No processo de elaboração do plano previsto no *caput* deste artigo e na fiscalização de sua aplicação, serão assegurados:

> I – a promoção de audiências públicas e debates com a participação de representantes da sociedade civil e da população, em todos os Municípios integrantes da unidade territorial urbana;
>
> II – a publicidade quanto aos documentos e informações produzidos; e
>
> III – o acompanhamento pelo Ministério Público".

O Capítulo VI traz as "Disposições Finais".

O art. 22 contém uma regra inconstitucional, pois não tem fundamento no art. 25 da Constituição Federal.

O art. 23 contém a seguinte disposição:

> "Independentemente das disposições desta Lei, os Municípios podem formalizar convênios de cooperação e constituir consórcios públicos para atua-

ção em funções públicas de interesse comum no campo do desenvolvimento urbano, observada a Lei n. 11.107, de 6 de abril de 2005".

O art. 24 dispõe que a Lei n. 10.257, de 10 de julho de 2001, teve sua redação modificada, sendo acrescida do art. 34-A, que estabelece:

> "Art. 34-A. Nas regiões metropolitanas ou nas aglomerações urbanas instituídas por lei complementar estadual, poderão ser realizadas operações urbanas consorciadas interfederativas, aprovadas por leis estaduais específicas.
>
> Parágrafo único. As disposições dos arts. 32 a 34 desta Lei aplicam-se às operações urbanas consorciadas interfederativas previstas no *caput* deste artigo, no que couber".

Observação: Para a implantação de operações urbanas consorciadas, obra *Operação Urbana Consorciada,* de Karlim Olbertz, publicada pela editora Fórum, com prefácio de Marçal Justen Filho e apresentação de Odete Medauar.

É importante destacar que as denominadas operações urbanas consorciadas, em que pese sua previsão no Estatuto da Cidade como um dos instrumentos da política urbana, que têm como objetivo alcançar em uma determinada área transformações urbanísticas estruturais, melhorias sociais e valorização ambiental, no mais das vezes, cumprem apenas o papel de gentrificação urbana.

Gentrificação que implica a substituição da população original da área que sofrerá os efeitos da operação por pessoas mais abonadas.

Assim, como em regiões metropolitanas são comuns áreas que necessitam de intervenção combinada dos Poderes Públicos municipais para sua revitalização, é fundamental que se tenha em mente medidas que não transformem a revitalização sonhada em apenas uma etapa na gentrificação.

Referências

AGUIAR, Joaquim Castro. *Direito da cidade*. Rio de Janeiro: Renovar, 1996.

ALBUQUERQUE, Fabíola Santos. *Direito de propriedade e meio ambiente*. Curitiba: Juruá, 1999.

BARROSO, Luiz Roberto. *O direito constitucional e a efetividade de suas normas*. 5. ed. Rio de Janeiro: Renovar, 2001.

BORGES, Roxana Cardoso Brasileiro. *Função ambiental da propriedade rural*. São Paulo: LTr, 1999.

CANOTILHO, José Joaquim Gomes. *Proteção do meio ambiente e direito de propriedade*. Coimbra: Coimbra Ed., 1995.

CARDOSO, Fernanda Lousada. Comentários à Medida Provisória n. 2.220/2001: concessão especial de uso para fins de moradia e autorização de uso para fins comerciais. *Revista Magister de Direito Ambiental e Urbanístico*, n. 10, fev./mar. 2007.

CARNEIRO, Ruy de Jesus Marçal. *Organização da cidade*. São Paulo: Max Limonad, 1998.

_______. Plano diretor nas constituições federal e estaduais e nas leis orgânicas municipais. *RDP*, n. 94.

CAVALCANTI, Marise Pessôa. *Superfície compulsória*: instrumento de efetivação da função social de propriedade. Rio de Janeiro: Renovar, 2000.

CORREIA, Fernando Alves. *O plano urbanístico e o princípio da igualdade*. Coimbra: Livr. Almedina, 1989.

CYMBALISTA, Renato. *Estatuto da Cidade*: guia para implementação pelos municípios e cidadãos. Brasília: Instituto Pólis, 2001.

DI PIETRO, Maria Sylvia Zanella. Concessão de uso especial de obter mera concessão de moradia. In: DALLARI, Adilson de Abreu; FERRAZ, Sérgio (orgs.). *Estatuto da Cidade*. São Paulo: Malheiros, 2002.

DUGUIT, Léon. *Las transformaciones generales del derecho privado*. Pamplona: Analecta, Ediciones y Libros, 1931.

FAGUNDES, Seabra. Aspectos jurídicos do solo criado. *RDA*, v. 129, 1977.

______. Carta de Embu, item 1.2. In: *Solo criado/Carta de Embu*.

FIORILLO, Celso Antonio Pacheco. *Estatuto da Cidade comentado*. São Paulo: Revista dos Tribunais, 2002.

GASPARINI, Diógenes. *Direito administrativo*. São Paulo: Saraiva, 2000.

HARADA, Kiyoshi. *Direito financeiro e tributário*. 7. ed. São Paulo: Atlas, 2001.

HORTA, Raul Machado. *Autonomia do Estado-membro*. Belo Horizonte: Est. Graf. Sta. Maria S/A, 1964.

LEUSINGER, Márcia Dieguez. *Meio ambiente – propriedade e repartição constitucional de competências*. Rio de Janeiro: Esplanada, 2002.

LEUSINGER, Márcia Dieguez apud DUARTE, Cláudio Hiron Alves. O município em função do ambiente. *Ajuris (Porto Alegre)*, 1998, v. 68.

LIRA, Ricardo Pereira. *Elementos de direito urbanístico*. Rio de Janeiro: Renovar, 1991.

LORENZETTI, Ricardo. *Fundamentos do direito privado*. São Paulo: Revista dos Tribunais, 1998.

MACRUZ, João Carlos; MACRUZ, José Carlos; MOREIRA, Maria. *O Estatuto da Cidade e seus instrumentos urbanísticos*. São Paulo: LTr, 2002.

MEIRELLES, Hely Lopes. *Direito administrativo brasileiro*. 21. ed. São Paulo: Malheiros, 1990.

______. *Direito de construir*. 7. ed. São Paulo: Malheiros, 1996.

MIRANDA, Pontes de. *Comentários à Constituição de 1946*. São Paulo: Max Limonad, 1953, t. 1.

MOREIRA NETO, Diogo de Figueiredo. Direito urbanístico e limitações administrativas urbanísticas. *Informações Legislativas*, v. 27, n. 107, jul./set. 1990.

______. *Introdução ao direito ecológico e ao direito urbanístico*. Rio de Janeiro: Forense, 1975.

MUKAI, Toshio. *Anotações à Lei n. 10.257, de 10-7-2001*. 3. ed. São Paulo: Saraiva, 2013.

______. O solo criado e a competência edilícia-urbanística municipal. Encarte técnico do *Jornal da Gente*, EMPLASA, 1978.

OLIVEIRA, Régis Fernandes de. *Comentários ao Estatuto da Cidade*. São Paulo: Revista dos Tribunais, 2002.

PRESTES, Vanesca Buzelato. A concessão especial para fins de moradia da Constituição Federal e no Estatuto da Cidade – uma exegese da MP n. 2.220/2001, *Revista da Procuradoria-Geral do Município de Porto Alegre*, POA-CEDIM, n. 17.

SAULE JUNIOR, Nelson. O tratamento constitucional do plano diretor como instrumento de política urbanística. In: FERNANDES, Edésio (org.). *Direito urbanístico*. Belo Horizonte: Del Rey, 1998.

SERRANO, Pedro Estevam Alves Pinto. Região metropolitana e seu regime constitucional. São Paulo: Editora Verbatim, 2010.

SILVA, José Afonso da. *Direito de construir*. 7. ed. São Paulo: Malheiros, 1996.

______. *Direito urbanístico brasileiro*. 2. ed. São Paulo: Malheiros, 1995.

______. *Direito urbanístico brasileiro*. São Paulo: Revista dos Tribunais, 1981.

______. Inovações municipais na Constituição de 1988 (em homenagem a Hely Lopes Meirelles). *RT*, v. 669.

SPANTIGATI, Frederico. *Manual de derecho urbanístico*. Madrid: Montecorvo, 1973.

TEIXEIRA, José Guilherme Braga. *O direito real de superfície*. São Paulo: Revista dos Tribunais, 1993.

ANEXO

LEI N. 10.257, DE 10 DE JULHO DE 2001[1]

Regulamenta os arts. 182 e 183 da Constituição Federal, estabelece diretrizes gerais da política urbana e dá outras providências.

O Presidente da República

Faço saber que o Congresso Nacional decreta e eu sanciono a seguinte Lei:

CAPÍTULO I
DIRETRIZES GERAIS

Art. 1º Na execução da política urbana, de que tratam os arts. 182 e 183 da Constituição Federal, será aplicado o previsto nesta Lei.

Parágrafo único. Para todos os efeitos, esta Lei, denominada Estatuto da Cidade, estabelece normas de ordem pública e interesse social que regulam o uso da propriedade urbana em prol do bem coletivo, da segurança e do bem-estar dos cidadãos, bem como do equilíbrio ambiental.

Art. 2º A política urbana tem por objetivo ordenar o pleno desenvolvimento das funções sociais da cidade e da propriedade urbana, mediante as seguintes diretrizes gerais:

I – garantia do direito a cidades sustentáveis, entendido como o direito à terra urbana, à moradia, ao saneamento ambiental, à infraestrutura urbana, ao transporte e aos serviços públicos, ao trabalho e ao lazer, para as presentes e futuras gerações;

II – gestão democrática por meio da participação da população e de associações representativas dos vários segmentos da comunidade na formulação, execução e acompanhamento de planos, programas e projetos de desenvolvimento urbano;

[1] Publicada no *Diário Oficial da União*, de 11 de julho de 2001. Retificada em 17-7-2001.

III – cooperação entre os governos, a iniciativa privada e os demais setores da sociedade no processo de urbanização, em atendimento ao interesse social;

IV – planejamento do desenvolvimento das cidades, da distribuição espacial da população e das atividades econômicas do Município e do território sob sua área de influência, de modo a evitar e corrigir as distorções do crescimento urbano e seus efeitos negativos sobre o meio ambiente;

V – oferta de equipamentos urbanos e comunitários, transporte e serviços públicos adequados aos interesses e necessidades da população e às características locais;

VI – ordenação e controle do uso do solo, de forma a evitar:

a) a utilização inadequada dos imóveis urbanos;

b) a proximidade de usos incompatíveis ou inconvenientes;

c) o parcelamento do solo, a edificação ou o uso excessivos ou inadequados em relação à infraestrutura urbana;

d) a instalação de empreendimentos ou atividades que possam funcionar como polos geradores de tráfego, sem a previsão da infraestrutura correspondente;

e) a retenção especulativa de imóvel urbano, que resulte na sua subutilização ou não utilização;

f) a deterioração das áreas urbanizadas;

g) a poluição e a degradação ambiental;

h) a exposição da população a riscos de desastres; (*Alínea* h *acrescentada pela Lei n. 12.608, de 10-4-2012.*)

VII – integração e complementaridade entre as atividades urbanas e rurais, tendo em vista o desenvolvimento socioeconômico do Município e do território sob sua área de influência;

VIII – adoção de padrões de produção e consumo de bens e serviços e de expansão urbana compatíveis com os limites da sustentabilidade ambiental, social e econômica do Município e do território sob sua área de influência;

IX – justa distribuição dos benefícios e ônus decorrentes do processo de urbanização;

X – adequação dos instrumentos de política econômica, tributária e financeira e dos gastos públicos aos objetivos do desenvolvimento urbano, de modo a privilegiar os investimentos geradores de bem-estar geral e a fruição dos bens pelos diferentes segmentos sociais;

XI – recuperação dos investimentos do Poder Público de que tenha resultado a valorização de imóveis urbanos;

XII – proteção, preservação e recuperação do meio ambiente natural e construído, do patrimônio cultural, histórico, artístico, paisagístico e arqueológico;

XIII – audiência do Poder Público municipal e da população interessada nos processos de implantação de empreendimentos ou atividades com efeitos potencialmente negativos sobre o meio ambiente natural ou construído, o conforto ou a segurança da população;

XIV – regularização fundiária e urbanização de áreas ocupadas por população de baixa renda mediante o estabelecimento de normas especiais de urbanização, uso e ocupação do solo e edificação, consideradas a situação socioeconômica da população e as normas ambientais;

XV – simplificação da legislação de parcelamento, uso e ocupação do solo e das normas edilícias, com vistas a permitir a redução dos custos e o aumento da oferta dos lotes e unidades habitacionais;

XVI – isonomia de condições para os agentes públicos e privados na promoção de empreendimentos e atividades relativos ao processo de urbanização, atendido o interesse social;

XVII – estímulo à utilização, nos parcelamentos do solo e nas edificações urbanas, de sistemas operacionais, padrões construtivos e aportes tecnológicos que objetivem a redução de impactos ambientais e a economia de recursos naturais; (*Inciso XVII acrescentado pela Lei n. 12.836, de 2-7-2013.*)

XVIII – tratamento prioritário às obras e edificações de infraestrutura de energia, telecomunicações, abastecimento de água e saneamento; (*Inciso XVIII acrescentado pela Lei n. 13.116, de 20-4-2015.*)

XIX – garantia de condições condignas de acessibilidade, utilização e conforto nas dependências internas das edificações urbanas, inclusive nas destinadas à moradia e ao serviço dos trabalhadores domésticos, observados requisitos mínimos de dimensionamento, ventilação, iluminação, ergonomia, privacidade e qualidade dos materiais empregados. (*Incluído pela Lei n. 13.699, de 2-8-2018.*)

Art. 3º Compete à União, entre outras atribuições de interesse da política urbana:

I – legislar sobre normas gerais de direito urbanístico;

II – legislar sobre normas para a cooperação entre a União, os Estados, o Distrito Federal e os Municípios em relação à política urbana, tendo em vista o equilíbrio do desenvolvimento e do bem-estar em âmbito nacional;

III – promover, por iniciativa própria e em conjunto com os Estados, o Distrito Federal e os Municípios, programas de construção de moradias e melhoria das condições habitacionais, de saneamento básico, das calçadas, dos passeios públicos, do mobiliário urbano e dos demais espaços de uso público; (*Inciso III com redação dada pela Lei n. 13.146, de 6-7-2015.*)

IV – instituir diretrizes para desenvolvimento urbano, inclusive habitação, saneamento básico, transporte e mobilidade urbana, que incluam regras de acessibilidade aos locais de uso público; (*Inciso IV com redação dada pela Lei n. 13.146, de 6-7-2015.*)

V – elaborar e executar planos nacionais e regionais de ordenação do território e de desenvolvimento econômico e social.

CAPÍTULO II
DOS INSTRUMENTOS DA POLÍTICA URBANA

Seção I
Dos instrumentos em geral

Art. 4º Para os fins desta Lei, serão utilizados, entre outros instrumentos:

I – planos nacionais, regionais e estaduais de ordenação do território e de desenvolvimento econômico e social;

II – planejamento das regiões metropolitanas, aglomerações urbanas e microrregiões;

III – planejamento municipal, em especial:

a) plano diretor;

b) disciplina do parcelamento, do uso e da ocupação do solo;

c) zoneamento ambiental;

d) plano plurianual;

e) diretrizes orçamentárias e orçamento anual;

f) gestão orçamentária participativa;

g) planos, programas e projetos setoriais;

h) planos de desenvolvimento econômico e social;

IV – institutos tributários e financeiros:

a) imposto sobre a propriedade predial e territorial urbana – IPTU;

b) contribuição de melhoria;

c) incentivos e benefícios fiscais e financeiros;

V – institutos jurídicos e políticos:

a) desapropriação;

b) servidão administrativa;

c) limitações administrativas;

d) tombamento de imóveis ou de mobiliário urbano;

e) instituição de unidades de conservação;

f) instituição de zonas especiais de interesse social;

g) concessão de direito real de uso;

h) concessão de uso especial para fins de moradia;

i) parcelamento, edificação ou utilização compulsórios;

j) usucapião especial de imóvel urbano;

l) direito de superfície;

m) direito de preempção;

n) outorga onerosa do direito de construir e de alteração de uso;

o) transferência do direito de construir;

p) operações urbanas consorciadas;

q) regularização fundiária;

r) assistência técnica e jurídica gratuita para as comunidades e grupos sociais menos favorecidos;

s) referendo popular e plebiscito;

t) demarcação urbanística para fins de regularização fundiária; (*Alínea* t *acrescentada pela Lei n. 11.977, de 7-7-2009.*)

u) legitimação de posse; (*Alínea* u *acrescentada pela Lei n. 11.977, de 7-7-2009.*)

VI – estudo prévio de impacto ambiental (EIA) e estudo prévio de impacto de vizinhança (EIV).

§ 1º Os instrumentos mencionados neste artigo regem-se pela legislação que lhes é própria, observado o disposto nesta Lei.

§ 2º Nos casos de programas e projetos habitacionais de interesse social, desenvolvidos por órgãos ou entidades da Administração Pública com atuação específica nessa área, a concessão de direito real de uso de imóveis públicos poderá ser contratada coletivamente.

§ 3º Os instrumentos previstos neste artigo que demandam dispêndio de recursos por parte do Poder Público municipal devem ser objeto de controle social, garantida a participação de comunidades, movimentos e entidades da sociedade civil.

Seção II
Do parcelamento, edificação ou utilização compulsórios

Art. 5º Lei municipal específica para área incluída no plano diretor poderá determinar o parcelamento, a edificação ou a utilização compulsórios do solo urbano não edificado, subutilizado ou não utilizado, devendo fixar as condições e os prazos para implementação da referida obrigação.

§ 1º Considera-se subutilizado o imóvel:

I – cujo aproveitamento seja inferior ao mínimo definido no plano diretor ou em legislação dele decorrente;

II – (*Vetado.*)

§ 2º O proprietário será notificado pelo Poder Executivo municipal para o cumprimento da obrigação, devendo a notificação ser averbada no cartório de registro de imóveis.

§ 3º A notificação far-se-á:

I – por funcionário do órgão competente do Poder Público municipal, ao proprietário do imóvel ou, no caso de este ser pessoa jurídica, a quem tenha poderes de gerência geral ou administração;

II – por edital quando frustrada, por três vezes, a tentativa de notificação na forma prevista pelo inciso I.

§ 4º Os prazos a que se refere o *caput* não poderão ser inferiores a:

I – um ano, a partir da notificação, para que seja protocolado o projeto no órgão municipal competente;

II – dois anos, a partir da aprovação do projeto, para iniciar as obras do empreendimento.

§ 5º Em empreendimentos de grande porte, em caráter excepcional, a lei municipal específica a que se refere o *caput* poderá prever a conclusão em etapas, assegurando-se que o projeto aprovado compreenda o empreendimento como um todo.

Art. 6º A transmissão do imóvel, por ato *inter vivos* ou *causa mortis*, posterior à data da notificação, transfere as obrigações de parcelamento, edificação ou utilização previstas no art. 5º desta Lei, sem interrupção de quaisquer prazos.

Seção III
Do IPTU progressivo no tempo

Art. 7º Em caso de descumprimento das condições e dos prazos previstos na forma do *caput* do art. 5º desta Lei, ou não sendo cumpridas as etapas previstas no § 5º do art. 5º desta Lei, o Município procederá à aplicação do imposto sobre a propriedade predial e territorial urbana (IPTU) progressivo no tempo, mediante a majoração da alíquota pelo prazo de cinco anos consecutivos.

§ 1º O valor da alíquota a ser aplicado a cada ano será fixado na lei específica a que se refere o *caput* do art. 5º desta Lei e não excederá a duas vezes o valor referente ao ano anterior, respeitada a alíquota máxima de quinze por cento.

§ 2º Caso a obrigação de parcelar, edificar ou utilizar não esteja atendida em cinco anos, o Município manterá a cobrança pela alíquota máxima, até que se cumpra a referida obrigação, garantida a prerrogativa prevista no art. 8º.

§ 3º É vedada a concessão de isenções ou de anistia relativas à tributação progressiva de que trata este artigo.

Seção IV

Da desapropriação com pagamento em títulos

Art. 8º Decorridos cinco anos de cobrança do IPTU progressivo sem que o proprietário tenha cumprido a obrigação de parcelamento, edificação ou utilização, o Município poderá proceder à desapropriação do imóvel, com pagamento em títulos da dívida pública.

§ 1º Os títulos da dívida pública terão prévia aprovação pelo Senado Federal e serão resgatados no prazo de até dez anos, em prestações anuais, iguais e sucessivas, assegurados o valor real da indenização e os juros legais de seis por cento ao ano.

§ 2º O valor real da indenização:

I – refletirá o valor da base de cálculo do IPTU, descontado o montante incorporado em função de obras realizadas pelo Poder Público na área onde o mesmo se localiza após a notificação de que trata o § 2º do art. 5º desta Lei;

II – não computará expectativas de ganhos, lucros cessantes e juros compensatórios.

§ 3º Os títulos de que trata este artigo não terão poder liberatório para pagamento de tributos.

§ 4º O Município procederá ao adequado aproveitamento do imóvel no prazo máximo de cinco anos, contado a partir da sua incorporação ao patrimônio público.

§ 5º O aproveitamento do imóvel poderá ser efetivado diretamente pelo Poder Público ou por meio de alienação ou concessão a terceiros, observando-se, nesses casos, o devido procedimento licitatório.

§ 6º Ficam mantidas para o adquirente de imóvel nos termos do § 5º as mesmas obrigações de parcelamento, edificação ou utilização previstas no art. 5º desta Lei.

Seção V

Da usucapião especial de imóvel urbano

Art. 9º Aquele que possuir como sua área ou edificação urbana de até duzentos e cinquenta metros quadrados, por cinco anos, ininterruptamente e sem oposição, utilizando-a para sua moradia ou de sua família, adquirir-lhe-á o domínio, desde que não seja proprietário de outro imóvel urbano ou rural.

§ 1º O título de domínio será conferido ao homem ou à mulher, ou a ambos, independentemente do estado civil.

§ 2º O direito de que trata este artigo não será reconhecido ao mesmo possuidor mais de uma vez.

§ 3º Para os efeitos deste artigo, o herdeiro legítimo continua, de pleno direito, a posse de seu antecessor, desde que já resida no imóvel por ocasião da abertura da sucessão.

Art. 10. Os núcleos urbanos informais existentes sem oposição há mais de cinco anos e cuja área total dividida pelo número de possuidores seja inferior a duzentos e cinquenta metros quadrados por possuidor são suscetíveis de serem usucapidos coletivamente, desde que os possuidores não sejam proprietários de outro imóvel urbano ou rural. (Caput *com redação dada pela Lei n. 13.465, de 11-7-2017.*)

§ 1º O possuidor pode, para o fim de contar o prazo exigido por este artigo, acrescentar sua posse à de seu antecessor, contanto que ambas sejam contínuas.

§ 2º A usucapião especial coletiva de imóvel urbano será declarada pelo juiz, mediante sentença, a qual servirá de título para registro no cartório de registro de imóveis.

§ 3º Na sentença, o juiz atribuirá igual fração ideal de terreno a cada possuidor, independentemente da dimensão do terreno que cada um ocupe, salvo hipótese de acordo escrito entre os condôminos, estabelecendo frações ideais diferenciadas.

§ 4º O condomínio especial constituído é indivisível, não sendo passível de extinção, salvo deliberação favorável tomada por, no mínimo, dois terços dos condôminos, no caso de execução de urbanização posterior à constituição do condomínio.

§ 5º As deliberações relativas à administração do condomínio especial serão tomadas por maioria de votos dos condôminos presentes, obrigando também os demais, discordantes ou ausentes.

Art. 11. Na pendência da ação de usucapião especial urbana, ficarão sobrestadas quaisquer outras ações, petitórias ou possessórias, que venham a ser propostas relativamente ao imóvel usucapiendo.

Art. 12. São partes legítimas para a propositura da ação de usucapião especial urbana:

I – o possuidor, isoladamente ou em litisconsórcio originário ou superveniente;

II – os possuidores, em estado de composse;

III – como substituto processual, a associação de moradores da comunidade, regularmente constituída, com personalidade jurídica, desde que explicitamente autorizada pelos representados.

§ 1º Na ação de usucapião especial urbana é obrigatória a intervenção do Ministério Público.

§ 2º O autor terá os benefícios da justiça e da assistência judiciária gratuita, inclusive perante o cartório de registro de imóveis.

Art. 13. A usucapião especial de imóvel urbano poderá ser invocada como matéria de defesa, valendo a sentença que a reconhecer como título para registro no cartório de registro de imóveis.

Art. 14. Na ação judicial de usucapião especial de imóvel urbano, o rito processual a ser observado é o sumário.

Seção VI

Da concessão de uso especial para fins de moradia

Arts. 15 a 20. (*Vetados.*)

Seção VII

Do direito de superfície

Art. 21. O proprietário urbano poderá conceder a outrem o direito de superfície do seu terreno, por tempo determinado ou indeterminado, mediante escritura pública registrada no cartório de registro de imóveis.

§ 1º O direito de superfície abrange o direito de utilizar o solo, o subsolo ou o espaço aéreo relativo ao terreno, na forma estabelecida no contrato respectivo, atendida a legislação urbanística.

§ 2º A concessão do direito de superfície poderá ser gratuita ou onerosa.

§ 3º O superficiário responderá integralmente pelos encargos e tributos que incidirem sobre a propriedade superficiária, arcando, ainda, proporcionalmente à sua parcela de ocupação efetiva, com os encargos e tributos sobre a área objeto da concessão do direito de superfície, salvo disposição em contrário do contrato respectivo.

§ 4º O direito de superfície pode ser transferido a terceiros, obedecidos os termos do contrato respectivo.

§ 5º Por morte do superficiário, os seus direitos transmitem-se a seus herdeiros.

Art. 22. Em caso de alienação do terreno, ou do direito de superfície, o superficiário e o proprietário, respectivamente, terão direito de preferência, em igualdade de condições à oferta de terceiros.

Art. 23. Extingue-se o direito de superfície:

I – pelo advento do termo;

II – pelo descumprimento das obrigações contratuais assumidas pelo superficiário.

Art. 24. Extinto o direito de superfície, o proprietário recuperará o pleno domínio do terreno, bem como das acessões e benfeitorias introduzidas no imóvel, independentemente de indenização, se as partes não houverem estipulado o contrário no respectivo contrato.

§ 1º Antes do termo final do contrato, extinguir-se-á o direito de superfície se o superficiário der ao terreno destinação diversa daquela para a qual for concedida.

§ 2º A extinção do direito de superfície será averbada no cartório de registro de imóveis.

Seção VIII

Do direito de preempção

Art. 25. O direito de preempção confere ao Poder Público municipal preferência para aquisição de imóvel urbano objeto de alienação onerosa entre particulares.

§ 1º Lei municipal, baseada no plano diretor, delimitará as áreas em que incidirá o direito de preempção e fixará prazo de vigência, não superior a cinco anos, renovável a partir de um ano após o decurso do prazo inicial de vigência.

§ 2º O direito de preempção fica assegurado durante o prazo de vigência fixado na forma do § 1º, independentemente do número de alienações referentes ao mesmo imóvel.

Art. 26. O direito de preempção será exercido sempre que o Poder Público necessitar de áreas para:

I – regularização fundiária;

II – execução de programas e projetos habitacionais de interesse social;

III – constituição de reserva fundiária;

IV – ordenamento e direcionamento da expansão urbana;

V – implantação de equipamentos urbanos e comunitários;

VI – criação de espaços públicos de lazer e áreas verdes;

VII – criação de unidades de conservação ou proteção de outras áreas de interesse ambiental;

VIII – proteção de áreas de interesse histórico, cultural ou paisagístico;

IX – (*Vetado.*)

Parágrafo único. A lei municipal prevista no § 1º do art. 25 desta Lei deverá enquadrar cada área em que incidirá o direito de preempção em uma ou mais das finalidades enumeradas por este artigo.

Art. 27. O proprietário deverá notificar sua intenção de alienar o imóvel, para que o Município, no prazo máximo de trinta dias, manifeste por escrito seu interesse em comprá-lo.

§ 1º À notificação mencionada no *caput* será anexada proposta de compra assinada por terceiro interessado na aquisição do imóvel, da qual constarão preço, condições de pagamento e prazo de validade.

§ 2º O Município fará publicar, em órgão oficial e em pelo menos um jornal local ou regional de grande circulação, edital de aviso da notificação recebida nos termos do *caput* e da intenção de aquisição do imóvel nas condições da proposta apresentada.

§ 3º Transcorrido o prazo mencionado no *caput* sem manifestação, fica o proprietário autorizado a realizar a alienação para terceiros, nas condições da proposta apresentada.

§ 4º Concretizada a venda a terceiro, o proprietário fica obrigado a apresentar ao Município, no prazo de trinta dias, cópia do instrumento público de alienação do imóvel.

§ 5º A alienação processada em condições diversas da proposta apresentada é nula de pleno direito.

§ 6º Ocorrida a hipótese prevista no § 5º, o Município poderá adquirir o imóvel pelo valor da base de cálculo do IPTU ou pelo valor indicado na proposta apresentada, se este for inferior àquele.

Seção IX
Da outorga onerosa do direito de construir

Art. 28. O plano diretor poderá fixar áreas nas quais o direito de construir poderá ser exercido acima do coeficiente de aproveitamento básico adotado, mediante contrapartida a ser prestada pelo beneficiário.

§ 1º Para os efeitos desta Lei, coeficiente de aproveitamento é a relação entre a área edificável e a área do terreno.

§ 2º O plano diretor poderá fixar coeficiente de aproveitamento básico único para toda a zona urbana ou diferenciado para áreas específicas dentro da zona urbana.

§ 3º O plano diretor definirá os limites máximos a serem atingidos pelos coeficientes de aproveitamento, considerando a proporcionalidade entre a infraestrutura existente e o aumento de densidade esperado em cada área.

Art. 29. O plano diretor poderá fixar áreas nas quais poderá ser permitida alteração de uso do solo, mediante contrapartida a ser prestada pelo beneficiário.

Art. 30. Lei municipal específica estabelecerá as condições a serem observadas para a outorga onerosa do direito de construir e de alteração de uso, determinando:

I – a fórmula de cálculo para a cobrança;

II – os casos passíveis de isenção do pagamento da outorga;

III – a contrapartida do beneficiário.

Art. 31. Os recursos auferidos com a adoção da outorga onerosa do direito de construir e de alteração de uso serão aplicados com as finalidades previstas nos incisos I a IX do art. 26 desta Lei.

Seção X

Das operações urbanas consorciadas

Art. 32. Lei municipal específica, baseada no plano diretor, poderá delimitar área para aplicação de operações consorciadas.

§ 1º Considera-se operação urbana consorciada o conjunto de intervenções e medidas coordenadas pelo Poder Público municipal, com a participação dos proprietários, moradores, usuários permanentes e investidores privados, com o objetivo de alcançar em uma área transformações urbanísticas estruturais, melhorias sociais e a valorização ambiental.

§ 2º Poderão ser previstas nas operações urbanas consorciadas, entre outras medidas:

I – a modificação de índices e características de parcelamento, uso e ocupação do solo e subsolo, bem como alterações das normas edilícias, considerado o impacto ambiental delas decorrente;

II – a regularização de construções, reformas ou ampliações executadas em desacordo com a legislação vigente;

III – a concessão de incentivos a operações urbanas que utilizam tecnologias visando a redução de impactos ambientais, e que comprovem a utilização, nas construções e uso de edificações urbanas, de tecnologias que reduzam os impactos ambientais e economizem recursos naturais, especificadas as modalidades de design e de obras a serem contempladas. (*Inciso III acrescentado pela Lei n. 12.836, de 2-7-2013.*)

Art. 33. Da lei específica que aprovar a operação urbana consorciada constará o plano de operação urbana consorciada, contendo, no mínimo:

I – definição da área a ser atingida;

II – programa básico de ocupação da área;

III – programa de atendimento econômico e social para a população diretamente afetada pela operação;

IV – finalidades da operação;

V – estudo prévio de impacto de vizinhança;

VI – contrapartida a ser exigida dos proprietários, usuários permanentes e investidores privados em função da utilização dos benefícios previstos nos incisos I, II e III do § 2º do art. 32 desta Lei; (*Inciso VI com redação dada pela Lei n. 12.836, de 2-7-2013.*)

VII – forma de controle da operação, obrigatoriamente compartilhado com representação da sociedade civil.

VIII – natureza dos incentivos a serem concedidos aos proprietários, usuários permanentes e investidores privados, uma vez atendido o disposto no inciso III do § 2º do art. 32 desta Lei. (*Inciso VIII acrescentado pela Lei n. 12.836, de 2-7-2013.*)

§ 1º Os recursos obtidos pelo Poder Público municipal na forma do inciso VI deste artigo serão aplicados exclusivamente na própria operação urbana consorciada.

§ 2º A partir da aprovação da lei específica de que trata o *caput*, são nulas as licenças e autorizações a cargo do Poder Público municipal expedidas em desacordo com o plano de operação urbana consorciada.

Art. 34. A lei específica que aprovar a operação urbana consorciada poderá prever a emissão pelo Município de quantidade determinada de certificados de potencial adicional de construção, que serão alienados em leilão ou utilizados diretamente no pagamento das obras necessárias à própria operação.

§ 1º Os certificados de potencial adicional de construção serão livremente negociados, mas conversíveis em direito de construir unicamente na área objeto da operação.

§ 2º Apresentado pedido de licença para construir, o certificado de potencial adicional será utilizado no pagamento da área de construção que supere os padrões estabelecidos pela legislação de uso e ocupação do solo, até o limite fixado pela lei específica que aprovar a operação urbana consorciada.

Art. 34-A. Nas regiões metropolitanas ou nas aglomerações urbanas instituídas por lei complementar estadual, poderão ser realizadas operações urbanas consorciadas interfederativas, aprovadas por leis estaduais específicas. (Caput *acrescentado pela Lei n. 13.089, de 12-1-2015.*)

Parágrafo único. As disposições dos arts. 32 a 34 desta Lei aplicam-se às operações urbanas consorciadas interfederativas previstas no *caput* deste artigo, no que couber. (*Parágrafo único acrescentado pela Lei n. 13.089, de 12-1-2015.*)

Seção XI
Da transferência do direito de construir

Art. 35. Lei municipal, baseada no plano diretor, poderá autorizar o proprietário de imóvel urbano, privado ou público, a exercer em outro local, ou alienar, mediante escritura pública, o direito de construir previsto no plano diretor ou em legislação urbanística dele decorrente, quando o referido imóvel for considerado necessário para fins de:

I – implantação de equipamentos urbanos e comunitários;

II – preservação, quando o imóvel for considerado de interesse histórico, ambiental, paisagístico, social ou cultural;

III – servir a programas de regularização fundiária, urbanização de áreas ocupadas por população de baixa renda e habitação de interesse social.

§ 1º A mesma faculdade poderá ser concedida ao proprietário que doar ao Poder Público seu imóvel, ou parte dele, para os fins previstos nos incisos I a III do *caput*.

§ 2º A lei municipal referida no *caput* estabelecerá as condições relativas à aplicação da transferência do direito de construir.

Seção XII
Do estudo de impacto de vizinhança

Art. 36. Lei municipal definirá os empreendimentos e atividades privados ou públicos em área urbana que dependerão de elaboração de Estudo Prévio de Impacto de Vizinhança (EIV) para obter as licenças ou autorizações de construção, ampliação ou funcionamento a cargo do Poder Público municipal.

Art. 37. O EIV será executado de forma a contemplar os efeitos positivos e negativos do empreendimento ou atividade quanto à qualidade de vida da população residente na área e suas proximidades, incluindo a análise, no mínimo, das seguintes questões:

I – adensamento populacional;

II – equipamentos urbanos e comunitários;

III – uso e ocupação do solo;

IV – valorização imobiliária;

V – geração de tráfego e demanda por transporte público;

VI – ventilação e iluminação;

VII – paisagem urbana e patrimônio natural e cultural.

Parágrafo único. Dar-se-á publicidade aos documentos integrantes do EIV, que ficarão disponíveis para consulta, no órgão competente do Poder Público municipal, por qualquer interessado.

Art. 38. A elaboração do EIV não substitui a elaboração e a aprovação de Estudo Prévio de Impacto Ambiental (EIA), requeridas nos termos da legislação ambiental.

Capítulo III
DO PLANO DIRETOR

Art. 39. A propriedade urbana cumpre sua função social quando atende às exigências fundamentais de ordenação da cidade expressas no plano diretor, assegurando o atendimento das necessidades dos cidadãos quanto à qualidade de vida, à justiça social e ao desenvolvimento das atividades econômicas, respeitadas as diretrizes previstas no art. 2º desta Lei.

Art. 40. O plano diretor, aprovado por lei municipal, é o instrumento básico da política de desenvolvimento e expansão urbana.

§ 1º O plano diretor é parte integrante do processo de planejamento municipal, devendo o plano plurianual, as diretrizes orçamentárias e o orçamento anual incorporar as diretrizes e as prioridades nele contidas.

§ 2º O plano diretor deverá englobar o território do Município como um todo.

§ 3º A lei que instituir o plano diretor deverá ser revista, pelo menos, a cada dez anos.

§ 4º No processo de elaboração do plano diretor e na fiscalização de sua implementação, os Poderes Legislativo e Executivo municipais garantirão:

I – a promoção de audiências públicas e debates com a participação da população e de associações representativas dos vários segmentos da comunidade;

II – a publicidade quanto aos documentos e informações produzidos;

III – o acesso de qualquer interessado aos documentos e informações produzidos.

§ 5º (*Vetado.*)

Art. 41. O plano diretor é obrigatório para cidades:

I – com mais de vinte mil habitantes;

II – integrantes de regiões metropolitanas e aglomerações urbanas;

III – onde o Poder Público municipal pretenda utilizar os instrumentos previstos no § 4º do art. 182 da Constituição Federal;

IV – integrantes de áreas de especial interesse turístico;

V – inseridas na área de influência de empreendimentos ou atividades com significativo impacto ambiental de âmbito regional ou nacional;

VI – incluídas no cadastro nacional de Municípios com áreas suscetíveis à ocorrência de deslizamentos de grande impacto, inundações bruscas ou processos geológicos ou hidrológicos correlatos. (*Inciso VI acrescentado pela Lei n. 12.608, de 10-4-2012.*)

§ 1º No caso da realização de empreendimentos ou atividades enquadrados no inciso V do *caput*, os recursos técnicos e financeiros para a elaboração do plano diretor estarão inseridos entre as medidas de compensação adotadas.

§ 2º No caso de cidades com mais de quinhentos mil habitantes, deverá ser elaborado um plano de transporte urbano integrado, compatível com o plano diretor ou nele inserido.

§ 3º As cidades de que trata o *caput* deste artigo devem elaborar plano de rotas acessíveis, compatível com o plano diretor no qual está inserido, que disponha sobre os passeios públicos a serem implantados ou reformados pelo poder público, com vistas a garantir acessibilidade da pessoa com deficiência ou com mobilidade reduzida a todas as rotas e vias existentes, inclusive as que concentrem os focos geradores de maior circulação de pedestres, como os órgãos públicos e os locais de prestação de serviços públicos e privados de saúde, educação, assistência social, esporte, cultura, correios e telégrafos, bancos, entre outros, sempre que possível de maneira integrada com os sistemas de transporte coletivo de passageiros. (*§ 3º acrescentado pela Lei n. 13.146, de 6-7-2015.*)

Art. 42. O plano diretor deverá conter no mínimo:

I – a delimitação das áreas urbanas onde poderá ser aplicado o parcelamento, edificação ou utilização compulsórios, considerando a existência de infraestrutura e de demanda para utilização, na forma do art. 5º desta Lei;

II – disposições requeridas pelos arts. 25, 28, 29, 32 e 35 desta Lei;

III – sistema de acompanhamento e controle.

Art. 42-A. Além do conteúdo previsto no art. 42, o plano diretor dos Municípios incluídos no cadastro nacional de municípios com áreas suscetíveis à ocorrência de deslizamentos de grande impacto, inundações bruscas ou processos geológicos ou hidrológicos correlatos deverá conter: (Caput *acrescentado pela Lei n. 12.608, de 10-4-2012.*)

I – parâmetros de parcelamento, uso e ocupação do solo, de modo a promover a diversidade de usos e a contribuir para a geração de emprego e renda; (*Inciso I acrescentado pela Lei n. 12.608, de 10-4-2012.*)

II – mapeamento contendo as áreas suscetíveis à ocorrência de deslizamentos de grande impacto, inundações bruscas ou processos geológicos ou hidrológicos correlatos; (*Inciso II acrescentado pela Lei n. 12.608, de 10-4-2012.*)

III – planejamento de ações de intervenção preventiva e realocação de população de áreas de risco de desastre; (*Inciso III acrescentado pela Lei n. 12.608, de 10-4-2012.*)

IV – medidas de drenagem urbana necessárias à prevenção e à mitigação de impactos de desastres; (*Inciso IV acrescentado pela Lei n. 12.608, de 10-4-2012.*)

V – diretrizes para a regularização fundiária de assentamentos urbanos irregulares, se houver, observadas a Lei n. 11.977, de 7 de julho de 2009, e demais normas federais e estaduais pertinentes, e previsão de áreas para habitação de interesse social por meio da demarcação de zonas especiais de interesse social e de outros instrumentos de política urbana, onde o uso habitacional for permitido; e (*Inciso V acrescentado pela Lei n. 12.608, de 10-4-2012.*)

VI – identificação e diretrizes para a preservação e ocupação das áreas verdes municipais, quando for o caso, com vistas à redução da impermeabilização das cidades. (*Inciso VI acrescentado pela Lei n. 12.983, de 2-6-2014.*)

§ 1º A identificação e o mapeamento de áreas de risco levarão em conta as cartas geotécnicas. (*§ 1º acrescentado pela Lei n. 12.608, de 10-4-2012.*)

§ 2º O conteúdo do plano diretor deverá ser compatível com as disposições insertas nos planos de recursos hídricos, formulados consoante a Lei n. 9.433, de 8 de janeiro de 1997. (*§ 2º acrescentado pela Lei n. 12.608, de 10-4-2012.*)

§ 3º Os Municípios adequarão o plano diretor às disposições deste artigo, por ocasião de sua revisão, observados os prazos legais. (*§ 3º acrescentado pela Lei n. 12.608, de 10-4-2012.*)

§ 4º Os Municípios enquadrados no inciso VI do art. 41 desta Lei e que não tenham plano diretor aprovado terão o prazo de 5 (cinco) anos para o seu encaminhamento para aprovação pela Câmara Municipal. (*§ 4º acrescentado pela Lei n. 12.608, de 10-4-2012.*)

Art. 42-B. Os Municípios que pretendam ampliar o seu perímetro urbano após a data de publicação desta Lei deverão elaborar projeto específico que contenha, no mínimo: (Caput *acrescentado pela Lei n. 12.608, de 10-4-2012.*)

I – demarcação do novo perímetro urbano; (*Inciso I acrescentado pela Lei n. 12.608, de 10-4-2012.*)

II – delimitação dos trechos com restrições à urbanização e dos trechos sujeitos a controle especial em função de ameaça de desastres naturais; (*Inciso II acrescentado pela Lei n. 12.608, de 10-4-2012.*)

III – definição de diretrizes específicas e de áreas que serão utilizadas para infraestrutura, sistema viário, equipamentos e instalações públicas, urbanas e sociais; (*Inciso III acrescentado pela Lei n. 12.608, de 10-4-2012.*)

IV – definição de parâmetros de parcelamento, uso e ocupação do solo, de modo a promover a diversidade de usos e contribuir para a geração de emprego e renda; (*Inciso IV acrescentado pela Lei n. 12.608, de 10-4-2012.*)

V – a previsão de áreas para habitação de interesse social por meio da demarcação de zonas especiais de interesse social e de outros instrumentos de política urbana, quando o uso habitacional for permitido; (*Inciso V acrescentado pela Lei n. 12.608, de 10-4-2012.*)

VI – definição de diretrizes e instrumentos específicos para proteção ambiental e do patrimônio histórico e cultural; e (*Inciso VI acrescentado pela Lei n. 12.608, de 10-4-2012.*)

VII – definição de mecanismos para garantir a justa distribuição dos ônus e benefícios decorrentes do processo de urbanização do território de expansão urbana e a recuperação para a coletividade da valorização imobiliária resultante da ação do poder público. (*Inciso VII acrescentado pela Lei n. 12.608, de 10-4-2012.*)

§ 1º O projeto específico de que trata o *caput* deste artigo deverá ser instituído por lei municipal e atender às diretrizes do plano diretor, quando houver. (*§ 1º acrescentado pela Lei n. 12.608, de 10-4-2012.*)

§ 2º Quando o plano diretor contemplar as exigências estabelecidas no *caput*, o Município ficará dispensado da elaboração do projeto específico de que trata o *caput* deste artigo. (*§ 2º acrescentado pela Lei n. 12.608, de 10-4-2012.*)

§ 3º A aprovação de projetos de parcelamento do solo no novo perímetro urbano ficará condicionada à existência do projeto específico e deverá obedecer às suas disposições. (*§ 3º acrescentado pela Lei n. 12.608, de 10-4-2012.*)

CAPÍTULO IV
DA GESTÃO DEMOCRÁTICA DA CIDADE

Art. 43. Para garantir a gestão democrática da cidade, deverão ser utilizados, entre outros, os seguintes instrumentos:

I – órgãos colegiados de política urbana, nos níveis nacional, estadual e municipal;

II – debates, audiências e consultas públicas;

III – conferências sobre assuntos de interesse urbano, nos níveis nacional, estadual e municipal;

IV – iniciativa popular de projeto de lei e de planos, programas e projetos de desenvolvimento urbano;

V – (*Vetado.*)

Art. 44. No âmbito municipal, a gestão orçamentária participativa de que trata a alínea *f* do inciso III do art. 4º desta Lei incluirá a realização de debates, audiências e consultas públicas sobre as propostas do plano plurianual, da lei de diretrizes orçamentárias e do orçamento anual, como condição obrigatória para sua aprovação pela Câmara Municipal.

Art. 45. Os organismos gestores das regiões metropolitanas e aglomerações urbanas incluirão obrigatória e significativa participação da população e de associações representativas dos vários segmentos da comunidade, de modo a garantir o controle direto de suas atividades e o pleno exercício da cidadania.

CAPÍTULO V
DISPOSIÇÕES GERAIS

Art. 46. O poder público municipal poderá facultar ao proprietário da área atingida pela obrigação de que trata o *caput* do art. 5º desta Lei, ou objeto de regularização fundiária urbana para fins de regularização fundiária, o estabelecimento de consórcio imobiliário como forma de viabilização financeira do aproveitamento do imóvel. (Caput *com redação dada pela Lei n. 13.465, de 11-7-2017.*)

§ 1º Considera-se consórcio imobiliário a forma de viabilização de planos de urbanização, de regularização fundiária ou de reforma, conservação ou construção de edificação por meio da qual o proprietário transfere ao poder público municipal seu imóvel e, após a realização das obras, recebe, como pagamento, unidades imobiliárias devidamente urbanizadas ou edificadas, ficando as demais unidades incorporadas ao patrimônio público. (*§ 1º com redação dada pela Lei n. 13.465, de 11-7-2017.*)

§ 2º O valor das unidades imobiliárias a serem entregues ao proprietário será correspondente ao valor do imóvel antes da execução das obras. (*§ 2º com redação dada pela Lei n. 13.465, de 11-7-2017.*)

§ 3º A instauração do consórcio imobiliário por proprietários que tenham dado causa à formação de núcleos urbanos informais, ou por seus sucessores, não os eximirá das responsabilidades administrativa, civil ou criminal. (*§ 3º com redação dada pela Lei n. 13.465, de 11-7-2017.*)

Art. 47. Os tributos sobre imóveis urbanos, assim como as tarifas relativas a serviços públicos urbanos, serão diferenciados em função do interesse social.

Art. 48. Nos casos de programas e projetos habitacionais de interesse social, desenvolvidos por órgãos ou entidades da Administração Pública com atuação específica nessa área, os contratos de concessão de direito real de uso de imóveis públicos:

I – terão, para todos os fins de direito, caráter de escritura pública, não se aplicando o disposto no inciso II do art. 134 do Código Civil; (Vide *art. 108 do CC de 2002.*)

II – constituirão título de aceitação obrigatória em garantia de contratos de financiamentos habitacionais.

Art. 49. Os Estados e Municípios terão o prazo de noventa dias, a partir da entrada em vigor desta Lei, para fixar prazos, por lei, para a expedição de diretrizes de empreendimentos urbanísticos, aprovação de projetos de parcelamento e de edificação, realização de vistorias e expedição de termo de verificação e conclusão de obras.

Parágrafo único. Não sendo cumprida a determinação do *caput*, fica estabelecido o prazo de sessenta dias para a realização de cada um dos referidos atos administrativos, que valerá até que os Estados e Municípios disponham em lei de forma diversa.

Art. 50. Os Municípios que estejam enquadrados na obrigação prevista nos incisos I e II do art. 41 desta Lei e que não tenham plano diretor aprovado na data de entrada em vigor desta Lei, deverão aprová-lo até 30 de junho de 2008. (*Artigo com redação dada pela Lei n. 11.673, de 8-5-2008*).

Art. 51. Para os efeitos desta Lei, aplicam-se ao Distrito Federal e ao Governador do Distrito Federal as disposições relativas, respectivamente, a Município e a Prefeito.

Art. 52. Sem prejuízo da punição de outros agentes públicos envolvidos e da aplicação de outras sanções cabíveis, o Prefeito incorre em improbidade administrativa, nos termos da Lei n. 8.429, de 2 de junho de 1992, quando:

I – (*Vetado.*)

II – deixar de proceder, no prazo de cinco anos, o adequado aproveitamento do imóvel incorporado ao patrimônio público, conforme o disposto no § 4º do art. 8º desta Lei;

III – utilizar áreas obtidas por meio do direito de preempção em desacordo com o disposto no art. 26 desta Lei;

IV – aplicar os recursos auferidos com a outorga onerosa do direito de construir e de alteração de uso em desacordo com o previsto no art. 31 desta Lei;

V – aplicar os recursos auferidos com operações consorciadas em desacordo com o previsto no § 1º do art. 33 desta Lei;

VI – impedir ou deixar de garantir os requisitos contidos nos incisos I a III do § 4º do art. 40 desta Lei;

VII – deixar de tomar as providências necessárias para garantir a observância do disposto no § 3º do art. 40 e no art. 50 desta Lei;

VIII – adquirir imóvel objeto de direito de preempção, nos termos dos arts. 25 a 27 desta Lei, pelo valor da proposta apresentada, se este for, comprovadamente, superior ao de mercado.

Art. 53. (*Revogado pela MP n. 2.180-35, de 24-8-2001.*)

Art. 54. O art. 4º da Lei n. 7.347, de 1985, passa a vigorar com a seguinte redação:

"Art. 4º Poderá ser ajuizada ação cautelar para os fins desta Lei, objetivando, inclusive, evitar o dano ao meio ambiente, ao consumidor, à ordem urbanística ou aos bens e direitos de valor artístico, estético, histórico, turístico e paisagístico (*Vetado.*)".

Art. 55. O art. 167, inciso I, item 28, da Lei n. 6.015, de 31 de dezembro de 1973, alterado pela Lei n. 6.216, de 30 de junho de 1975, passa a vigorar com a seguinte redação:

"Art. 167...

I – ....

28) das sentenças declaratórias de usucapião, independente da regularidade do parcelamento do solo ou da edificação;

....".

Art. 56. O art. 167, I, da Lei n. 6.015, de 1973, passa a vigorar acrescido dos seguintes itens 37, 38 e 39:

"Art. 167...

I – ....

37) dos termos administrativos ou das sentenças declaratórias da concessão de uso especial para fins de moradia, independente da regularidade do parcelamento do solo ou da edificação

38) (*Vetado.*)

39) da constituição do direito de superfície de imóvel urbano;".

Art. 57. O art. 167, II, da Lei n. 6.015, de 1973, passa a vigorar acrescido dos seguintes itens 18, 19 e 20:

"Art. 167. ....

II – ....

18) da notificação para parcelamento, edificação ou utilização compulsórios de imóvel urbano;

19) da extinção da concessão de uso especial para fins de moradia;

20) da extinção do direito de superfície do imóvel urbano".

Art. 58. Esta Lei entra em vigor após decorridos noventa dias de sua publicação.

Brasília, 10 de julho de 2001; 180º da Independência e 113º da República.

FERNANDO HENRIQUE CARDOSO

Paulo de Tarso Ramos Ribeiro

Geraldo Magela da Cruz Quintão

Pedro Malan

Benjamin Benzaquen Sicsú

Martus Tavares

José Sarney Filho

Alberto Mendes Cardoso

DESPACHO DO PRESIDENTE DA REPÚBLICA

MENSAGEM N. 730, DE 10 DE JULHO DE 2001.

Senhor Presidente do Senado Federal,

Comunico a Vossa Excelência que, nos termos do parágrafo 1º do artigo 66 da Constituição Federal, decidi vetar parcialmente, por inconstitucionalidade e contrariedade ao interesse público, o Projeto de Lei n. 181, de 1989 (n. 5.788/90 na Câmara dos Deputados), que "Regulamenta os arts. 182 e 183 da Constituição Federal, estabelece diretrizes gerais da política urbana e dá outras providências".

O Ministério da Justiça propôs veto aos seguintes dispositivos:

Inciso V do art. 43

"Art. 43. ....

V – referendo popular e plebiscito".

Razões do veto:

"Tais instrumentos de exercício da soberania popular estão disciplinados na Lei n. 9.709, de 18 de novembro de 1998, que, em seu art. 6º, admite a sua convocação por parte de Estados e Municípios, na forma determinada pela Constituição Estadual ou Lei Orgânica Municipal. Há, portanto, no ordenamento jurídico pátrio, permissivo legal para a utilização destes mecanismos por parte dos Municípios, desde que observados os ditames da Lei Orgânica Municipal, instrumento constitucionalmente habilitado a regular o processo político em âmbito local.

Instituir novo permissivo, especificamente para a determinação da política urbana municipal, não observaria a boa técnica legislativa, visto que a Lei n. 9.709/98 já autoriza a utilização de plebiscito e referendo popular em todas as questões de competência dos Municípios."

Inciso II do § 1º do art. 5º

"Art. 5º ....

§ 1º ....

II – utilizado em desacordo com a legislação urbanística ou ambiental.

...."

Razões do veto:

"O inciso II do § 1º do art. 5º do projeto equipara ao imóvel subutilizado aquele *utilizado em desacordo com a legislação urbanística ou ambiental*. Essa equiparação é inconstitucional, porquanto a Constituição penaliza somente o proprietário que subutiliza o seu imóvel de forma a não atender ao interesse social, não abrangendo aquele que a seu imóvel deu uso ilegal, o qual pode, ou não, estar sendo subutilizado.

Vale lembrar que, em se tratando de restrição a direito fundamental – direito de propriedade –, não é admissível a ampliação legislativa para abarcar os indivíduos que não foram contemplados pela norma constitucional."

Seção VI, compreendendo os arts. 15 a 20

"Seção VI

Da concessão de uso especial para fins de moradia

Art. 15. Aquele que possuir como sua área ou edificação urbana de até duzentos e cinquenta metros quadrados situada em imóvel público, por cinco anos, ininterruptamente e sem oposição, utilizando-a para sua moradia ou de sua família, tem o direito à concessão de uso especial para fins de moradia em relação à referida área ou edificação, desde que não seja proprietário ou concessionário de outro imóvel urbano ou rural.

§ 1º A concessão de uso especial para fins de moradia será conferida de forma gratuita ao homem ou à mulher, ou a ambos, independentemente do estado civil.

§ 2º O direito de que trata este artigo não será reconhecido ao mesmo concessionário mais de uma vez.

§ 3º Para os efeitos deste artigo, o herdeiro legítimo continua, de pleno direito, a posse de seu antecessor, desde que já resida no imóvel por ocasião da abertura da sucessão.

Art. 16. Nas áreas urbanas com mais de duzentos e cinquenta metros quadrados situadas em imóvel público, ocupadas por população de baixa renda para sua moradia, por cinco anos, ininterruptamente e sem oposição, onde não for possível identificar os terrenos ocupados por cada possuidor, a concessão de uso especial para fins de moradia será conferida de forma coletiva, desde que os possuidores não sejam concessionários de outro imóvel urbano ou rural.

Parágrafo único. Aplicam-se no caso de que trata o *caput*, no que couber, as disposições dos §§ 1º a 5º do art. 10 desta Lei.

Art. 17. No caso de ocupação em área de risco, o Poder Público garantirá ao possuidor o exercício do direito de que tratam os arts. 15 e 16 desta Lei em outro local.

Art. 18. O título de concessão de uso especial para fins de moradia será obtido pela via administrativa perante o órgão competente da Administração Pública ou, em caso de recusa ou omissão deste, pela via judicial.

§ 1º Em caso de ação judicial, a concessão de uso especial para fins de moradia será declarada pelo juiz, mediante sentença.

§ 2º O título conferido por via administrativa ou a sentença judicial servirão para efeito de registro no cartório de registro de imóveis.

§ 3º Aplicam-se à concessão de uso especial para fins de moradia, no que couber, as disposições estabelecidas nos arts. 11, 12 e 13 desta Lei.

Art. 19. O direito à concessão de uso especial para fins de moradia é transferível por ato *inter vivos* ou *causa mortis*.

Art. 20. O direito à concessão de uso especial para fins de moradia extingue-se, retornando o imóvel ao domínio público, no caso de:

I – o concessionário dar ao imóvel destinação diversa da moradia para si ou sua família;

II – os concessionários remembrarem seus imóveis.

Parágrafo único. A extinção de que trata este artigo será averbada no cartório de registro de imóveis, por meio de declaração consubstanciada do Poder Público concedente."

Razões do veto:

"O instituto jurídico da concessão de uso especial para fins de moradia em áreas públicas é um importante instrumento para propiciar segurança da posse – fundamento do direito à moradia – a milhões de moradores de favelas e loteamentos irregulares. Algumas imprecisões do projeto de lei trazem, no entanto, riscos à aplicação desse instrumento inovador, contrariando o interesse público.

O *caput* do art. 15 do projeto de lei assegura o direito à concessão de uso especial para fins de moradia àquele que possuir como sua área ou *edificação urbana* de até duzentos e cinquenta metros quadrados situada em imóvel público. A expressão 'edificação urbana' no dispositivo visaria a permitir a regularização de cortiços em imóveis públicos, que no entanto é viabilizada pela concessão a título coletivo, prevista no art. 16. Ela se presta, por outro lado, a outra leitura, que poderia gerar demandas injustificadas do direito em questão por parte de ocupantes de habitações individuais de até duzentos e cinquenta metros quadrados de área edificada em imóvel público.

Os arts. 15 a 20 do projeto de lei contrariam o interesse público sobretudo por não ressalvarem do direito à concessão de uso especial os imóveis públicos afetados ao uso comum do povo, como praças e ruas, assim como áreas urbanas de interesse da defesa nacional, da preservação ambiental ou destinadas a obras públicas. Seria mais do que razoável, em caso de ocupação dessas áreas, possibilitar a satisfação do direito à moradia em outro local, como prevê o art. 17 em relação à ocupação de áreas de risco.

O projeto não estabelece uma data-limite para a aquisição do direito à concessão de uso especial, o que torna permanente um instrumento só justificável pela necessidade imperiosa de solucionar o imenso passivo de ocupações irregulares gerado em décadas de urbanização desordenada.

Por fim, não há no art. 18 a definição expressa de um prazo para que a Administração Pública processe os pedidos de concessão de direito de uso que, previsivelmente, virão em grande número a partir da vigência deste instrumento. Isso traz o risco de congestionar o Poder Judiciário com demandas que, num prazo razoável, poderiam e deveriam ser satisfeitas na instância administrativa.

Pelas razões expostas, propõe-se o veto aos arts. 15 a 20 do projeto de lei. Em reconhecimento à importância e validade do instituto da concessão de uso especial para fins de moradia, o Poder Executivo submeterá sem demora ao Congresso Nacional um texto normativo que preencha essa lacuna, buscando sanar as imprecisões apontadas."

Inciso IX do art. 26

"Art. 26. ....

IX – outras finalidades de interesse social ou de utilidade pública, definidas no plano diretor.

...."

Razões do veto:

"O art. 26, inciso IX, do projeto estabelece que o direito de preempção previsto no art. 25 poderá ser exercido sempre que o Poder Público necessitar de áreas para *outras finalidades de interesse social ou de utilidade pública, definidas no plano diretor.*

Ora, o direito de preempção previsto no projeto consubstancia-se em instrumento limitador do direito de propriedade e, como tal, deve ser posto à disposição do Município tão somente em hipóteses expressamente previstas em lei, de forma a proteger o cidadão contra eventuais abusos do Poder Público.

No caso, como se observa, o inciso IX traz regra genérica e aberta que autoriza a utilização do direito de preempção em casos a serem definidos no plano diretor. Essa norma, portanto, contraria o interesse público de evitar a discricionariedade do Poder Público em matéria de direito fundamental, como o da propriedade."

§ 5º do art. 40

"Art. 40. ....

§ 5º É nula a lei que instituir o plano diretor em desacordo com o disposto no § 4º."

Razões do veto:

"Reza o § 5º do art. 40 que é *nula a lei que instituir o plano diretor em desacordo com o disposto no § 4º*. Tal dispositivo viola a Constituição, pois fere o princípio federativo que assegura a autonomia legislativa municipal.

Com efeito, não cabe à União estabelecer regras sobre processo legislativo a ser obedecido pelo Poder Legislativo municipal, que se submete tão somente, quanto à matéria, aos princípios inscritos na Constituição do Brasil e na do respectivo Estado-membro, consoante preceitua o *caput* do art. 29 da Carta Magna. O disposto no § 5º do art. 40 do projeto é, pois, inconstitucional e, por isso, merece ser vetado".

Inciso I do art. 52

"Art. 52. ....

I – impedir ou deixar de garantir a participação de comunidades, movimentos e entidades da sociedade civil, conforme o disposto no § 3º do art. 4º desta Lei;

...."

Razões do veto:

"O art. 52, inciso I, do projeto prevê como improbidade administrativa a conduta de o Prefeito '*impedir ou deixar de garantir a participação de comunidades, movimentos e entidades da sociedade civil, conforme o disposto no § 3º do art. 4º desta Lei*'. Esse parágrafo do art. 4º estabelece o denominado *controle social* da aplicação dos recursos públicos.

Sabe-se que o chamado *controle social dos atos de governo* tem natureza muito mais política do que jurídica, sendo certo que o seu preciso significado e alcance sempre ensejam controvérsias, de modo a dificultar sobremaneira a sua real efetivação.

Resulta, então, que fixar como ato de improbidade a conduta de não garantir o controle social dos gastos públicos, de forma a sancionar os Prefeitos com a suspensão de direitos políticos, a perda da função pública e a indisponibilidade de bens em razão daquela conduta, significa incluir no ordenamento legal dispositivo de difícil interpretação e aplicação, em prejuízo da segurança jurídica. Mais uma vez o interesse público ficou contrariado, merecendo ser vetado o referido inciso I do art. 52 do projeto."

Item 38, acrescido ao inciso I do art. 167 da Lei n. 6.015, de 31 de dezembro de 1973, pelo art. 56 do projeto.

"Art. 56. ....

"Art. 167. ....

I – ....

38) do contrato de concessão de direito real de uso de imóvel público, independente da regularidade do parcelamento do solo ou da edificação;

...."

Razões do veto:

"O veto a este dispositivo impõe-se em decorrência dos vetos aos arts. 15 a 20."

Estas, Senhor Presidente, as razões que me levaram a vetar os dispositivos acima mencionados do projeto em causa, as quais ora submeto à elevada apreciação dos Senhores Membros do Congresso Nacional.

DECRETO-LEI N. 3.365, DE 21 DE JUNHO DE 1941[2]

Dispõe sobre desapropriações por utilidade pública.

....

Art. 5º Consideram-se casos de utilidade pública:

a) a segurança nacional;

b) a defesa do Estado;

c) o socorro público em caso de calamidade;

d) a salubridade pública;

e) a criação e melhoramento de centros de população, seu abastecimento regular de meios de subsistência;

f) o aproveitamento industrial das minas e das jazidas minerais, das águas e da energia hidráulica;

g) a assistência pública, as obras de higiene e decoração, casas de saúde, clínicas, estações de clima e fontes medicinais;

h) a exploração e a conservação dos serviços públicos;

[2] Publicado no *Diário Oficial da União*, de 18 de julho de 1941.

i) a abertura, conservação e melhoramento de vias ou logradouros públicos, a execução de planos de urbanização; o parcelamento do solo, com ou sem edificação, para sua melhor utilização econômica, higiênica ou estética; a construção ou ampliação de distritos industriais; (*Alínea* i *com redação dada pela Lei n. 9.785, de 29-1-1999.*)

j) o funcionamento dos meios de transporte coletivo;

k) a preservação e conservação dos monumentos históricos e artísticos, isolados ou integrados em conjuntos urbanos ou rurais, bem como as medidas necessárias a manter-lhes e realçar-lhes os aspectos mais valiosos ou característicos e, ainda, a proteção de paisagens e locais particularmente dotados pela natureza;

l) a preservação e a conservação adequada de arquivos, documentos e outros bens móveis de valor histórico ou artístico;

m) a construção de edifícios públicos, monumentos comemorativos e cemitérios;

n) a criação de estádios, aeródromos ou campos de pouso para aeronaves;

o) a reedição ou divulgação de obra ou invento de natureza científica, artística ou literária;

p) os demais casos previstos por leis especiais.

§ 1º A construção ou ampliação de distritos industriais, de que trata a alínea *i* do *caput*, deste artigo, inclui o loteamento das áreas necessárias a instalação de indústrias e atividades correlatas, bem como a revenda ou locação dos respectivos lotes a empresas previamente qualificadas. (*§ 1º acrescentado pela Lei n. 6.602, de 7-12-1978.*)

§ 2º A efetivação da desapropriação para fins de criação ou ampliação de distritos industriais depende de aprovação, prévia e expressa, pelo Poder Público competente, do respectivo projeto de implantação. (*§ 2º acrescentado pela Lei n. 6.602, de 7-12-1978.*)

§ 3º Ao imóvel desapropriado para implantação de parcelamento popular, destinado às classes de menor renda, não se dará outra utilização nem haverá retrocessão. (*§ 3º acrescentado pela Lei n. 9.785, de 29-1-1999.*)

....

Rio de Janeiro, em 21 de junho de 1941; 120º da Independência e 53º da República.

GETÚLIO VARGAS

DECRETO-LEI N. 271, DE 28 DE FEVEREIRO DE 1967[3]

Dispõe sobre loteamento urbano, responsabilidade do loteador, concessão de uso do espaço aéreo, e dá outras providências.

....

Art. 1º O loteamento urbano rege-se por este Decreto-lei.

§ 1º Considera-se loteamento urbano a subdivisão de área em lotes destinados à edificação de qualquer natureza que não se enquadre no disposto no § 2º deste artigo.

§ 2º Considera-se desmembramento a subdivisão de área urbana em lotes para edificação na qual seja aproveitado o sistema viário oficial da cidade ou vila sem que se abram novas vias ou logradouros públicos e sem que se prolonguem ou se modifiquem os existentes.

§ 3º Considera-se zona urbana, para os fins deste Decreto-lei, a da edificação contínua das povoações, as partes adjacentes e as áreas que, a critério dos Municípios, possivelmente venham a ser ocupadas por edificações contínuas dentro dos seguintes 10 (dez) anos.

Art. 2º Obedecidas as normas gerais de diretrizes, apresentação de projeto, especificações técnicas e dimensionais e aprovação a serem baixadas pelo Banco Nacional de Habitação dentro do prazo de 90 (noventa) dias, os Municípios poderão, quanto aos loteamentos:

I – obrigar a sua subordinação às necessidades locais, inclusive quanto à destinação e utilização das áreas, de modo a permitir o desenvolvimento local adequado;

II – recusar a sua aprovação ainda que seja apenas para evitar excessivo número de lotes com o consequente aumento de investimento subutilizado em obras de infraestrutura e custeio de serviços.

Art. 3º Aplica-se aos loteamentos a Lei n. 4.591, de 16 de dezembro de 1964, equiparando-se o loteador ao incorporador, os compradores de lote aos condôminos e as obras de infraestrutura à construção da edificação.

§ 1º O Poder Executivo, dentro de 180 dias regulamentará este Decreto-lei, especialmente quanto à aplicação da Lei n. 4.591, de 16 de dezembro de 1964, aos loteamentos, fazendo, inclusive, as necessárias adaptações.

---

[3] Publicado no *Diário Oficial da União*, de 28 de fevereiro de 1967.

§ 2º O loteamento poderá ser dividido em etapas discriminadas, a critério do loteador, cada uma das quais constituirá um condomínio que poderá ser dissolvido quando da aceitação do loteamento pela Prefeitura.

Art. 4º Desde a data da inscrição do loteamento passam a integrar o domínio público de Município as vias e praças e as áreas destinadas a edifícios públicos e outros equipamentos urbanos, constantes do projeto e do memorial descritivo.

Parágrafo único. O proprietário ou loteador poderá requerer ao Juiz competente a reintegração em seu domínio das partes mencionadas no corpo deste artigo, quando não se efetuarem vendas de lotes.

Art. 5º Nas desapropriações, não se indenizarão as benfeitorias ou construções realizadas em lotes ou loteamentos irregulares, nem se considerarão como terrenos loteados ou loteáveis, para fins de indenização, as glebas não inscritas ou irregularmente inscritas como loteamentos urbanos ou para fins urbanos.

Art. 6º O loteador, ainda que já tenha vendido todos os lotes, ou os vizinhos são partes legítimas para promover ação destinada a impedir construção em desacordo com as restrições urbanísticas do loteamento ou contrárias a quaisquer outras normas de edificação ou de urbanização referentes aos lotes.

Art. 7º É instituída a concessão de terrenos públicos ou particulares remunerada ou gratuita, por tempo certo ou indeterminado, como direito real resolúvel, para fins específicos de regularização fundiária de interesse social, urbanização, industrialização, edificação, cultivo da terra, aproveitamento sustentável das várzeas, preservação das comunidades tradicionais e seus meios de subsistência ou outras modalidades de interesse social em áreas urbanas. (*Artigo com redação dada pela Lei n. 11.481, de 31-5-2007.*)

§ 1º A concessão de uso poderá ser contratada por instrumento público ou particular, ou por simples termo administrativo, e será inscrita e cancelada em livro especial.

§ 2º Desde a inscrição da concessão de uso, o concessionário fruirá plenamente do terreno para os fins estabelecidos no contrato e responderá por todos os encargos civis, administrativos e tributários que venham a incidir sobre o imóvel e suas rendas.

§ 3º Resolve-se a concessão antes de seu termo desde que o concessionário dê ao imóvel destinação diversa da estabelecida no contrato ou termo, ou descumpra cláusula resolutória do ajuste, perdendo, neste caso, as benfeitorias de qualquer natureza.

§ 4º A concessão de uso, salvo disposição contratual em contrário, transfere-se por ato *inter vivos*, ou por sucessão legítima ou testamentária, como os demais direitos reais sobre coisas alheias, registrando-se a transferência.

§ 5º Para efeito de aplicação do disposto no *caput* deste artigo, deverá ser observada a anuência prévia:

I – do Ministério da Defesa e dos Comandos da Marinha, do Exército ou da Aeronáutica, quando se tratar de imóveis que estejam sob sua administração; e

II – do Gabinete de Segurança Institucional da Presidência da República, observados os termos do inciso III do § 1º do art. 91 da Constituição Federal. (*§ 5º acrescentado pela Lei n. 11.481, de 31-5-2007.*)

Art. 8º É permitida a concessão de uso do espaço aéreo sobre a superfície de terrenos públicos ou particulares, tomada em projeção vertical, nos termos e para os fins do artigo anterior e na forma que for regulamentada.

Art. 9º Este Decreto-lei não se aplica aos loteamentos que na data da publicação deste Decreto-lei já estiverem protocolados ou aprovados nas prefeituras municipais para os quais continua prevalecendo a legislação em vigor até essa data.

Parágrafo único. As alterações de loteamentos enquadrados no *caput* deste artigo estão, porém, sujeitas ao disposto neste Decreto-lei.

Art. 10. Este Decreto-lei entrará em vigor na data de sua publicação, mantidos o Decreto-lei n. 58, de 10 de dezembro de 1937, e o Decreto n. 3.079, de 15 de setembro de 1938, no que couber e não for revogado por dispositivo expresso deste Decreto-lei, da Lei n. 4.591, de 16 de dezembro de 1964, e dos atos normativos mencionados no art. 2º deste Decreto-lei.

Brasília, 28 de fevereiro de 1967; 146º da Independência e 79º da República.

H. CASTELLO BRANCO

LEI N. 6.015, DE 31 DE DEZEMBRO DE 1973[4]

Dispõe sobre os Registros Públicos e dá outras providências.

....

[4] Publicada no *Diário Oficial da União*, de 31 de dezembro de 1973. Republicada em 16 de setembro de 1975 e retificada em 30 de outubro de 1975.

TÍTULO V
DO REGISTRO DE IMÓVEIS

CAPÍTULO I
DAS ATRIBUIÇÕES

Art. 167. No Registro de Imóveis, além da matrícula, serão feitos: (*Artigo renumerado pela Lei n. 6.216, de 30-6-1975.*)

I – o registro:

....

28) das sentenças declaratórias de usucapião; (*Item 28 com redação dada pela MP n. 2.220, de 4-9-2001.*)

....

36) da imissão provisória na posse, quando concedida à União, aos Estados, ao Distrito Federal, aos Municípios ou às suas entidades delegadas, e respectiva cessão e promessa de cessão; (*Item 36 com redação dada pela Lei n. 12.424, de 16-6-2011.*)

37) dos termos administrativos ou das sentenças declaratórias da concessão de uso especial para fins de moradia; (*Item 37 com redação dada pela Medida Provisória n. 2.220, de 4-9-2001.*)

....

40) do contrato de concessão de direito real de uso de imóvel público; (*Item 40 com redação dada pela Medida Provisória n. 2.220, de 4-9-2001.*)

II – a averbação: (*Redação dada pela Lei n. 6.216, de 30-6-1975.*)

....

17) do Termo de Securitização de critérios imobiliários, quando submetidos a regime fiduciário; (*Item 17 acrescentado pela Lei n. 9.514, de 20-11-1997.*)

18) da notificação para parcelamento, edificação ou utilização compulsórios de imóvel urbano;

19) da extinção da concessão de uso especial para fins de moradia;

20) da extinção do direito de superfície do imóvel urbano. (*Itens 18, 19 e 20 acrescentados pela Lei n. 10.257, de 10-7-2001.*)

....

Brasília, 31 de dezembro de 1973; 152º de Independência e 85º da República.

EMÍLIO G. MÉDICI

LEI N. 6.766, DE 19 DE DEZEMBRO DE 1979[5]

Dispõe sobre o parcelamento do solo urbano e dá outras providências.

....

Art. 1º O parcelamento do solo para fins urbanos será regido por esta Lei.

Parágrafo único. Os Estados, o Distrito Federal e os Municípios poderão estabelecer normas complementares relativas ao parcelamento do solo municipal para adequar o previsto nesta Lei às peculiaridades regionais e locais.

CAPÍTULO I
DISPOSIÇÕES PRELIMINARES

Art. 2º O parcelamento do solo urbano poderá ser feito mediante loteamento ou desmembramento, observadas as disposições desta Lei e as das legislações estaduais e municipais pertinentes.

§ 1º Considera-se loteamento a subdivisão de gleba em lotes destinados a edificação, com abertura de novas vias de circulação, de logradouros públicos ou prolongamento, modificação ou ampliação das vias existentes.

§ 2º Considera-se desmembramento a subdivisão de gleba em lotes destinados a edificação, com aproveitamento do sistema viário existente, desde que não implique a abertura de novas vias e logradouros públicos, nem prolongamento, modificação ou ampliação dos já existentes.

§ 3º (*Vetado.*)

§ 4º Considera-se lote o terreno servido de infraestrutura básica cujas dimensões atendam aos índices urbanísticos definidos pelo plano diretor ou lei municipal para a zona em que se situe. (*§ 4º acrescentado pela Lei n. 9.785, de 29-1-1999.*)

§ 5º A infraestrutura básica dos parcelamentos é constituída pelos equipamentos urbanos de escoamento das águas pluviais, iluminação pública, esgotamento sanitário, abastecimento de água potável, energia elétrica e pública e domiciliar e vias de circulação. (*§ 5º com redação dada pela Lei n. 11.445, de 5-1-2007.*)

§ 6º A infraestrutura básica dos parcelamentos situados nas zonas habitacionais declaradas por lei como de interesse social (ZHIS) consistirá, no mínimo, de:

I – vias de circulação;

II – escoamento das águas pluviais;

[5] Publicada no *Diário Oficial da União,* de 20 de dezembro de 1979.

III – rede para o abastecimento de água potável; e

IV – soluções para o esgotamento sanitário e para a energia elétrica domiciliar. (*§ 6º acrescentado pela Lei n. 9.785, de 29-1-1999.*)

§ 7º O lote poderá ser constituído sob a forma de imóvel autônomo ou de unidade imobiliária integrante de condomínio de lotes. (*§ 7º acrescentado pela Lei n. 13.465, de 2017.*)

§ 8º Constitui loteamento de acesso controlado a modalidade de loteamento, definida nos termos do § 1º deste artigo, cujo controle de acesso será regulamentado por ato do poder público Municipal, sendo vedado o impedimento de acesso a pedestres ou a condutores de veículos, não residentes, devidamente identificados ou cadastrados. (*§ 8º acrescentado pela Lei n. 13.465, de 2017.*)

Art. 3º Somente será admitido o parcelamento do solo para fins urbanos em zonas urbanas, de expansão ou de urbanização específica, assim definidas pelo plano diretor ou aprovadas por lei municipal. (Caput *com redação dada pela Lei n. 9.785, de 29-1-1999.*)

Parágrafo único. Não será permitido o parcelamento do solo:

I – em terrenos alagadiços e sujeitos a inundações, antes de tomadas as providências para assegurar o escoamento das águas;

II – em terrenos que tenham sido aterrados com material nocivo à saúde pública, sem que sejam previamente saneados;

III – em terreno com declividade igual ou superior a 30% (trinta por cento), salvo se atendidas exigências específicas das autoridades competentes;

IV – em terrenos onde as condições geológicas não aconselham a edificação;

V – em áreas de preservação ecológica ou naquelas onde a poluição impeça condições sanitárias suportáveis, até a sua correção.

CAPÍTULO II
DOS REQUISITOS URBANÍSTICOS PARA LOTEAMENTO

Art. 4º Os loteamentos deverão atender, pelo menos, aos seguintes requisitos:

I – as áreas destinadas a sistemas de circulação, a implantação de equipamento urbano e comunitário, bem como a espaços livres de uso público, serão proporcionais à densidade de ocupação revista pelo plano diretor ou aprovada por lei municipal para a zona em que se situem; (*Inciso I com redação dada pela Lei n. 9.785, de 29-1-1999.*)

II – os lotes terão área mínima de 125 m² (cento e vinte e cinco metros quadrados) e frente mínima de 5 (cinco) metros, salvo quando a legislação estadual ou municipal determinar maiores exigências, ou quando o loteamento se destinar a urbanização específica ou edificação de conjuntos habitacionais de interesse social, previamente aprovados pelos órgãos públicos competentes;

III – ao longo das águas correntes e dormentes e das faixas de domínio público das rodovias e ferrovias, será obrigatória a reserva de uma faixa não edificável de 15 (quinze) metros de cada lado, salvo maiores exigências da legislação específica; (*Inciso III com redação dada pela Lei n. 10.932, de 3-8-2004.*)

IV – as vias de loteamento deverão articular-se com as vias adjacentes oficiais, existentes ou projetadas, e harmonizar-se com a topografia local.

§ 1º A legislação municipal definirá, para cada zona em que se divida o território do Município, os usos permitidos e os índices urbanísticos de parcelamento e ocupação do solo, que incluirão, obrigatoriamente, as áreas mínimas e máximas de lotes e os coeficientes máximos de aproveitamento. (*§ 1º com redação dada pela Lei n. 9.785, de 29-1-1999.*)

§ 2º Consideram-se comunitários os equipamentos públicos de educação, cultura, saúde, lazer e similares.

§ 3º Se necessária, a reserva de faixa não edificável vinculada a dutovias será exigida no âmbito do respectivo licenciamento ambiental, observados os critérios e parâmetros que garantam a segurança da população e a proteção do meio ambiente, conforme estabelecido nas normas técnicas pertinentes. (*§ 3º acrescido pela Lei n. 10.932, de 3-8-2004.*)

§ 4º No caso de lotes integrantes de condomínio de lotes, poderão ser instituídas limitações administrativas e direitos reais sobre coisa alheia em benefício do poder público, da população em geral e da proteção da paisagem urbana, tais como servidões de passagem, usufrutos e restrições à construção de muros. (*§ 4º incluído pela Lei n. 13.465, de 2017.*)

Art. 5º O Poder Público competente poderá complementarmente exigir, em cada loteamento, a reserva de faixa *non aedificandi* destinada a equipamentos urbanos.

Parágrafo único. Consideram-se urbanos os equipamentos públicos de abastecimento de água, serviços de esgotos, energia elétrica, coletas de águas pluviais, rede telefônica e gás canalizado.

CAPÍTULO III
DO PROJETO DE LOTEAMENTO

Art. 6º Antes da elaboração do projeto de loteamento, o interessado deverá solicitar à Prefeitura Municipal, ou ao Distrito Federal quando for o caso, que defina as diretrizes para o uso do solo, traçado dos lotes, do sistema viário, dos espaços livres e das áreas reservadas para equipamento urbano e comunitário, apresentando, para este fim, requerimento e planta do imóvel contendo, pelo menos:

I – as divisas da gleba a ser loteada;

II – as curvas de nível a distância adequada, quando exigidas por lei estadual ou municipal;

III – a localização dos cursos d'água, bosques e construções existentes;

IV – a indicação dos arruamentos contíguos a todo o perímetro, a localização das vias de comunicação, das áreas livres, dos equipamentos urbanos e comunitários, existentes no local ou em suas adjacências, com as respectivas distâncias da área a ser loteada;

V – o tipo de uso predominante a que o loteamento se destina;

VI – as características, dimensões e localização das zonas de uso contíguas.

Art. 7º A Prefeitura Municipal, ou o Distrito Federal quando for o caso, indicará, nas plantas apresentadas junto com o requerimento, de acordo com as diretrizes de planejamento estadual e municipal:

I – as ruas ou estradas existentes ou projetadas, que compõem o sistema viário da cidade e do Município relacionadas com o loteamento pretendido e a serem respeitadas;

II – o traçado básico do sistema viário principal;

III – a localização aproximada dos terrenos destinados a equipamento urbano e comunitário e das áreas livres de uso público;

IV – as faixas sanitárias do terreno necessárias ao escoamento das águas pluviais e as faixas não edificáveis;

V – a zona ou zonas de uso predominante da área, com indicação dos usos compatíveis.

Parágrafo único. As diretrizes expedidas vigorarão pelo prazo máximo de 4 (quatro) anos. (*Parágrafo único com redação dada pela Lei n. 9.785, de 29-1-1999.*)

Art. 8º Os Municípios com menos de 50.000 (cinquenta mil) habitantes e aqueles cujo plano diretor contiver diretrizes de urbanização para a zona em que se situe o parcelamento poderão dispensar, por lei, a fase de fixação de diretrizes previstas nos arts. 6º e 7º desta Lei. (*Artigo com redação dada pela Lei n. 9.785, de 29-1-1999.*)

Art. 9º Orientado pelo traçado e diretrizes oficiais, quando houver, o projeto, contendo desenhos, memorial descritivo e cronograma de execução das obras com duração máxima de 4 (quatro) anos, será apresentado à Prefeitura Municipal, ou ao Distrito Federal, quando for o caso, acompanhado de certidão atualizada da matrícula da gleba, expedida pelo Cartório de Registro de Imóveis competente, de certidão negativa de tributos municipais e do competente instrumento de garantia, ressalvado o disposto no § 4º do art. 18. (Caput *com redação dada pela Lei n. 9.785, de 29-1-1999.*)

§ 1º Os desenhos conterão pelo menos:

I – a subdivisão das quadras em lotes, com as respectivas dimensões e numeração;

II – o sistema de vias com a respectiva hierarquia;

III – as dimensões lineares e angulares do projeto, com raios, cordas, arcos, ponto de tangência e ângulos centrais das vias;

IV – os perfis longitudinais e transversais de todas as vias de circulação e praças;

V – a indicação dos marcos de alinhamento e nivelamento localizados nos ângulos de curvas e vias projetadas;

VI – a indicação em planta e perfis de todas as linhas de escoamento das águas pluviais.

§ 2º O memorial descritivo deverá conter, obrigatoriamente, pelo menos:

I – a descrição sucinta do loteamento, com as suas características e a fixação da zona ou zonas de uso predominante;

II – as condições urbanísticas do loteamento e as limitações que incidem sobre os lotes e suas construções, além daquelas constantes das diretrizes fixadas;

III – a indicação das áreas públicas que passarão ao domínio do Município no ato de registro do loteamento;

IV – a enumeração dos equipamentos urbanos, comunitários e dos serviços públicos ou de utilidade pública, já existentes no loteamento e adjacências.

§ 3º Caso se constate, a qualquer tempo, que a certidão da matrícula apresentada como atual não tem mais correspondência com os registros e averbações cartorárias do tempo da sua apresentação, além das consequências penais cabíveis, serão consideradas insubsistentes tanto as diretrizes expedidas anteriormente, quanto as aprovações consequentes. (*§ 3º acrescentado pela Lei n. 9.785, de 29-1-1999.*)

CAPÍTULO IV
DO PROJETO DE DESMEMBRAMENTO

Art. 10. Para a aprovação de projeto de desmembramento, o interessado apresentará requerimento à Prefeitura Municipal, ou ao Distrito Federal quando for o caso, acompanhado de certidão atualizada da matrícula da gleba, expedida pelo Cartório de Registro de Imóveis competente, ressalvado o disposto no § 4º do art. 18, e de planta do imóvel a ser desmembrado contendo: (Caput *com redação dada pela Lei n. 9.785, de 29-1-1999.*)

I – a indicação das vias existentes e dos loteamentos próximos;

II – a indicação do tipo de uso predominante no local;

III – a indicação da divisão de lotes pretendida na área.

Art. 11. Aplicam-se ao desmembramento, no que couber, as disposições urbanísticas vigentes para as regiões em que se situem ou, na ausência destas, as disposições urbanísticas para os loteamentos. (Caput *com redação dada pela Lei n. 9.785, de 29-1-1999.*)

Parágrafo único. O Município, ou o Distrito Federal quando for o caso, fixará os requisitos exigíveis para a aprovação de desmembramento de lotes decorrentes de loteamento cuja destinação da área pública tenha sido inferior à mínima prevista no § 1º do art. 4º desta Lei.

CAPÍTULO V
DA APROVAÇÃO DO PROJETO DE LOTEAMENTO E DESMEMBRAMENTO

Art. 12. O projeto de loteamento e desmembramento deverá ser aprovado pela Prefeitura Municipal, ou pelo Distrito Federal quando for o caso, a quem compete também a fixação das diretrizes a que aludem os arts. 6º e 7º desta Lei, salvo a exceção prevista no artigo seguinte.

§ 1º O projeto aprovado deverá ser executado no prazo constante do cronograma de execução, sob pena de caducidade da aprovação. (*Primitivo parágrafo único renumerado pela Lei n. 12.608, de 10-4-2012.*) (Vide *Lei n. 12.608, de 10-4-2012.*)

§ 2º Nos Municípios inseridos no cadastro nacional de municípios com áreas suscetíveis à ocorrência de deslizamentos de grande impacto, inundações bruscas ou processos geológicos ou hidrológicos correlatos, a aprovação do projeto de que trata o *caput* ficará vinculada ao atendimento dos requisitos constantes da carta geotécnica de aptidão à urbanização. (*§ 2º acrescentado pela Lei n. 12.608, de 10-4-2012.*)

§ 3º É vedada a aprovação de projeto de loteamento e desmembramento em áreas de risco definidas como não edificáveis, no plano diretor ou em legislação dele derivada. (*§ 3º acrescentado pela Lei n. 12.608, de 10-4-2012.*)

Art. 13. Aos Estados caberá disciplinar a aprovação pelos Municípios de loteamentos e desmembramentos nas seguintes condições: (Caput *com redação dada pela Lei n. 9.785, de 29-1-1999.*)

I – quando localizados em áreas de interesse especial, tais como as de proteção aos mananciais ou ao patrimônio cultural, histórico, paisagístico e arqueológico, assim definidas por legislação estadual ou federal;

II – quando o loteamento ou desmembramento localizar-se em área limítrofe do Município, ou que pertença a mais de um Município, nas regiões metropolitanas ou em aglomerações urbanas, definidas em lei estadual ou federal;

III – quando o loteamento abranger área superior a 1.000.000 m^2 (um milhão de metros quadrados).

Parágrafo único. No caso de loteamento ou desmembramento localizado em área de Município integrante de região metropolitana, o exame e a anuência prévia à aprovação do projeto caberão à autoridade metropolitana.

Art. 14. Os Estados definirão, por decreto, as áreas de proteção especial, previstas no inciso I do artigo anterior.

Art. 15. Os Estados estabelecerão, por decreto, as normas a que deverão submeter-se os projetos de loteamento e desmembramento nas áreas previstas no art. 13, observadas as disposições desta Lei.

Parágrafo único. Na regulamentação das normas previstas neste artigo, o Estado procurará atender às exigências urbanísticas do planejamento municipal.

Art. 16. A lei municipal definirá os prazos para que um projeto de parcelamento apresentado seja aprovado ou rejeitado e para que as obras executadas sejam aceitas ou recusadas. (Caput *com redação dada pela Lei n. 9.785, de 29-1-1999.*)

§ 1º Transcorridos os prazos sem a manifestação do Poder Público, o projeto será considerado rejeitado ou as obras recusadas, assegurada a indenização por eventuais danos derivados da omissão. (*§ 1º acrescentado pela Lei n. 9.785, de 29-1-1999.*)

§ 2º Nos Municípios cuja legislação for omissa, os prazos serão de 90 (noventa) dias para a aprovação ou rejeição e de 60 (sessenta) dias para a aceitação ou recusa fundamentada das obras de urbanização. (*§ 2º acrescentado pela Lei n. 9.785, de 29-1-1999.*)

Art. 17. Os espaços livres de uso comum, as vias e praças, as áreas destinadas a edifícios públicos e outros equipamentos urbanos, constantes do projeto e do memorial descritivo, não poderão ter sua destinação alterada pelo loteador, desde a aprovação do loteamento, salvo as hipóteses de caducidade da licença ou desistência do loteador, sendo, neste caso, observadas as exigências do art. 23 desta Lei.

CAPÍTULO VI
DO REGISTRO DO LOTEAMENTO E DESMEMBRAMENTO

Art. 18. Aprovado o projeto de loteamento ou de desmembramento, o loteador deverá submetê-lo ao Registro Imobiliário dentro de 180 (cento e oitenta) dias, sob pena de caducidade da aprovação, acompanhado dos seguintes documentos:

I – título de propriedade do imóvel ou certidão da matrícula, ressalvado o disposto nos §§ 4º e 5º; (*Inciso I com redação dada pela Lei n. 9.785, de 29-1-1999.*)

II – histórico dos títulos de propriedade do imóvel, abrangendo os últimos 20 (vinte) anos, acompanhado dos respectivos comprovantes;

III – certidões negativas:

a) de tributos federais, estaduais e municipais incidentes sobre o imóvel;

b) de ações reais referentes ao imóvel, pelo período de 10 (dez) anos;

c) de ações penais com respeito ao crime contra o patrimônio e contra a Administração Pública;

IV – certidões:

a) dos Cartórios de Protestos de Títulos, em nome do loteador, pelo período de 10 (dez) anos;

b) de ações pessoais relativas ao loteador, pelo período de 10 (dez) anos;

c) de ônus reais relativos ao imóvel;

d) de ações penais contra o loteador, pelo período de 10 (dez) anos;

V – cópia do ato de aprovação do loteamento e comprovante do termo de verificação pela Prefeitura Municipal ou pelo Distrito Federal, da execução das obras exigidas por legislação municipal, que incluirão, no mínimo, a execução das vias de circulação do loteamento, demarcação dos lotes, quadras e logradouros e das obras de escoamento das águas pluviais ou da aprovação de um cronograma, com a duração máxima de 4 (quatro) anos, acompanhado de competente instrumento de garantia para a execução das obras; (*Inciso V com redação dada pela Lei n. 9.785, de 29-1-1999.*)

VI – exemplar do contrato-padrão de promessa de venda, ou de cessão ou de promessa de cessão, do qual constarão obrigatoriamente as indicações previstas no art. 26 desta Lei;

VII – declaração do cônjuge do requerente de que consente no registro do loteamento.

§ 1º Os períodos referidos nos incisos III, *b*, e IV, *a*, *b* e *d*, tomarão por base a data do pedido de registro do loteamento, devendo todas elas ser extraídas em nome daqueles que, nos mencionados períodos, tenham sido titulares de direitos reais sobre o imóvel.

§ 2º A existência de protestos, de ações pessoais ou de ações penais, exceto as referentes a crime contra o patrimônio e contra a administração, não impedirá o registro do loteamento se o requerente comprovar que esses protestos ou ações não poderão prejudicar os adquirentes dos lotes. Se o oficial do registro de imóveis julgar insuficiente a comprovação feita, suscitará a dúvida perante o juiz competente.

§ 3º A declaração a que se refere o inciso VII deste artigo não dispensará o consentimento do declarante para os atos de alienação ou promessa de alienação de lotes, ou de direitos a eles relativos, que venham a ser praticados pelo seu cônjuge.

§ 4º O título de propriedade será dispensado quando se tratar de parcelamento popular, destinado às classes de menor renda, em imóvel declarado de utilidade pública, com processo de desapropriação judicial em curso e imissão provisória na posse, desde que promovido pela União, Estados, Distrito Federal, Municípios ou suas entidades delegadas, autorizadas por lei a implantar projetos de habitação. (*§ 4º acrescentado pela Lei n. 9.785, de 29-1-1999.*)

§ 5º No caso de que trata o § 4º, o pedido de registro do parcelamento, além dos documentos mencionados nos incisos V e VI deste artigo, será instruído com cópias autênticas da decisão que tenha concedido a imissão provisória na posse, do decreto de desapropriação, do comprovante de sua publicação na imprensa oficial e, quando formulado por entidades delegadas, da lei de criação e de seus atos constitutivos. (*§ 5º acrescentado pela Lei n. 9.785, de 29-1-1999.*)

Art. 19. Examinada a documentação e encontrada em ordem, o oficial do registro de imóveis encaminhará comunicação à Prefeitura e fará publicar, em resumo e com pequeno desenho de localização da área, edital do pedido de registro em 3 (três) dias consecutivos, podendo este ser impugnado no prazo de 15 (quinze) dias contados da data da última publicação.

§ 1º Findo o prazo sem impugnação, será feito imediatamente o registro. Se houver impugnação de terceiros, o oficial do registro de imóveis intimará o requerente e a Prefeitura Municipal, ou o Distrito Federal quando for o caso, para que sobre ela se manifestem no prazo de 5 (cinco) dias, sob pena de arquivamento do processo. Com tais manifestações o processo será enviado ao juiz competente para decisão.

§ 2º Ouvido o Ministério Público no prazo de 5 (cinco) dias, o juiz decidirá de plano ou após instrução sumária, devendo remeter ao interessado as vias ordinárias caso a matéria exija maior indagação.

§ 3º Nas capitais, a publicação do edital se fará no *Diário Oficial do Estado* e num dos jornais de circulação diária. Nos demais Municípios, a publicação se fará apenas num dos jornais locais, se houver, ou, não havendo, em jornal da região.

§ 4º O oficial do registro de imóveis que efetuar o registro em desacordo com as exigências desta Lei ficará sujeito a multa equivalente a 10 (dez) vezes os emolumentos regimentais fixados para o registro, na época em que for aplicada a penalidade pelo juiz corregedor do cartório, sem prejuízo das sanções penais e administrativas cabíveis.

§ 5º Registrado o loteamento, o oficial de registro comunicará, por certidão, o seu registro à Prefeitura.

Art. 20. O registro do loteamento será feito, por extrato, no livro próprio.

Parágrafo único. No Registro de Imóveis far-se-á o registro do loteamento, com uma indicação para cada lote, a averbação das alterações, a abertura de ruas e praças e as áreas destinadas a espaços livres ou a equipamentos urbanos.

Art. 21. Quando a área loteada estiver situada em mais de uma circunscrição imobiliária, o registro será requerido primeiramente perante aquela em que estiver localizada a maior parte da área loteada. Procedido o registro nessa circunscrição, o interessado requererá, sucessivamente, o registro do loteamento em cada uma das demais, comprovando perante cada qual o registro efetuado na anterior, até que o loteamento seja registrado em todas. Denegado o registro em qualquer das circunscrições, essa decisão será comunicada, pelo oficial do registro de imóveis, às demais para efeito de cancelamento dos registros feitos, salvo se ocorrer a hipótese prevista no § 4º deste artigo.

§ 1º Nenhum lote poderá situar-se em mais de uma circunscrição.

§ 2º É defeso ao interessado processar simultaneamente, perante diferentes circunscrições, pedidos de registro do mesmo loteamento, sendo nulos os atos praticados com infração a esta norma.

§ 3º Enquanto não procedidos todos os registros de que trata este artigo, considerar-se-á o loteamento como não registrado para os efeitos desta Lei.

§ 4º O indeferimento do registro do loteamento em uma circunscrição não determinará o cancelamento do registro procedido em outra, se o motivo do indeferimento naquela não se estender à área situada sob a competência desta, e desde que o interessado requeira a manutenção do registro obtido, submetido o remanescente do loteamento a uma aprovação prévia perante a Prefeitura Municipal, ou o Distrito Federal quando for o caso.

Art. 22. Desde a data de registro do loteamento, passam a integrar o domínio do Município as vias e praças, os espaços livres e as áreas destinadas a edifícios públicos e outros equipamentos urbanos, constantes do projeto e do memorial descritivo.

Parágrafo único. Na hipótese de parcelamento do solo implantado e não registrado, o Município poderá requerer, por meio da apresentação de planta de parcelamento elaborada pelo loteador ou aprovada pelo Município e de declaração de que o parcelamento se encontra implantado, o registro das áreas destinadas a uso público, que passarão dessa forma a integrar o seu domínio. (*Parágrafo único incluído pela Lei n. 12.424, de 16-6-2011.*)

Art. 23. O registro do loteamento só poderá ser cancelado:

I – por decisão judicial;

II – a requerimento do loteador, com anuência da Prefeitura, ou do Distrito Federal quando for o caso, enquanto nenhum lote houver sido objeto de contrato;

III – a requerimento conjunto do loteador e de todos os adquirentes de lotes, com anuência da Prefeitura, ou do Distrito Federal quando for o caso, e do Estado.

§ 1º A Prefeitura e o Estado só poderão se opor ao cancelamento se disto resultar inconveniente comprovado para o desenvolvimento urbano ou se já se tiver realizado qualquer melhoramento na área loteada ou adjacências.

§ 2º Nas hipóteses dos incisos II e III, o Oficial do Registro de Imóveis fará publicar, em resumo, edital do pedido de cancelamento, podendo este ser impugnado no prazo de 30 (trinta) dias contados da data da última publicação. Findo esse prazo, com ou sem impugnação, o processo será remetido ao juiz competente para homologação do pedido de cancelamento, ouvido o Ministério Público.

§ 3º A homologação de que trata o parágrafo anterior será precedida de vistoria judicial destinada a comprovar a inexistência de adquirentes instalados na área loteada.

Art. 24. O processo de loteamento e os contratos depositados em cartório poderão ser examinados por qualquer pessoa, a qualquer tempo, independentemente do pagamento de custas ou emolumentos, ainda que a título de busca.

CAPÍTULO VII
DOS CONTRATOS

Art. 25. São irretratáveis os compromissos de compra e venda, cessões e promessas de cessão, os que atribuam direito a adjudicação compulsória e, estando registrados, confiram direito real oponível a terceiros.

Art. 26. Os compromissos de compra e venda, as cessões ou promessas de cessão poderão ser feitos por escritura pública ou por instrumento particular, de acordo com o modelo depositado na forma do inciso VI do art. 18 e conterão, pelo menos, as seguintes indicações:

I – nome, registro civil, cadastro fiscal no Ministério da Fazenda, nacionalidade, estado civil e residência dos contratantes;

II – denominação e situação do loteamento, número e data da inscrição;

III – descrição do lote ou dos lotes que forem objeto de compromissos, confrontações, área e outras características;

IV – preço, prazo, forma e local de pagamento bem como a importância do sinal;

V – taxa de juros incidentes sobre o débito em aberto e sobre as prestações vencidas e não pagas, bem como a cláusula penal, nunca excedente a 10% (dez por cento) do débito e só exigível nos casos de intervenção judicial ou de mora superior a 3 (três) meses;

VI – indicação sobre a quem incumbe o pagamento dos impostos e taxas incidentes sobre o lote compromissado;

VII – declaração das restrições urbanísticas convencionais do loteamento, supletivas da legislação pertinente.

§ 1º O contrato deverá ser firmado em três vias ou extraído em 3 (três) traslados, sendo um para cada parte e o terceiro para arquivo no registro imobiliário, após o registro e anotações devidas.

§ 2º Quando o contrato houver sido firmado por procurador de qualquer das partes, será obrigatório o arquivamento da procuração no registro imobiliário.

§ 3º Admite-se, nos parcelamentos populares, a cessão da posse em que estiverem provisoriamente imitidas a União, Estados, Distrito Federal, Municípios e suas entidades delegadas, o que poderá ocorrer por instrumento particular, ao qual se atribui, para todos os fins de direito, caráter de escritura pública, não se aplicando a disposição do inciso II do art. 134 do Código Civil. (*§ 3º acrescentado pela Lei n. 9.785, de 29-1-1999.*) (*V. art. 108 do CC de 2002.*)

§ 4º A cessão da posse referida no § 3º, cumpridas as obrigações do cessionário, constitui crédito contra o expropriante, de aceitação obrigatória em garantia de contratos de financiamentos habitacionais. (*§ 4º acrescentado pela Lei n. 9.785, de 29-1-1999.*)

§ 5º Com o registro da sentença que, em processo de desapropriação, fixar o valor da indenização, a posse referida no § 3º converter-se-á em propriedade e a sua cessão, em compromisso de compra e venda ou venda e compra, conforme haja obrigações a cumprir ou estejam elas cumpridas, circunstância que, demonstradas ao Registro de Imóveis, serão averbadas na matrícula relativa ao lote. (*§ 5º acrescentado pela Lei n. 9.785, de 29-1-1999.*)

§ 6º Os compromissos de compra e venda, as cessões e as promessas de cessão valerão como título para o registro da propriedade do lote adquirido, quando acompanhados da respectiva prova de quitação. (*§ 6º acrescentado pela Lei n. 9.785, de 29-1-1999.*)

Art. 26-A. Os contratos de compra e venda, cessão ou promessa de cessão de loteamento devem ser iniciados por quadro-resumo, que deverá conter, além das indicações constantes do art. 26 desta Lei: (*Incluído pela Lei n. 13.786, de 27-12-2018.*)

I – o preço total a ser pago pelo imóvel; (*Incluído pela Lei n. 13.786, de 27-12-2018.*)

II – o valor referente à corretagem, suas condições de pagamento e a identificação precisa de seu beneficiário; (*Incluído pela Lei n. 13.786, de 27-12-2018.*)

III – a forma de pagamento do preço, com indicação clara dos valores e vencimentos das parcelas; (*Incluído pela Lei n. 13.786, de 27-12-2018.*)

IV – os índices de correção monetária aplicáveis ao contrato e, quando houver pluralidade de índices, o período de aplicação de cada um; (*Incluído pela Lei n. 13.786, de 27-12-2018.*)

V – as consequências do desfazimento do contrato, seja mediante distrato, seja por meio de resolução contratual motivada por inadimplemento de obrigação do adquirente ou do loteador, com destaque negritado para as penalidades aplicáveis e para os prazos para devolução de valores ao adquirente; (*Incluído pela Lei n. 13.786, de 27-12-2018.*)

VI – as taxas de juros eventualmente aplicadas, se mensais ou anuais, se nominais ou efetivas, o seu período de incidência e o sistema de amortização; (*Incluído pela Lei n. 13.786, de 27-12-2018.*)

VII – as informações acerca da possibilidade do exercício, por parte do adquirente do imóvel, do direito de arrependimento previsto no art. 49 da Lei n. 8.078, de 11 de setembro de 1990 (Código de Defesa do Consumidor), em todos os contratos firmados em estandes de vendas e fora da sede do loteador ou do estabelecimento comercial; (*Incluído pela Lei n. 13.786, de 27-12-2018.*)

VIII – o prazo para quitação das obrigações pelo adquirente após a obtenção do termo de vistoria de obras; (*Incluído pela Lei n. 13.786, de 27-12-2018.*)

IX – informações acerca dos ônus que recaiam sobre o imóvel; (*Incluído pela Lei n. 13.786, de 27-12-2018.*)

X – o número do registro do loteamento ou do desmembramento, a matrícula do imóvel e a identificação do cartório de registro de imóveis competente; (*Incluído pela Lei n. 13.786, de 27-12-2018.*)

XI – o termo final para a execução do projeto referido no § 1º do art. 12 desta Lei e a data do protocolo do pedido de emissão do termo de vistoria de obras. (*Incluído pela Lei n. 13.786, de 27-12-2018.*)

§ 1º Identificada a ausência de quaisquer das informações previstas no *caput* deste artigo, será concedido prazo de 30 (trinta) dias para aditamento do contrato e saneamento da omissão, findo o qual, essa omissão, se não sanada, caracterizará justa causa para rescisão contratual por parte do adquirente. (*Incluído pela Lei n. 13.786, de 27-12-2018.*)

§ 2º A efetivação das consequências do desfazimento do contrato, mencionadas no inciso V do *caput* deste artigo, dependerá de anuência prévia e específica do adquirente a seu respeito, mediante assinatura junto a essas cláusulas, que deverão ser redigidas conforme o disposto no § 4º do art. 54 da Lei n. 8.078, de 11 de setembro de 1990 (Código de Defesa do Consumidor). (*Incluído pela Lei n. 13.786, de 27-12-2018.*)

Art. 27. Se aquele que se obrigou a concluir contrato de promessa de venda ou de cessão não cumprir a obrigação, o credor poderá notificar o devedor para outorga do contrato ou oferecimento de impugnação no prazo de 15 (quinze) dias, sob pena de proceder-se ao registro do pré-contrato, passando as relações entre as partes a serem regidas pelo contrato-padrão.

§ 1º Para fins deste artigo, terão o mesmo valor de pré-contrato a promessa de cessão, a proposta de compra, a reserva de lote ou qualquer, outro instrumento, do qual conste a manifestação da vontade das partes, a indicação do lote, o preço e modo de pagamento, e a promessa de contratar.

§ 2º O registro de que trata este artigo não será procedido se a parte que o requereu não comprovar haver cumprido a sua prestação, nem a oferecer na forma devida, salvo se ainda não exigível.

§ 3º Havendo impugnação daquele que se comprometeu a concluir o contrato, observar-se-á o disposto nos arts. 639 e 640 do Código de Processo Civil. (*Dispositivos revogados pela Lei n. 11.232, de 22-12-2005.*)

Art. 28. Qualquer alteração ou cancelamento parcial do loteamento registrado dependerá de acordo entre o loteador e os adquirentes de lotes atingidos pela alteração, bem como da aprovação pela Prefeitura Municipal, ou do Distrito Federal quando for o caso, devendo ser depositada no Registro de Imóveis, em complemento ao projeto original com a devida averbação.

Art. 29. Aquele que adquirir a propriedade loteada mediante ato *inter vivos*, ou por sucessão *causa mortis*, sucederá o transmitente em todos os seus direitos e obrigações, ficando obrigado a respeitar os compromissos de compra e venda ou as promessas de cessão, em todas as suas cláusulas, sendo nula qualquer disposição em contrário, ressalvado o direito do herdeiro ou legatário de renunciar à herança ou ao legado.

Art. 30. A sentença declaratória de falência ou da insolvência de qualquer das partes não rescindirá os contratos de compromisso de compra e venda ou de promessa de cessão que tenham por objeto a área loteada ou lotes da mesma. Se a falência ou insolvência for do proprietário da área loteada ou do titular de direito sobre ela, incumbirá ao síndico ou ao administrador dar cumprimento aos referidos contratos; se do adquirente do lote, seus direitos serão levados à praça.

Art. 31. O contrato particular pode ser transferido por simples trespasse, lançado no verso das vias em poder das partes, ou por instrumento em separado, declarando-se o número do registro do loteamento, o valor da cessão e a qualificação do cessionário, para o devido registro.

§ 1º A cessão independe da anuência do loteador mas, em relação a este, seus efeitos só se produzem depois de cientificado, por escrito, pelas partes ou quando registrada a cessão.

§ 2º Uma vez registrada a cessão, feita sem anuência do loteador, o Oficial do Registro dar-lhe-á ciência, por escrito, dentro de 10 (dez) dias.

Art. 32. Vencida e não paga a prestação, o contrato será considerado rescindido 30 (trinta) dias depois de constituído em mora o devedor.

§ 1º Para os fins deste artigo o devedor-adquirente será intimado, a requerimento do credor, pelo Oficial do Registro de imóveis, a satisfazer as prestações vencidas e as que se vencerem até a data do pagamento, os juros convencionados e as custas de intimação.

§ 2º Purgada a mora, convalescerá o contrato.

§ 3º Com a certidão de não haver sido feito o pagamento em cartório, o vendedor requererá ao oficial do registro o cancelamento da averbação.

Art. 32-A. Em caso de resolução contratual por fato imputado ao adquirente, respeitado o disposto no § 2º deste artigo, deverão ser restituídos os valores pagos por ele, atualizados com base no índice contratualmente estabelecido para a correção monetária das parcelas do preço do imóvel, podendo ser descontados dos valores pagos os seguintes itens: (*Incluído pela Lei n. 13.786, de 27-12-2018.*)

I – os valores correspondentes à eventual fruição do imóvel, até o equivalente a 0,75% (setenta e cinco centésimos por cento) sobre o valor atualizado do contrato, cujo prazo será contado a partir da data da transmissão da posse do imóvel ao adquirente até sua restituição ao loteador; (*Incluído pela Lei n. 13.786, de 27-12-2018.*)

II – o montante devido por cláusula penal e despesas administrativas, inclusive arras ou sinal, limitado a um desconto de 10% (dez por cento) do valor atualizado do contrato; (*Incluído pela Lei n. 13.786, de 27-12-2018.*)

III – os encargos moratórios relativos às prestações pagas em atraso pelo adquirente; (*Incluído pela Lei n. 13.786, de 27-12-2018.*)

IV – os débitos de impostos sobre a propriedade predial e territorial urbana, contribuições condominiais, associativas ou outras de igual natureza que sejam a estas equiparadas e tarifas vinculadas ao lote, bem como tributos, custas e emolumentos incidentes sobre a restituição e/ou rescisão; (*Incluído pela Lei n. 13.786, de 27-12-2018.*)

V – a comissão de corretagem, desde que integrada ao preço do lote. (*Incluído pela Lei n. 13.786, de 27-12-2018.*)

§ 1º O pagamento da restituição ocorrerá em até 12 (doze) parcelas mensais, com início após o seguinte prazo de carência: (*Incluído pela Lei n. 13.786, de 27-12-2018.*)

I – em loteamentos com obras em andamento: no prazo máximo de 180 (cento e oitenta) dias após o prazo previsto em contrato para conclusão das obras; (*Incluído pela Lei n. 13.786, de 27-12-2018.*)

II – em loteamentos com obras concluídas: no prazo máximo de 12 (doze) meses após a formalização da rescisão contratual. (*Incluído pela Lei n. 13.786, de 27-12-2018.*)

§ 2º Somente será efetuado registro do contrato de nova venda se for comprovado o início da restituição do valor pago pelo vendedor ao titular do registro cancelado na forma e condições pactuadas no distrato, dispensada essa comprovação nos casos em que o adquirente não for localizado ou não tiver se manifestado, nos termos do art. 32 desta Lei. (*Incluído pela Lei n. 13.786, de 27-12-2018.*)

§ 3º O procedimento previsto neste artigo não se aplica aos contratos e escrituras de compra e venda de lote sob a modalidade de alienação fiduciária nos termos da Lei n. 9.514, de 20 de novembro de 1997. (*Incluído pela Lei n. 13.786, de 27-12-2018.*)

Art. 33. Se o credor das prestações se recusar a recebê-las ou furtar-se ao seu recebimento, será constituído em mora mediante notificação do Oficial do Registro de Imóveis para vir receber as importâncias depositadas pelo devedor no próprio Registro de Imóveis. Decorridos 15 (quinze) dias após o recebimento da intimação, considerar-se-á efetuado o pagamento, a menos que o credor impugne o depósito e, alegando inadimplemento do devedor, requeira a intimação deste para os fins do disposto no art. 32 desta Lei.

Art. 34. Em qualquer caso de rescisão por inadimplemento do adquirente, as benfeitorias necessárias ou úteis por ele levadas a efeito no imóvel deverão ser indenizadas, sendo de nenhum efeito qualquer disposição contratual em contrário.

§ 1º Não serão indenizadas as benfeitorias feitas em desconformidade com o contrato ou com a lei. (*Redação dada pela Lei n. 13.786, de 27-12-2018.*)

§ 2º No prazo de 60 (sessenta) dias, contado da constituição em mora, fica o loteador, na hipótese do *caput* deste artigo, obrigado a alienar o imóvel mediante leilão judicial ou extrajudicial, nos termos da Lei n. 9.514, de 20 de novembro de 1997. (*Incluído pela Lei n. 13.786, de 27-12-2018.*)

Art. 35. Se ocorrer o cancelamento do registro por inadimplemento do contrato, e tiver sido realizado o pagamento de mais de 1/3 (um terço) do preço ajustado, o oficial do registro de imóveis mencionará esse fato e a quantia paga no ato do cancelamento, e somente será efetuado novo registro relativo ao mesmo lote, mediante apresentação do distrato assinado pelas partes e a comprovação do pagamento da parcela única ou da primeira parcela do montante a ser restituído ao adquirente, na forma do art. 32-A desta Lei, ao titular do registro cancelado, ou mediante depósito em dinheiro à sua disposição no registro de imóveis. (*Redação dada pela Lei n. 13.786, de 27-12-2018.*)

§ 1º Ocorrendo o depósito a que se refere este artigo, o oficial do registro de imóveis intimará o interessado para vir recebê-lo no prazo de 10 (dez) dias, sob pena de ser devolvido ao depositante.

§ 2º No caso de não ser encontrado o interessado, o Oficial do Registro de Imóveis depositará a quantia em estabelecimento de crédito, segundo a ordem prevista no inciso I do art. 666 do Código de Processo Civil, em conta com incidência de juros e correção monetária. (*Dispositivo correspondente ao inciso I do art. 840 do Código de Processo Civil de 2015.*)

Art. 36. O registro do compromisso, cessão ou promessa de cessão só poderá ser cancelado:

I – por decisão judicial;

II – a requerimento conjunto das partes contratantes;

III – quando houver rescisão comprovada do contrato.

Art. 36-A. As atividades desenvolvidas pelas associações de proprietários de imóveis, titulares de direitos ou moradores em loteamentos ou empreendimentos assemelhados, desde que não tenham fins lucrativos, bem como pelas entidades civis organizadas em função da solidariedade de interesses coletivos desse público com o objetivo de administração, conservação, manutenção, disciplina de utilização e convivência, visando à valorização dos imóveis que compõem o empreendimento, tendo em vista a sua natureza jurídica, vinculam-se, por critérios de afinidade, similitude e conexão, à atividade de administração de imóveis. (Caput *acrescentado pela Lei n. 13.465, de 11-7-2017*).

Parágrafo único. A administração de imóveis na forma do *caput* deste artigo sujeita seus titulares à normatização e à disciplina constantes de seus atos constitutivos, cotizando-se na forma desses atos para suportar a consecução dos seus objetivos. (*Parágrafo único acrescentado pela Lei n. 13.465, de 11-7-2017.*)

CAPÍTULO VIII
DISPOSIÇÕES GERAIS

Art. 37. É vedado vender ou prometer vender parcela de loteamento ou desmembramento não registrado.

Art. 38. Verificado que o loteamento ou desmembramento não se acha registrado ou regularmente executado ou notificado pela Prefeitura Municipal, ou pelo Distrito Federal quando for o caso, deverá o adquirente do lote suspender o pagamento das prestações restantes e notificar o loteador para suprir a falta.

§ 1º Ocorrendo a suspensão do pagamento das prestações restantes, na forma do *caput* deste artigo, o adquirente efetuará o depósito das prestações devidas junto ao Registro de Imóveis competente, que as depositará em estabelecimento de crédito, segundo a ordem prevista no inciso I do art. 666 do Código de Processo Civil, em conta com incidência de juros e correção monetária, cuja movimentação dependerá de prévia autorização judicial. (*Dispositivo correspondente ao inciso I do art. 840 do Código de Processo Civil de 2015.*)

§ 2º A Prefeitura Municipal, ou o Distrito Federal quando for o caso, ou o Ministério Público, poderá promover a notificação ao loteador prevista no *caput* deste artigo.

§ 3º Regularizado o loteamento pelo loteador, este promoverá judicialmente a autorização para levantar as prestações depositadas, com os acréscimos de correção monetária e juros, sendo necessária a citação da Prefeitura, ou do Distrito Federal quando for o caso, para integrar o processo judicial aqui previsto, bem como audiência do Ministério Público.

§ 4º Após o reconhecimento judicial de regularidade do loteamento, o loteador notificará os adquirentes dos lotes, por intermédio do Registro de Imóveis competente, para que passem a pagar diretamente as prestações restantes, a contar da data da notificação.

§ 5º No caso de o loteador deixar de atender à notificação até o vencimento do prazo contratual, ou quando o loteamento ou desmembramento for regularizado pela Prefeitura Municipal, ou pelo Distrito Federal quando for o caso, nos termos do art. 40 desta Lei, o loteador não poderá, a qualquer título, exigir o recebimento das prestações depositadas.

Art. 39. Será nula de pleno direito a cláusula de rescisão de contrato por inadimplemento do adquirente, quando o loteamento não estiver regularmente inscrito.

Art. 40. A Prefeitura Municipal, ou o Distrito Federal quando for o caso, se desatendida pelo loteador a notificação, poderá regularizar loteamento ou desmembramento não autorizado ou executado sem observância das determinações do ato administrativo de licença, para evitar lesão aos seus padrões de desenvolvimento urbano e na defesa dos direitos dos adquirentes de lotes.

§ 1º A Prefeitura Municipal, ou o Distrito Federal quando for o caso, que promover a regularização, na forma deste artigo, obterá judicialmente o levantamento das prestações depositadas, com os respectivos acréscimos de correção monetária e juros, nos termos do § 1º do art. 38 desta Lei, a título de ressarcimento das importâncias despendidas com equipamentos urbanos ou expropriações necessárias para regularizar o loteamento ou desmembramento.

§ 2º As importâncias despendidas pela Prefeitura Municipal, ou pelo Distrito Federal quando for o caso, para regularizar o loteamento ou desmembramento, caso não sejam integralmente ressarcidas conforme o disposto no parágrafo anterior, serão exigidas na parte faltante do loteador, aplicando-se o disposto no art. 47 desta Lei.

§ 3º No caso de o loteador não cumprir o estabelecido no parágrafo anterior, a Prefeitura Municipal, ou o Distrito Federal quando for o caso, poderá receber as prestações dos adquirentes, até o valor devido.

§ 4º A Prefeitura Municipal, ou o Distrito Federal quando for o caso, para assegurar a regularização do loteamento ou desmembramento, bem como o ressarcimento integral de importâncias despendidas, ou a despender, poderá promover judicialmente os procedimentos cautelares necessários aos fins colimados.

§ 5º A regularização de um parcelamento pela Prefeitura Municipal, ou Distrito Federal, quando for o caso, não poderá contrariar o disposto nos arts. 3º e 4º desta Lei, ressalvado o disposto no § 1º desse último. (*§ 5º acrescentado pela Lei n. 9.785, de 29-1-1999.*)

Art. 41. Regularizado o loteamento ou desmembramento pela Prefeitura Municipal, ou pelo Distrito Federal quando for o caso, o adquirente do lote, comprovando o depósito de todas as prestações do preço avençado, poderá obter o registro de propriedade do lote adquirido, valendo para tanto o compromisso de venda e compra devidamente firmado.

Art. 42. Nas desapropriações não serão considerados como loteados ou loteáveis, para fins de indenização, os terrenos ainda não vendidos ou compromissados, objeto de loteamento ou desmembramento não registrado.

Art. 43. Ocorrendo a execução de loteamento não aprovado, a destinação de áreas públicas exigidas no inciso I do art. 4º desta Lei não se poderá alterar sem prejuízo da aplicação das sanções administrativas, civis e criminais previstas.

Parágrafo único. Neste caso, o loteador ressarcirá a Prefeitura Municipal ou o Distrito Federal quando for o caso, em pecúnia ou em área equivalente, no dobro da diferença entre o total das áreas públicas exigidas e as efetivamente destinadas. (*Parágrafo único acrescentado pela Lei n. 9.785, de 29-1-1999.*)

Art. 44. O Município, o Distrito Federal e o Estado poderão expropriar áreas urbanas ou de expansão urbana para reloteamento, demolição, reconstrução e incorporação, ressalvada a preferência dos expropriados para a aquisição de novas unidades.

Art. 45. O loteador, ainda que já tenha vendido todos os lotes, ou os vizinhos, são partes legítimas para promover ação destinada a impedir construção em desacordo com restrições legais ou contratuais.

Art. 46. O loteador não poderá fundamentar qualquer ação ou defesa na presente Lei sem apresentação dos registros e contratos a que ela se refere.

Art. 47. Se o loteador integrar grupo econômico ou financeiro, qualquer pessoa física ou jurídica desse grupo, beneficiária de qualquer forma do loteamento ou desmembramento irregular, será solidariamente responsável pelos prejuízos por ele causados aos compradores de lotes e ao Poder Público.

Art. 48. O foro competente para os procedimentos judiciais previstos nesta Lei será sempre o da comarca da situação do lote.

Art. 49. As intimações e notificações previstas nesta Lei deverão ser feitas pessoalmente ao intimado ou notificado, que assinará o comprovante do recebimento, e poderão igualmente ser promovidas por meio dos Cartórios de Registro de Títulos e Documentos da Comarca da situação do imóvel ou do domicílio de quem deva recebê-las.

§ 1º Se o destinatário se recusar a dar recibo ou se furtar ao recebimento, ou se for desconhecido o seu paradeiro, o funcionário incumbido da diligência informará esta circunstância ao oficial competente que a certificará, sob sua responsabilidade.

§ 2º Certificada a ocorrência dos fatos mencionados no parágrafo anterior, a intimação ou notificação será feita por edital na forma desta Lei, começando o prazo a correr 10 (dez) dias após a última publicação.

Capítulo IX
DISPOSIÇÕES PENAIS

Art. 50. Constitui crime contra a Administração Pública:

I – dar início, de qualquer modo, ou efetuar loteamento ou desmembramento do solo para fins urbanos sem autorização do órgão público competente, ou em desacordo com disposições desta Lei ou das normas pertinentes do Distrito Federal, Estados e Municípios;

II – dar início, de qualquer modo, ou efetuar loteamento ou desmembramento do solo para fins urbanos sem observância das determinações constantes do ato administrativo de licença;

III – fazer, ou veicular em proposta, contrato, prospecto ou comunicação ao público ou a interessados, afirmação falsa sobre a legalidade de loteamento ou desmembramento do solo para fins urbanos, ou ocultar fraudulentamente fato a ele relativo.

Pena: Reclusão, de 1 (um) a 4 (quatro) anos, e multa de 5 (cinco) a 50 (cinquenta) vezes o maior salário mínimo vigente no País.

Parágrafo único. O crime definido neste artigo é qualificado, se cometido:

I – por meio de venda, promessa de venda, reserva de lote ou quaisquer outros instrumentos que manifestem a intenção de vender lote em loteamento ou desmembramento não registrado no Registro de Imóveis competente;

II – com inexistência de título legítimo de propriedade do imóvel loteado ou desmembrado, ressalvado o disposto no art. 18, §§ 4º e 5º, desta Lei, ou com omissão fraudulenta de fato a ele relativo, se o fato não constituir crime mais grave. (*Inciso II com redação dada pela Lei n. 9.785, de 29-1-1999.*)

Pena: Reclusão, de 1(um) a 5 (cinco) anos, e multa de 10 (dez) a 100 (cem) vezes o maior salário mínimo vigente no País.

Art. 51. Quem, de qualquer modo, concorra para a prática dos crimes previstos no artigo anterior desta Lei incide nas penas a estes cominadas, considerados em especial os atos praticados na qualidade de mandatário de loteador, diretor ou gerente de sociedade.

Parágrafo único. (*Vetado.*)

Art. 52. Registrar loteamento ou desmembramento não aprovado pelos órgãos competentes, registrar o compromisso de compra e venda, a cessão ou promessa de cessão de direitos, ou efetuar registro de contrato de venda de loteamento ou desmembramento não registrado.

Pena: Detenção, de 1 (um) a 2 (dois) anos, e multa de 5 (cinco) a 50 (cinquenta) vezes o maior salário mínimo vigente no País, sem prejuízo das sanções administrativas cabíveis.

CAPÍTULO X
DISPOSIÇÕES FINAIS

Art. 53. Todas as alterações de uso do solo rural para fins urbanos dependerão de prévia audiência do Instituto Nacional de Colonização e Reforma Agrária – INCRA, do Órgão Metropolitano, se houver, onde se localiza o Município, e da aprovação da Prefeitura Municipal, ou do Distrito Federal quando for o caso, segundo as exigências da legislação pertinente.

Art. 53-A. São considerados de interesse público os parcelamentos vinculados a planos ou programas habitacionais de iniciativa das Prefeituras Municipais e do Distrito Federal, ou entidades autorizadas por lei, em especial as regularizações de parcelamentos e de assentamentos. (Caput *acrescentado pela Lei n. 9.785, de 29-1-1999.*)

Parágrafo único. Às ações e intervenções de que trata este artigo não será exigível documentação que não seja a mínima necessária e indispensável aos registros no cartório competente, inclusive sob a forma de certidões, vedadas as exigências e as sanções pertinentes aos particulares, especialmente aquelas que visem garantir a realização de obras e serviços, ou que visem prevenir questões de domínio de glebas, que se presumirão asseguradas pelo Poder Público respectivo. (*Parágrafo único acrescentado pela Lei n. 9.785, de 29-1-1999*).

Art. 54. Esta Lei entrará em vigor na data de sua publicação.

Art. 55. Revogam-se as disposições em contrário.

Brasília, 19 de dezembro de 1979; 158º da Independência e 91º da República.

JOÃO FIGUEIREDO

LEI N. 7.347, DE 24 DE JULHO DE 1985[6]

*Disciplina a ação civil pública de responsabilidade por danos causados ao meio ambiente, ao consumidor, a bens e direitos de valor artístico, estético, histórico, turístico e paisagístico (*Vetado*) e dá outras providências.*

[6] Publicada no *Diário Oficial da União*, de 25 de julho de 1985.

....

Art. 1º Regem-se pelas disposições desta Lei, sem prejuízo da ação popular, as ações de responsabilidade por danos morais e patrimoniais causados: (Caput *com redação dada pela Lei n. 12.529, de 30-11-2011.*)

I – ao meio ambiente;

II – ao consumidor;

III – a bens e direitos de valor artístico, estético, histórico, turístico e paisagístico; (A *Lei n. 10.257, de 10-7-2001, em seu art. 53, acrescentou novo inciso III a este artigo, renumerando os primitivos incisos III a V. Posteriormente, a Medida Provisória n. 2.180-35, de 24-8-2001, revogou tal determinação, prevalecendo sua redação original.*)

IV – a qualquer outro interesse difuso ou coletivo. (*Inciso IV acrescentado pela Lei n. 8.078, de 11-9-1990.*)

V – por infração da ordem econômica; (*Inciso V alterado pela Lei n. 12.529, de 30-11-2011.*)

VI – à ordem urbanística; (*Inciso VI acrescentado pela MP n. 2.180-35, de 24-8-2001.*)

VII – à honra e à dignidade de grupos raciais, étnicos ou religiosos. (*Inciso VII acrescentado pela Lei n. 12.966, de 24-4-2014.*)

VIII – ao patrimônio público e social. (*Inciso VIII acrescentado pela Lei n. 13.004, de 24-6-2014.*)

Parágrafo único. Não será cabível ação civil pública para veicular pretensões que envolvam tributos, contribuições previdenciárias, o Fundo de Garantia do Tempo de Serviço – FGTS ou outros fundos de natureza institucional cujos beneficiários podem ser individualmente determinados. (*Parágrafo único acrescentado pela Medida Provisória n. 2.180-35, de 24-8-2001.*)

....

Art. 4º Poderá ser ajuizada ação cautelar para os fins desta Lei, objetivando, inclusive, evitar dano ao patrimônio público e social, ao meio ambiente, ao consumidor, à honra e à dignidade de grupos raciais, étnicos ou religiosos, à ordem urbanística ou aos bens e direitos de valor artístico, estético, histórico, turístico e paisagístico. (*Artigo com redação dada pela Lei n. 13.004, de 24-6-2014.*)

....

Brasília, em 24 de julho de 1985; 164º da Independência e 97º da República.

JOSÉ SARNEY

CONSTITUIÇÃO DA REPÚBLICA FEDERATIVA DO BRASIL[7]

....

TÍTULO VII
DA ORDEM ECONÔMICA E FINANCEIRA

....

CAPÍTULO II
DA POLÍTICA URBANA

Art. 182. A política de desenvolvimento urbano, executada pelo Poder Público municipal, conforme diretrizes gerais fixadas em lei, tem por objetivo ordenar o pleno desenvolvimento das funções sociais da cidade e garantir o bem-estar de seus habitantes.

§ 1º O plano diretor, aprovado pela Câmara Municipal, obrigatório para cidades com mais de vinte mil habitantes, é o instrumento básico da política de desenvolvimento e de expansão urbana.

§ 2º A propriedade urbana cumpre sua função social quando atende às exigências fundamentais de ordenação da cidade expressas no plano diretor.

§ 3º As desapropriações de imóveis urbanos serão feitas com prévia e justa indenização em dinheiro.

§ 4º É facultado ao Poder Público municipal, mediante lei específica para área incluída no plano diretor, exigir, nos termos da lei federal, do proprietário do solo urbano não edificado, subutilizado ou não utilizado, que promova seu adequado aproveitamento, sob pena, sucessivamente, de:

I – parcelamento ou edificação compulsórios;

II – imposto sobre a propriedade predial e territorial urbana progressivo no tempo;

III – desapropriação com pagamento mediante títulos da dívida pública de emissão previamente aprovada pelo Senado Federal, com prazo de resgate de até dez anos, em parcelas anuais, iguais e sucessivas, assegurados o valor real da indenização e os juros legais.

Art. 183. Aquele que possuir como sua área urbana de até duzentos e cinquenta metros quadrados, por cinco anos, ininterruptamente e sem oposição, utilizando-a para sua moradia ou de sua família, adquirir-lhe-á o domínio, desde que não seja proprietário de outro imóvel urbano ou rural.

[7] Publicada no *Diário Oficial da União* n. 191-A, de 5 de outubro de 1988.

§ 1º O título de domínio e a concessão de uso serão conferidos ao homem ou à mulher, ou a ambos, independentemente do estado civil.

§ 2º Esse direito não será reconhecido ao mesmo possuidor mais de uma vez.

§ 3º Os imóveis públicos não serão adquiridos por usucapião.

....

LEI N. 8.429, DE 2 DE JUNHO DE 1992[8]

Dispõe sobre as sanções aplicáveis aos agentes públicos nos casos de enriquecimento ilícito no exercício de mandato, cargo, emprego ou função na administração pública direta, indireta ou fundacional e dá outras providências.

....

CAPÍTULO I
DAS DISPOSIÇÕES GERAIS

Art. 1º Os atos de improbidade praticados por qualquer agente público, servidor ou não, contra a administração direta, indireta ou fundacional de qualquer dos Poderes da União, dos Estados, do Distrito Federal, dos Municípios, de Território, de empresa incorporada ao patrimônio público ou de entidade para cuja criação ou custeio o erário haja concorrido ou concorra com mais de cinquenta por cento do patrimônio ou da receita anual, serão punidos na forma desta lei.

Parágrafo único. Estão também sujeitos às penalidades desta lei os atos de improbidade praticados contra o patrimônio de entidade que receba subvenção, benefício ou incentivo, fiscal ou creditício, de órgão público bem como daquelas para cuja criação ou custeio o erário haja concorrido ou concorra com menos de cinquenta por cento do patrimônio ou da receita anual, limitando-se, nestes casos, a sanção patrimonial à repercussão do ilícito sobre a contribuição dos cofres públicos.

Art. 2º Reputa-se agente público, para os efeitos desta lei, todo aquele que exerce, ainda que transitoriamente ou sem remuneração, por eleição, nomeação, designação, contratação ou qualquer outra forma de investidura ou vínculo, mandato, cargo, emprego ou função nas entidades mencionadas no artigo anterior.

Art. 3º As disposições desta lei são aplicáveis, no que couber, àquele que, mesmo não sendo agente público, induza ou concorra para a prática do ato de improbidade ou dele se beneficie sob qualquer forma direta ou indireta.

---

[8] Publicada no *Diário Oficial da União*, de 3 de junho de 1992.

Art. 4º Os agentes públicos de qualquer nível ou hierarquia são obrigados a velar pela estrita observância dos princípios de legalidade, impessoalidade, moralidade e publicidade no trato dos assuntos que lhes são afetos.

Art. 5º Ocorrendo lesão ao patrimônio público por ação ou omissão, dolosa ou culposa, do agente ou de terceiro, dar-se-á o integral ressarcimento do dano.

Art. 6º No caso de enriquecimento ilícito, perderá o agente público ou terceiro beneficiário os bens ou valores acrescidos ao seu patrimônio.

Art. 7º Quando o ato de improbidade causar lesão ao patrimônio público ou ensejar enriquecimento ilícito, caberá a autoridade administrativa responsável pelo inquérito representar ao Ministério Público, para a indisponibilidade dos bens do indiciado.

Parágrafo único. A indisponibilidade a que se refere o *caput* deste artigo recairá sobre bens que assegurem o integral ressarcimento do dano, ou sobre o acréscimo patrimonial resultante do enriquecimento ilícito.

Art. 8º O sucessor daquele que causar lesão ao patrimônio público ou se enriquecer ilicitamente está sujeito às cominações desta lei até o limite do valor da herança.

Capítulo II
DOS ATOS DE IMPROBIDADE ADMINISTRATIVA

Seção I
Dos atos de improbidade administrativa que importam enriquecimento ilícito

Art. 9º Constitui ato de improbidade administrativa importando enriquecimento ilícito auferir qualquer tipo de vantagem patrimonial indevida em razão do exercício de cargo, mandato, função, emprego ou atividade nas entidades mencionadas no art. 1º desta lei, e notadamente:

I – receber, para si ou para outrem, dinheiro, bem móvel ou imóvel, ou qualquer outra vantagem econômica, direta ou indireta, a título de comissão, percentagem, gratificação ou presente de quem tenha interesse, direto ou indireto, que possa ser atingido ou amparado por ação ou omissão decorrente das atribuições do agente público;

II – perceber vantagem econômica, direta ou indireta, para facilitar a aquisição, permuta ou locação de bem móvel ou imóvel, ou a contratação de serviços pelas entidades referidas no art. 1º por preço superior ao valor de mercado;

III – perceber vantagem econômica, direta ou indireta, para facilitar a alienação, permuta ou locação de bem público ou o fornecimento de serviço por ente estatal por preço inferior ao valor de mercado;

IV – utilizar, em obra ou serviço particular, veículos, máquinas, equipamentos ou material de qualquer natureza, de propriedade ou à disposição de qualquer das entidades mencionadas no art. 1º desta lei, bem como o trabalho de servidores públicos, empregados ou terceiros contratados por essas entidades;

V – receber vantagem econômica de qualquer natureza, direta ou indireta, para tolerar a exploração ou a prática de jogos de azar, de lenocínio, de narcotráfico, de contrabando, de usura ou de qualquer outra atividade ilícita, ou aceitar promessa de tal vantagem;

VI – receber vantagem econômica de qualquer natureza, direta ou indireta, para fazer declaração falsa sobre medição ou avaliação em obras públicas ou qualquer outro serviço, ou sobre quantidade, peso, medida, qualidade ou característica de mercadorias ou bens fornecidos a qualquer das entidades mencionadas no art. 1º desta lei;

VII – adquirir, para si ou para outrem, no exercício de mandato, cargo, emprego ou função pública, bens de qualquer natureza cujo valor seja desproporcional à evolução do patrimônio ou à renda do agente público;

VIII – aceitar emprego, comissão ou exercer atividade de consultoria ou assessoramento para pessoa física ou jurídica que tenha interesse suscetível de ser atingido ou amparado por ação ou omissão decorrente das atribuições do agente público, durante a atividade;

IX – perceber vantagem econômica para intermediar a liberação ou aplicação de verba pública de qualquer natureza;

X – receber vantagem econômica de qualquer natureza, direta ou indiretamente, para omitir ato de ofício, providência ou declaração a que esteja obrigado;

XI – incorporar, por qualquer forma, ao seu patrimônio bens, rendas, verbas ou valores integrantes do acervo patrimonial das entidades mencionadas no art. 1º desta Lei;

XII – usar, em proveito próprio, bens, rendas, verbas ou valores integrantes do acervo patrimonial das entidades mencionadas no art. 1º desta lei.

Seção II

Dos atos de improbidade administrativa que causam prejuízo ao erário

Art. 10. Constitui ato de improbidade administrativa que causa lesão ao erário qualquer ação ou omissão, dolosa ou culposa, que enseje perda patrimonial, desvio, apropriação, malbaratamento ou dilapidação dos bens ou haveres das entidades referidas no art. 1º desta lei, e notadamente:

I – facilitar ou concorrer por qualquer forma para a incorporação ao patrimônio particular, de pessoa física ou jurídica, de bens, rendas, verbas ou valores integrantes do acervo patrimonial das entidades mencionadas no art. 1º desta lei;

II – permitir ou concorrer para que pessoa física ou jurídica privada utilize bens, rendas, verbas ou valores integrantes do acervo patrimonial das entidades mencionadas no art. 1º desta lei, sem a observância das formalidades legais ou regulamentares aplicáveis à espécie;

III – doar à pessoa física ou jurídica bem como ao ente despersonalizado, ainda que de fins educativos ou assistenciais, bens, rendas, verbas ou valores do patrimônio de qualquer das entidades mencionadas no art. 1º desta lei, sem observância das formalidades legais e regulamentares aplicáveis à espécie;

IV – permitir ou facilitar a alienação, permuta ou locação de bem integrante do patrimônio de qualquer das entidades referidas no art. 1º desta lei, ou ainda a prestação de serviço por parte delas, por preço inferior ao de mercado;

V – permitir ou facilitar a aquisição, permuta ou locação de bem ou serviço por preço superior ao de mercado;

VI – realizar operação financeira sem observância das normas legais e regulamentares ou aceitar garantia insuficiente ou inidônea;

VII – conceder benefício administrativo ou fiscal sem a observância das formalidades legais ou regulamentares aplicáveis à espécie;

VIII – frustrar a licitude de processo licitatório ou de processo seletivo para celebração de parcerias com entidades sem fins lucrativos, ou dispensá-los indevidamente; (*Inciso VIII com redação dada pela Lei n. 13.019, de 31-7-2014.*)

IX – ordenar ou permitir a realização de despesas não autorizadas em lei ou regulamento;

X – agir negligentemente na arrecadação de tributo ou renda, bem como no que diz respeito à conservação do patrimônio público;

XI – liberar verba pública sem a estrita observância das normas pertinentes ou influir de qualquer forma para a sua aplicação irregular;

XII – permitir, facilitar ou concorrer para que terceiro se enriqueça ilicitamente;

XIII – permitir que se utilize, em obra ou serviço particular, veículos, máquinas, equipamentos ou material de qualquer natureza, de propriedade ou à disposição de qualquer das entidades mencionadas no art. 1º desta lei, bem como o trabalho de servidor público, empregados ou terceiros contratados por essas entidades;

XIV – celebrar contrato ou outro instrumento que tenha por objeto a prestação de serviço público por meio de gestão associada sem observar as formalidades previstas em lei; (*Inciso XIV acrescentado pela Lei n. 11.107, de 6-4-2005.*)

XV – celebrar contrato de rateio de consórcio público sem suficiente e prévia dotação orçamentária, ou sem observar as formalidades previstas na lei; (*Inciso XV acrescentado pela Lei n. 11.107, de 6-4-2005.*)

XVI – facilitar ou concorrer, por qualquer forma, para a incorporação, ao patrimônio particular de pessoa física ou jurídica, de bens, rendas, verbas ou valores públicos transferidos pela administração pública a entidades privadas mediante celebração de parcerias, sem a observância das formalidades legais ou regulamentares aplicáveis à espécie; (*Inciso XVI acrescentado pela Lei n. 13.019, de 31-7-2014.*)

XVII – permitir ou concorrer para que pessoa física ou jurídica privada utilize bens, rendas, verbas ou valores públicos transferidos pela administração pública a entidade privada mediante celebração de parcerias, sem a observância das formalidades legais ou regulamentares aplicáveis à espécie; (*Inciso XVII acrescentado pela Lei n. 13.019, de 31-7-2014.*)

XVIII – celebrar parcerias da administração pública com entidades privadas sem a observância das formalidades legais ou regulamentares aplicáveis à espécie; (*Inciso XVIII acrescentado pela Lei n. 13.019, de 31-7-2014.*)

XIX – agir negligentemente na celebração, fiscalização e análise das prestações de contas de parcerias firmadas pela administração pública com entidades privadas; (*Inciso XIX acrescentado pela Lei n. 13.019, de 31-7-2014, com redação dada pela Lei n. 13.204, de 14-12-2015.*)

XX – liberar recursos de parcerias firmadas pela administração pública com entidades privadas sem a estrita observância das normas pertinentes ou influir de qualquer forma para a sua aplicação irregular; (*Inciso XX acrescentado pela Lei n. 13.019, de 31-7-2014, com a redação dada pela Lei n. 13.204, de 14-12-2015.*)

XXI – liberar recursos de parcerias firmadas pela administração pública com entidades privadas sem a estrita observância das normas pertinentes ou influir de qualquer forma para a sua aplicação irregular. (*Inciso XXI acrescentado pela Lei n. 13.019, de 31-7-2014.*)

Seção II-A

(Seção II-A acrescentada pela Lei Complementar n. 157, de 29-12-2016.)

Dos Atos de Improbidade Administrativa Decorrentes de Concessão ou Aplicação Indevida de Benefício Financeiro ou Tributário

Art. 10-A. Constitui ato de improbidade administrativa qualquer ação ou omissão para conceder, aplicar ou manter benefício financeiro ou tributário contrário ao que dispõem o *caput* e o § 1º do art. 8º-A da Lei Complementar n. 116, de 31 de julho de 2003. (*Artigo acrescentado pela Lei Complementar n. 157, de 29-12-2016.*)

Seção III

Dos atos de improbidade administrativa que atentam contra os princípios da administração pública

Art. 11. Constitui ato de improbidade administrativa que atenta contra os princípios da administração pública qualquer ação ou omissão que viole os deveres de honestidade, imparcialidade, legalidade, e lealdade às instituições, e notadamente:

I – praticar ato visando fim proibido em lei ou regulamento ou diverso daquele previsto na regra de competência;

II – retardar ou deixar de praticar, indevidamente, ato de ofício;

III – revelar fato ou circunstância de que tem ciência em razão das atribuições e que deva permanecer em segredo;

IV – negar publicidade aos atos oficiais;

V – frustrar a licitude de concurso público;

VI – deixar de prestar contas quando esteja obrigado a fazê-lo;

VII – revelar ou permitir que chegue ao conhecimento de terceiro, antes da respectiva divulgação oficial, teor de medida política ou econômica capaz de afetar o preço de mercadoria, bem ou serviço;

VIII – descumprir as normas relativas à celebração, fiscalização e aprovação de contas de parcerias firmadas pela administração pública com entidades privadas; (*Inciso VIII com redação dada pela Lei n. 13.019, de 31-7-2014.*)

IX – deixar de cumprir a exigência de requisitos de acessibilidade previstos na legislação; (*Inciso IX acrescentado pela Lei n. 13.146, de 6-7-2015.*)

X – transferir recurso a entidade privada, em razão da prestação de serviços na área de saúde sem a prévia celebração de contrato, convênio ou instrumento congênere, nos termos do parágrafo único do art. 24 da Lei n. 8.080, de 19 de setembro de 1990. (*Inciso acrescentado pela Lei n. 13.650, de 11-4-2018.*)

Capítulo III
DAS PENAS

Art. 12. Independentemente das sanções penais, civis e administrativas previstas na legislação específica, está o responsável pelo ato de improbidade sujeito às seguintes cominações, que podem ser aplicadas isolada ou cumulativamente, de acordo com a gravidade do fato: (Caput *com redação dada pela Lei n. 12.120, de 15-12-2009.*)

I – na hipótese do art. 9º, perda dos bens ou valores acrescidos ilicitamente ao patrimônio, ressarcimento integral do dano, quando houver, perda da função pública, suspensão dos direitos políticos de oito a dez anos, pagamento de multa civil de até três vezes o valor do acréscimo patrimonial e proibição de contratar com o Poder Público ou receber benefícios ou incentivos fiscais ou creditícios, direta ou indiretamente, ainda que por intermédio de pessoa jurídica da qual seja sócio majoritário, pelo prazo de dez anos;

II – na hipótese do art. 10, ressarcimento integral do dano, perda dos bens ou valores acrescidos ilicitamente ao patrimônio, se concorrer esta circunstância, perda da função pública, suspensão dos direitos políticos de cinco a oito anos, pagamento de multa civil de até duas vezes o valor do dano e proibição de contratar com o Poder Público ou receber benefícios ou incentivos fiscais ou creditícios, direta ou indiretamente, ainda que por intermédio de pessoa jurídica da qual seja sócio majoritário, pelo prazo de cinco anos;

III – na hipótese do art. 11, ressarcimento integral do dano, se houver, perda da função pública, suspensão dos direitos políticos de três a cinco anos, pagamento de multa civil de até cem vezes o valor da remuneração percebida pelo agente e proibição de contratar com o Poder Público ou receber benefícios ou incentivos fiscais ou creditícios, direta ou indiretamente, ainda que por intermédio de pessoa jurídica da qual seja sócio majoritário, pelo prazo de três anos.

IV – na hipótese prevista no art. 10-A, perda da função pública, suspensão dos direitos políticos de 5 (cinco) a 8 (oito) anos e multa civil de até 3 (três) vezes o valor do benefício financeiro ou tributário concedido. (*Inciso IV acrescentado pela Lei Complementar n. 157, de 29-12-2016.*)

Parágrafo único. Na fixação das penas previstas nesta lei o juiz levará em conta a extensão do dano causado, assim como o proveito patrimonial obtido pelo agente.

Capítulo IV
DA DECLARAÇÃO DE BENS

Art. 13. A posse e o exercício de agente público ficam condicionados à apresentação de declaração dos bens e valores que compõem o seu patrimônio privado, a fim de ser arquivada no serviço de pessoal competente. (*O Decreto n. 5.483, de 30-6-2005, regulamenta este artigo.*)

§ 1º A declaração compreenderá imóveis, móveis, semoventes, dinheiro, títulos, ações, e qualquer outra espécie de bens e valores patrimoniais, localizados no País ou no exterior, e, quando for o caso, abrangerá os bens e valores patrimoniais do cônjuge ou companheiro, dos filhos e de outras pessoas que vivam sob a dependência econômica do declarante, excluídos apenas os objetos e utensílios de uso doméstico.

§ 2º A declaração de bens será anualmente atualizada e na data em que o agente público deixar o exercício do mandato, cargo, emprego ou função.

§ 3º Será punido com a pena de demissão, a bem do serviço público, sem prejuízo de outras sanções cabíveis, o agente público que se recusar a prestar declaração dos bens, dentro do prazo determinado, ou que a prestar falsa.

§ 4º O declarante, a seu critério, poderá entregar cópia da declaração anual de bens apresentada à Delegacia da Receita Federal na conformidade da legislação do Imposto sobre a Renda e proventos de qualquer natureza, com as necessárias atualizações, para suprir a exigência contida no *caput* e no § 2º deste artigo.

CAPÍTULO V
DO PROCEDIMENTO ADMINISTRATIVO E DO PROCESSO JUDICIAL

Art. 14. Qualquer pessoa poderá representar à autoridade administrativa competente para que seja instaurada investigação destinada a apurar a prática de ato de improbidade.

§ 1º A representação, que será escrita ou reduzida a termo e assinada, conterá a qualificação do representante, as informações sobre o fato e sua autoria e a indicação das provas de que tenha conhecimento.

§ 2º A autoridade administrativa rejeitará a representação, em despacho fundamentado, se esta não contiver as formalidades estabelecidas no § 1º deste artigo. A rejeição não impede a representação ao Ministério Público, nos termos do art. 22 desta lei.

§ 3º Atendidos os requisitos da representação, a autoridade determinará a imediata apuração dos fatos que, em se tratando de servidores federais, será processada na forma prevista nos arts. 148 a 182 da Lei n. 8.112, de 11 de dezembro de 1990 e, em se tratando de servidor militar, de acordo com os respectivos regulamentos disciplinares.

Art. 15. A comissão processante dará conhecimento ao Ministério Público e ao Tribunal ou Conselho de Contas da existência de procedimento administrativo para apurar a prática de ato de improbidade.

Parágrafo único. O Ministério Público ou Tribunal ou Conselho de Contas poderá, a requerimento, designar representante para acompanhar o procedimento administrativo.

Art. 16. Havendo fundados indícios de responsabilidade, a comissão representará ao Ministério Público ou à procuradoria do órgão para que requeira ao juízo competente a decretação do sequestro dos bens do agente ou terceiro que tenha enriquecido ilicitamente ou causado dano ao patrimônio público.

§ 1º O pedido de sequestro será processado de acordo com o disposto nos arts. 822 e 825 do Código de Processo Civil. (*Dispositivos sem correspondentes no Código de Processo Civil de 2015.*)

§ 2º Quando for o caso, o pedido incluirá a investigação, o exame e o bloqueio de bens, contas bancárias e aplicações financeiras mantidas pelo indiciado no exterior, nos termos da lei e dos tratados internacionais.

Art. 17. A ação principal, que terá o rito ordinário, será proposta pelo Ministério Público ou pela pessoa jurídica interessada, dentro de trinta dias da efetivação da medida cautelar.

§ 1º É vedada a transação, acordo ou conciliação nas ações de que trata o *caput*.

§ 2º A Fazenda Pública, quando for o caso, promoverá as ações necessárias à complementação do ressarcimento do patrimônio público.

§ 3º No caso de a ação principal ter sido proposta pelo Ministério Público, aplica-se, no que couber, o disposto no § 3º do art. 6º da Lei n. 4.717, de 29 de junho de 1965. (*§ 3º com redação dada pela Lei n. 9.366, de 16-12-1996.*)

§ 4º O Ministério Público, se não intervier no processo como parte, atuará obrigatoriamente, como fiscal da lei, sob pena de nulidade.

§ 5º A propositura da ação prevenirá a jurisdição do juízo para todas as ações posteriormente intentadas que possuam a mesma causa de pedir ou o mesmo objeto. (*§ 5º acrescentado pela MP n. 2.180-35, de 24-8-2001.*)

§ 6º A ação será instruída com documentos ou justificação que contenham indícios suficientes da existência do ato de improbidade ou com razões fundamentadas da impossibilidade de apresentação de qualquer dessas provas, observada a legislação vigente, inclusive as disposições inscritas nos arts. 16 a 18 do Código de Processo Civil. (*§ 6º acrescentado pela MP n. 2.225-45, de 4-9-2001.*) (*Dispositivos correspondem aos arts. 79 ao 81 do Código de Processo Civil de 2015.*)

§ 7º Estando a inicial em devida forma, o juiz mandará autuá-la e ordenará a notificação do requerido, para oferecer manifestação por escrito, que poderá ser instruída com documentos e justificações, dentro do prazo de quinze dias. (*§ 7º acrescentado pela MP n. 2.225-45, de 4-9-2001.*)

§ 8º Recebida a manifestação, o juiz, no prazo de trinta dias, em decisão fundamentada, rejeitará a ação, se convencido da inexistência do ato de improbidade, da improcedência da ação ou da inadequação da via eleita. (*§ 8º acrescentado pela MP n. 2.225-45, de 4-9-2001.*)

§ 9º Recebida a petição inicial, será o réu citado para apresentar contestação. (*§ 9º acrescentado pela MP n. 2.225-45, de 4-9-2001.*)

§ 10. Da decisão que receber a petição inicial, caberá agravo de instrumento. (*§ 10 acrescentado pela MP n. 2.225-45, de 4-9-2001.*)

§ 11. Em qualquer fase do processo, reconhecida a inadequação da ação de improbidade, o juiz extinguirá o processo sem julgamento do mérito. (*§ 11 acrescentado pela MP n. 2.225-45, de 4-9-2001.*)

§ 12. Aplica-se aos depoimentos ou inquirições realizadas nos processos regidos por esta Lei o disposto no art. 221, *caput* e § 1º, do Código de Processo Penal. (*§ 12 acrescentado pela MP n. 2.225-45, de 4-9-2001.*)

§ 13. Para os efeitos deste artigo, também se considera pessoa jurídica interessada o ente tributante que figurar no polo ativo da obrigação tributária de que tratam o § 4º do art. 3º e o art. 8º-A da Lei Complementar n. 116, de 31 de julho de 2003. (*§ 13 acrescentado pela Lei Complementar n. 157, de 29-12-2016.*)

Art. 18. A sentença que julgar procedente ação civil de reparação de dano ou decretar a perda dos bens havidos ilicitamente determinará o pagamento ou a reversão dos bens, conforme o caso, em favor da pessoa jurídica prejudicada pelo ilícito.

CAPÍTULO VI
DAS DISPOSIÇÕES PENAIS

Art. 19. Constitui crime a representação por ato de improbidade contra agente público ou terceiro beneficiário, quando o autor da denúncia o sabe inocente.

Pena: detenção de seis a dez meses e multa.

Parágrafo único. Além da sanção penal, o denunciante está sujeito a indenizar o denunciado pelos danos materiais, morais ou à imagem que houver provocado.

Art. 20. A perda da função pública e a suspensão dos direitos políticos só se efetivam com o trânsito em julgado da sentença condenatória.

Parágrafo único. A autoridade judicial ou administrativa competente poderá determinar o afastamento do agente público do exercício do cargo, emprego ou função, sem prejuízo da remuneração, quando a medida se fizer necessária à instrução processual.

Art. 21. A aplicação das sanções previstas nesta lei independe:

I – da efetiva ocorrência de dano ao patrimônio público, salvo quanto à pena de ressarcimento; (*Inciso I com redação dada pela Lei n. 12.120, de 15-12-2009.*)

II – da aprovação ou rejeição das contas pelo órgão de controle interno ou pelo Tribunal ou Conselho de Contas.

Art. 22. Para apurar qualquer ilícito previsto nesta lei, o Ministério Público, de ofício, a requerimento de autoridade administrativa ou mediante representação formulada de acordo com o disposto no art. 14, poderá requisitar a instauração de inquérito policial ou procedimento administrativo.

Capítulo VII
DA PRESCRIÇÃO

Art. 23. As ações destinadas a levar a efeito as sanções previstas nesta lei podem ser propostas:

I – até cinco anos após o término do exercício de mandato, de cargo em comissão ou de função de confiança;

II – dentro do prazo prescricional previsto em lei específica para faltas disciplinares puníveis com demissão a bem do serviço público, nos casos de exercício de cargo efetivo ou emprego.

III – até cinco anos da data da apresentação à administração pública da prestação de contas final pelas entidades referidas no parágrafo único do art. 1º desta Lei. (*Inciso III acrescentado pela Lei n. 13.019, de 31-7-2014.*)

Capítulo VIII
DAS DISPOSIÇÕES FINAIS

Art. 24. Esta lei entra em vigor na data de sua publicação.

Art. 25. Ficam revogadas as Leis n. 3.164, de 1º de junho de 1957, e 3.502, de 21 de dezembro de 1958 e demais disposições em contrário.

Rio de Janeiro, 2 de junho de 1992; 171º da Independência e 104º da República.

FERNANDO COLLOR

LEI N. 9.393, DE 19 DE DEZEMBRO DE 1996[9]

Dispõe sobre o Imposto sobre a Propriedade Territorial Rural – ITR, sobre o pagamento da dívida representada por Títulos da Dívida Agrária, e dá outras providências.

....

Capítulo I
DO IMPOSTO SOBRE A PROPRIEDADE TERRITORIAL RURAL – ITR

....

Seção VI
Da apuração e do pagamento

[9] Publicada no *Diário Oficial da União*, de 20 de dezembro de 1996.

Subseção I
Da apuração

Apuração pelo Contribuinte

Art. 10. A apuração e o pagamento do ITR serão efetuados pelo contribuinte, independentemente de prévio procedimento da administração tributária, nos prazos e condições estabelecidos pela Secretaria da Receita Federal, sujeitando-se a homologação posterior.

§ 1º Para os efeitos de apuração do ITR, considerar-se-á:

I – VTN, o valor do imóvel, excluídos os valores relativos a:

a) construções, instalações e benfeitorias;

b) culturas permanentes e temporárias;

c) pastagens cultivadas e melhoradas;

d) florestas plantadas;

II – área tributável, a área total do imóvel, menos as áreas:

a) de preservação permanente e de reserva legal, previstas na Lei n. 12.651, de 25 de maio de 2012; (*Alínea* a *com redação dada pela Lei n. 12.844, de 19-7-2013.*)

b) de interesse ecológico para a proteção dos ecossistemas, assim declaradas mediante ato do órgão competente, federal ou estadual, e que ampliem as restrições de uso previstas na alínea anterior;

c) comprovadamente imprestáveis para qualquer exploração agrícola, pecuária, granjeira, aquícola ou florestal, declaradas de interesse ecológico mediante ato do órgão competente, federal ou estadual;

d) sob regime de servidão ambiental; (*Redação dada pela Lei n. 12.651, de 25-5-2012.*)

e) cobertas por florestas nativas, primárias ou secundárias em estágio médio ou avançado de regeneração; (*Alínea* e *acrescentada pela Lei n. 11.428, de 22-12-2006.*)

f) alagadas para fins de constituição de reservatório de usinas hidrelétricas autorizada pelo poder público. (*Alínea* f *acrescentada pela Lei n. 11.727, de 23-6-2008.*)

III – VTNt, o valor da terra nua tributável, obtido pela multiplicação do VTN pelo quociente entre a área tributável e a área total;

IV – área aproveitável, a que for passível de exploração agrícola, pecuária, granjeira, aquícola ou florestal, excluídas as áreas:

a) ocupadas por benfeitorias úteis e necessárias;

b) de que tratam as alíneas do inciso II deste parágrafo; (*Alínea* b *com redação dada pela Lei n. 11.428, de 22-12-2006.*)

V – área efetivamente utilizada, a porção do imóvel que no ano anterior tenha:

a) sido plantada com produtos vegetais;

b) servido de pastagem, nativa ou plantada, observados índices de lotação por zona de pecuária;

c) sido objeto de exploração extrativa, observados os índices de rendimento por produto e a legislação ambiental;

d) servido para exploração de atividades granjeira e aquícola;

e) sido o objeto de implantação de projeto técnico, nos termos do art. 7º da Lei n. 8.629, de 25 de fevereiro de 1993;

VI – Grau de Utilização – GU, a relação percentual entre a área efetivamente utilizada e a área aproveitável.

§ 2º As informações que permitam determinar o GU deverão constar do DIAT.

§ 3º Os índices a que se referem as alíneas *b* e *c* do inciso V do § 1º serão fixados, ouvido o Conselho Nacional de Política Agrícola, pela Secretaria da Receita Federal, que dispensará da sua aplicação os imóveis com área inferior a:

a) 1.000 ha, se localizados em municípios compreendidos na Amazônia Ocidental ou no Pantanal mato-grossense e sul-mato-grossense;

b) 500 ha, se localizados em municípios compreendidos no Polígono das Secas ou na Amazônia Oriental;

c) 200 ha, se localizados em qualquer outro município.

§ 4º Para os fins do inciso V do § 1º, o contribuinte poderá valer-se dos dados sobre a área utilizada e respectiva produção, fornecidos pelo arrendatário ou parceiro, quando o imóvel, ou parte dele, estiver sendo explorado em regime de arrendamento ou parceria.

§ 5º Na hipótese de que trata a alínea *c* do inciso V do § 1º, será considerada a área total objeto de plano de manejo sustentado, desde que aprovado pelo órgão competente, e cujo cronograma esteja sendo cumprido pelo contribuinte.

§ 6º Será considerada como efetivamente utilizada a área dos imóveis rurais que, no ano anterior, estejam:

I – comprovadamente situados em área de ocorrência de calamidade pública decretada pelo Poder Público, de que resulte frustração de safras ou destruição de pastagens;

II – oficialmente destinados à execução de atividades de pesquisa e experimentação que objetivem o avanço tecnológico da agricultura.

§ 7º (*Revogado pela Lei n. 12.651, de 25-5-2012.*)

....

Brasília, 19 de dezembro de 1996; 175º da Independência e 108º da República.

FERNANDO HENRIQUE CARDOSO

LEI N. 10.406, DE 10 DE JANEIRO DE 2002[10]

Institui o Código Civil.

....

Art. 108. Não dispondo a lei em contrário, a escritura pública é essencial à validade dos negócios jurídicos que visem à constituição, transferência, modificação ou renúncia de direitos reais sobre imóveis de valor superior a trinta vezes o maior salário mínimo vigente no País.

....

Art. 215. A escritura pública, lavrada em notas de tabelião, é documento dotado de fé pública, fazendo prova plena.

§ 1º Salvo quando exigidos por lei outros requisitos, a escritura pública deve conter:

I – data e local de sua realização;

II – reconhecimento da identidade e capacidade das partes e de quantos hajam comparecido ao ato, por si, como representantes, intervenientes ou testemunhas;

III – nome, nacionalidade, estado civil, profissão, domicílio e residência das partes e demais comparecentes, com a indicação, quando necessário, do regime de bens do casamento, nome do outro cônjuge e filiação;

IV – manifestação clara da vontade das partes e dos intervenientes;

V – referência ao cumprimento das exigências legais e fiscais inerentes à legitimidade do ato;

VI – declaração de ter sido lida na presença das partes e demais comparecentes, ou de que todos a leram;

VII – assinatura das partes e dos demais comparecentes, bem como a do trabalho ou seu substituto legal, encerrando o ato.

§ 2º Se algum comparecente não puder ou não souber escrever, outra pessoa capaz assinará por ele, a seu rogo.

[10] Publicada no *Diário Oficial da União*, de 11-1-2002.

§ 3º A escritura será redigida na língua nacional.

§ 4º Se qualquer dos comparecentes não souber a língua nacional e o tabelião não entender o idioma em que se expressa, deverá comparecer tradutor público para servir de intérprete, ou, não o havendo na localidade, outra pessoa capaz que, a juízo do tabelião, tenha idoneidade e conhecimento bastantes.

§ 5º Se algum dos comparecentes não for conhecido do tabelião, nem puder identificar-se por documento, deverão participar do ato pelo menos duas testemunhas que o conheçam e atestem sua identidade.

....

Brasília, 10 de janeiro de 2002; 181º da Independência e 114º da República.

FERNANDO HENRIQUE CARDOSO

LEI N. 12.587, DE 3 DE JANEIRO DE 2012[11]

Institui as diretrizes da Política Nacional de Mobilidade Urbana; revoga dispositivos dos Decretos-leis n. 3.326, de 3 de junho de 1941, e 5.405, de 13 de abril de 1943, da Consolidação das Leis do Trabalho (CLT), aprovada pelo Decreto-lei n. 5.452, de 1º de maio de 1943, e das Leis n. 5.917, de 10 de setembro de 1973, e n. 6.261, de 14 de novembro de 1975; e dá outras providências.

A Presidenta da República

Faço saber que o Congresso Nacional decreta e eu sanciono a seguinte Lei:

CAPÍTULO I
DISPOSIÇÕES GERAIS

Art. 1º A Política Nacional de Mobilidade Urbana é instrumento da política de desenvolvimento urbano de que tratam o inciso XX do art. 21 e o art. 182 da Constituição Federal, objetivando a integração entre os diferentes modos de transporte e a melhoria da acessibilidade e mobilidade das pessoas e cargas no território do Município.

Parágrafo único. A Política Nacional a que se refere o *caput* deve atender ao previsto no inciso VII do art. 2º e no § 2º do art. 40 da Lei n. 10.257, de 10 de julho de 2001 (Estatuto da Cidade).

Art. 2º A Política Nacional de Mobilidade Urbana tem por objetivo contribuir para o acesso universal à cidade, o fomento e a concretização das condições

[11] Publicada no *Diário Oficial da União*, de 4 de janeiro de 2012.

que contribuam para a efetivação dos princípios, objetivos e diretrizes da política de desenvolvimento urbano, por meio do planejamento e da gestão democrática do Sistema Nacional de Mobilidade Urbana.

Art. 3º O Sistema Nacional de Mobilidade Urbana é o conjunto organizado e coordenado dos modos de transporte, de serviços e de infraestruturas que garante os deslocamentos de pessoas e cargas no território do Município.

§ 1º São modos de transporte urbano:

I – motorizados; e

II – não motorizados.

§ 2º Os serviços de transporte urbano são classificados:

I – quanto ao objeto:

a) de passageiros;

b) de cargas;

II – quanto à característica do serviço:

a) coletivo;

b) individual;

III – quanto à natureza do serviço:

a) público;

b) privado.

§ 3º São infraestruturas de mobilidade urbana:

I – vias e demais logradouros públicos, inclusive metroferrovias, hidrovias e ciclovias;

II – estacionamentos;

III – terminais, estações e demais conexões;

IV – pontos para embarque e desembarque de passageiros e cargas;

V – sinalização viária e de trânsito;

VI – equipamentos e instalações; e

VII – instrumentos de controle, fiscalização, arrecadação de taxas e tarifas e difusão de informações.

Seção I
Das definições

Art. 4º Para os fins desta Lei, considera-se:

I – transporte urbano: conjunto dos modos e serviços de transporte público e privado utilizados para o deslocamento de pessoas e cargas nas cidades integrantes da Política Nacional de Mobilidade Urbana;

II – mobilidade urbana: condição em que se realizam os deslocamentos de pessoas e cargas no espaço urbano;

III – acessibilidade: facilidade disponibilizada às pessoas que possibilite a todos autonomia nos deslocamentos desejados, respeitando-se a legislação em vigor;

IV – modos de transporte motorizado: modalidades que se utilizam de veículos automotores;

V – modos de transporte não motorizado: modalidades que se utilizam do esforço humano ou tração animal;

VI – transporte público coletivo: serviço público de transporte de passageiros acessível a toda a população mediante pagamento individualizado, com itinerários e preços fixados pelo poder público;

VII – transporte privado coletivo: serviço de transporte de passageiros não aberto ao público para a realização de viagens com características operacionais exclusivas para cada linha e demanda;

VIII – transporte público individual: serviço remunerado de transporte de passageiros aberto ao público, por intermédio de veículos de aluguel, para a realização de viagens individualizadas;

IX – transporte urbano de cargas: serviço de transporte de bens, animais ou mercadorias;

X – transporte remunerado privado individual de passageiros: serviço remunerado de transporte de passageiros, não aberto ao público, para a realização de viagens individualizadas ou compartilhadas solicitadas exclusivamente por usuários previamente cadastrados em aplicativos ou outras plataformas de comunicação em rede; (*Inciso X com redação dada pela Lei n. 13.640, de 26-3-2018.*)

XI – transporte público coletivo intermunicipal de caráter urbano: serviço de transporte público coletivo entre Municípios que tenham contiguidade nos seus perímetros urbanos;

XII – transporte público coletivo interestadual de caráter urbano: serviço de transporte público coletivo entre Municípios de diferentes Estados que mantenham contiguidade nos seus perímetros urbanos; e

XIII – transporte público coletivo internacional de caráter urbano: serviço de transporte coletivo entre Municípios localizados em regiões de fronteira cujas cidades são definidas como cidades gêmeas.

Seção II
Dos princípios, diretrizes e objetivos da Política Nacional de Mobilidade Urbana

Art. 5º A Política Nacional de Mobilidade Urbana está fundamentada nos seguintes princípios:

I – acessibilidade universal;

II – desenvolvimento sustentável das cidades, nas dimensões socioeconômicas e ambientais;

III – equidade no acesso dos cidadãos ao transporte público coletivo;

IV – eficiência, eficácia e efetividade na prestação dos serviços de transporte urbano;

V – gestão democrática e controle social do planejamento e avaliação da Política Nacional de Mobilidade Urbana;

VI – segurança nos deslocamentos das pessoas;

VII – justa distribuição dos benefícios e ônus decorrentes do uso dos diferentes modos e serviços;

VIII – equidade no uso do espaço público de circulação, vias e logradouros; e

IX – eficiência, eficácia e efetividade na circulação urbana.

Art. 6º A Política Nacional de Mobilidade Urbana é orientada pelas seguintes diretrizes:

I – integração com a política de desenvolvimento urbano e respectivas políticas setoriais de habitação, saneamento básico, planejamento e gestão do uso do solo no âmbito dos entes federativos;

II – prioridade dos modos de transportes não motorizados sobre os motorizados e dos serviços de transporte público coletivo sobre o transporte individual motorizado;

III – integração entre os modos e serviços de transporte urbano;

IV – mitigação dos custos ambientais, sociais e econômicos dos deslocamentos de pessoas e cargas na cidade;

V – incentivo ao desenvolvimento científico-tecnológico e ao uso de energias renováveis e menos poluentes;

VI – priorização de projetos de transporte público coletivo estruturadores do território e indutores do desenvolvimento urbano integrado;

VII – integração entre as cidades gêmeas localizadas na faixa de fronteira com outros países sobre a linha divisória internacional; e

VIII – garantia de sustentabilidade econômica das redes de transporte público coletivo de passageiros, de modo a preservar a continuidade, a universalidade e a modicidade tarifária do serviço. (*Inciso VIII incluído pela Lei n. 13.683, de 19-6-2018.*)

Art. 7º A Política Nacional de Mobilidade Urbana possui os seguintes objetivos:

I – reduzir as desigualdades e promover a inclusão social;

II – promover o acesso aos serviços básicos e equipamentos sociais;

III – proporcionar melhoria nas condições urbanas da população no que se refere à acessibilidade e à mobilidade;

IV – promover o desenvolvimento sustentável com a mitigação dos custos ambientais e socioeconômicos dos deslocamentos de pessoas e cargas nas cidades; e

V – consolidar a gestão democrática como instrumento e garantia da construção contínua do aprimoramento da mobilidade urbana.

CAPÍTULO II
DAS DIRETRIZES PARA A REGULAÇÃO DOS SERVIÇOS DE TRANSPORTE PÚBLICO COLETIVO

Art. 8º A política tarifária do serviço de transporte público coletivo é orientada pelas seguintes diretrizes:

I – promoção da equidade no acesso aos serviços;

II – melhoria da eficiência e da eficácia na prestação dos serviços;

III – ser instrumento da política de ocupação equilibrada da cidade de acordo com o plano diretor municipal, regional e metropolitano;

IV – contribuição dos beneficiários diretos e indiretos para custeio da operação dos serviços;

V – simplicidade na compreensão, transparência da estrutura tarifária para o usuário e publicidade do processo de revisão;

VI – modicidade da tarifa para o usuário;

VII – integração física, tarifária e operacional dos diferentes modos e das redes de transporte público e privado nas cidades;

VIII – articulação interinstitucional dos órgãos gestores dos entes federativos por meio de consórcios públicos; (*Inciso VIII com redação dada pela Lei n. 13.683, de 19-6-2018.*)

IX – estabelecimento e publicidade de parâmetros de qualidade e quantidade na prestação dos serviços de transporte público coletivo; e (*Inciso IX com redação dada pela Lei n. 13.683, de 19-6-2018.*)

X – incentivo à utilização de créditos eletrônicos tarifários. (*Inciso X incluído pela Lei n. 13.683, de 19-6-2018.*)

§ 1º (*Vetado.*)

§ 2º Os Municípios deverão divulgar, de forma sistemática e periódica, os impactos dos benefícios tarifários concedidos no valor das tarifas dos serviços de transporte público coletivo.

§ 3º (*Vetado.*)

Art. 9º O regime econômico e financeiro da concessão e o da permissão do serviço de transporte público coletivo serão estabelecidos no respectivo edital de licitação, sendo a tarifa de remuneração da prestação de serviço de transporte público coletivo resultante do processo licitatório da outorga do poder público.

§ 1º A tarifa de remuneração da prestação do serviço de transporte público coletivo deverá ser constituída pelo preço público cobrado do usuário pelos serviços somado à receita oriunda de outras fontes de custeio, de forma a cobrir os reais custos do serviço prestado ao usuário por operador público ou privado, além da remuneração do prestador.

§ 2º O preço público cobrado do usuário pelo uso do transporte público coletivo denomina-se tarifa pública, sendo instituída por ato específico do poder público outorgante.

§ 3º A existência de diferença a menor entre o valor monetário da tarifa de remuneração da prestação do serviço de transporte público de passageiros e a tarifa pública cobrada do usuário denomina-se *déficit* ou subsídio tarifário.

§ 4º A existência de diferença a maior entre o valor monetário da tarifa de remuneração da prestação do serviço de transporte público de passageiros e a tarifa pública cobrada do usuário denomina-se *superávit* tarifário.

§ 5º Caso o poder público opte pela adoção de subsídio tarifário, o *deficit* originado deverá ser coberto por receitas extratarifárias, receitas alternativas, subsídios orçamentários, subsídios cruzados intrassetoriais e intersetoriais provenientes de outras categorias de beneficiários dos serviços de transporte, dentre outras fontes, instituídos pelo poder público delegante.

§ 6º Na ocorrência de *superávit* tarifário proveniente de receita adicional originada em determinados serviços delegados, a receita deverá ser revertida para o próprio Sistema de Mobilidade Urbana.

§ 7º Competem ao poder público delegante a fixação, o reajuste e a revisão da tarifa de remuneração da prestação do serviço e da tarifa pública a ser cobrada do usuário.

§ 8º Compete ao poder público delegante a fixação dos níveis tarifários.

§ 9º Os reajustes das tarifas de remuneração da prestação do serviço observarão a periodicidade mínima estabelecida pelo poder público delegante no edital e no contrato administrativo e incluirão a transferência de parcela dos ganhos de eficiência e produtividade das empresas aos usuários.

§ 10. As revisões ordinárias das tarifas de remuneração terão periodicidade mínima estabelecida pelo poder público delegante no edital e no contrato administrativo e deverão:

I – incorporar parcela das receitas alternativas em favor da modicidade da tarifa ao usuário;

II – incorporar índice de transferência de parcela dos ganhos de eficiência e produtividade das empresas aos usuários; e

III – aferir o equilíbrio econômico e financeiro da concessão e o da permissão, conforme parâmetro ou indicador definido em contrato.

§ 11. O operador do serviço, por sua conta e risco e sob anuência do poder público, poderá realizar descontos nas tarifas ao usuário, inclusive de caráter sazonal, sem que isso possa gerar qualquer direito à solicitação de revisão da tarifa de remuneração.

§ 12. O poder público poderá, em caráter excepcional e desde que observado o interesse público, proceder à revisão extraordinária das tarifas, por ato de ofício ou mediante provocação da empresa, caso em que esta deverá demonstrar sua cabal necessidade, instruindo o requerimento com todos os elementos indispensáveis e suficientes para subsidiar a decisão, dando publicidade ao ato.

Art. 10. A contratação dos serviços de transporte público coletivo será precedida de licitação e deverá observar as seguintes diretrizes:

I – fixação de metas de qualidade e desempenho a serem atingidas e seus instrumentos de controle e avaliação;

II – definição dos incentivos e das penalidades aplicáveis vinculadas à consecução ou não das metas;

III – alocação dos riscos econômicos e financeiros entre os contratados e o poder concedente;

IV – estabelecimento das condições e meios para a prestação de informações operacionais, contábeis e financeiras ao poder concedente; e

V – identificação de eventuais fontes de receitas alternativas, complementares, acessórias ou de projetos associados, bem como da parcela destinada à modicidade tarifária.

Parágrafo único. Qualquer subsídio tarifário ao custeio da operação do transporte público coletivo deverá ser definido em contrato, com base em critérios transparentes e objetivos de produtividade e eficiência, especificando, minimamente, o objetivo, a fonte, a periodicidade e o beneficiário, conforme o estabelecido nos arts. 8º e 9º desta Lei.

Art. 11. Os serviços de transporte privado coletivo, prestados entre pessoas físicas ou jurídicas, deverão ser autorizados, disciplinados e fiscalizados pelo poder público competente, com base nos princípios e diretrizes desta Lei.

Art. 11-A. Compete exclusivamente aos Municípios e ao Distrito Federal regulamentar e fiscalizar o serviço de transporte remunerado privado individual de passageiros previsto no inciso X do art. 4º desta Lei no âmbito dos seus territórios. (Caput *acrescentado pela Lei n. 13.640, de 26-3-2018.*)

Parágrafo único. Na regulamentação e fiscalização do serviço de transporte privado individual de passageiros, os Municípios e o Distrito Federal deverão observar as seguintes diretrizes, tendo em vista a eficiência, a eficácia, a segurança e a efetividade na prestação do serviço: (*Parágrafo único acrescentado pela Lei n. 13.640, de 26-3-2018.*)

I – efetiva cobrança dos tributos municipais devidos pela prestação do serviço; (*Inciso I acrescentado pela Lei n. 13.640, de 26-3-2018.*)

II – exigência de contratação de seguro de Acidentes Pessoais a Passageiros (APP) e do Seguro Obrigatório de Danos Pessoais causados por Veículos Automotores de Vias Terrestres (DPVAT); (*Inciso II acrescentado pela Lei n. 13.640, de 26-3-2018.*)

III – exigência de inscrição do motorista como contribuinte individual do Instituto Nacional do Seguro Social (INSS), nos termos da alínea *h* do inciso V do art. 11 da Lei n. 8.213, de 24 de julho de 1991. (*Inciso III acrescentado pela Lei n. 13.640, de 26-3-2018.*)

Art. 11-B. O serviço de transporte remunerado privado individual de passageiros previsto no inciso X do art. 4º desta Lei, nos Municípios que optarem pela sua regulamentação, somente será autorizado ao motorista que cumprir as seguintes condições: (Caput *acrescentado pela Lei n. 13.640, de 26-3-2018.*)

I – possuir Carteira Nacional de Habilitação na categoria B ou superior que contenha a informação de que exerce atividade remunerada; (*Inciso I acrescentado pela Lei n. 13.640, de 26-3-2018.*)

II – conduzir veículo que atenda aos requisitos de idade máxima e às características exigidas pela autoridade de trânsito e pelo poder público municipal e do Distrito Federal; (*Inciso II acrescentado pela Lei n. 13.640, de 26-3-2018.*)

III – emitir e manter o Certificado de Registro e Licenciamento de Veículo (CRLV); (*Inciso III acrescentado pela Lei n. 13.640, de 26-3-2018.*)

IV – apresentar certidão negativa de antecedentes criminais. (*Inciso IV acrescentado pela Lei n. 13.640, de 26-3-2018.*)

Parágrafo único. A exploração dos serviços remunerados de transporte privado individual de passageiros sem o cumprimento dos requisitos previstos nesta Lei e na regulamentação do poder público municipal e do Distrito Federal caracterizará transporte ilegal de passageiros. (*Parágrafo único acrescentado pela Lei n. 13.640, de 26-3-2018.*)

Art. 12. Os serviços de utilidade pública de transporte individual de passageiros deverão ser organizados, disciplinados e fiscalizados pelo poder público municipal, com base nos requisitos mínimos de segurança, de conforto, de higiene, de qualidade dos serviços e de fixação prévia dos valores máximos das tarifas a serem cobradas. (*Artigo com redação dada pela Lei n. 12.865, de 9-10-2013.*)

Art. 12-A. O direito à exploração de serviços de táxi poderá ser outorgado a qualquer interessado que satisfaça os requisitos exigidos pelo poder público local. (Caput *acrescentado pela Lei n. 12.865, de 9-10-2013.*)

§ 1º É permitida a transferência da outorga a terceiros que atendam aos requisitos exigidos em legislação municipal. (*§ 1º acrescentado pela Lei n. 12.865, de 9-10-2013.*)

§ 2º Em caso de falecimento do outorgado, o direito à exploração do serviço será transferido a seus sucessores legítimos, nos termos dos arts. 1.829 e seguintes do Título II do Livro V da Parte Especial da Lei n. 10.406, de 10 de janeiro de 2002 (Código Civil). (*§ 2º acrescentado pela Lei n. 12.865, de 9-10-2013.*)

§ 3º As transferências de que tratam os §§ 1º e 2º dar-se-ão pelo prazo da outorga e são condicionadas à prévia anuência do poder público municipal e ao atendimento dos requisitos fixados para a outorga. (*§ 3º acrescentado pela Lei n. 12.865, de 9-10-2013.*)

Art. 12-B. Na outorga de exploração de serviço de táxi, reservar-se-ão 10% (dez por cento) das vagas para condutores com deficiência. (Caput *acrescentado pela Lei n. 13.146, de 6-7-2015.*)

§ 1º Para concorrer às vagas reservadas na forma do *caput* deste artigo, o condutor com deficiência deverá observar os seguintes requisitos quanto ao veículo utilizado: (*§ 1º acrescentado pela Lei n. 13.146, de 6-7-2015.*)

I – ser de sua propriedade e por ele conduzido; e (*Inciso I acrescentado pela Lei n. 13.146, de 6-7-2015.*)

II – estar adaptado às suas necessidades, nos termos da legislação vigente. (*Inciso II acrescentado pela Lei n. 13.146, de 6-7-2015.*)

§ 2º No caso de não preenchimento das vagas na forma estabelecida no *caput* deste artigo, as remanescentes devem ser disponibilizadas para os demais concorrentes. (*§ 2º acrescentado pela Lei n. 13.146, de 6-7-2015.*)

Art. 13. Na prestação de serviços de transporte público coletivo, o poder público delegante deverá realizar atividades de fiscalização e controle dos serviços delegados, preferencialmente em parceria com os demais entes federativos.

CAPÍTULO III
DOS DIREITOS DOS USUÁRIOS

Art. 14. São direitos dos usuários do Sistema Nacional de Mobilidade Urbana, sem prejuízo dos previstos nas Leis n. 8.078, de 11 de setembro de 1990, e 8.987, de 13 de fevereiro de 1995:

I – receber o serviço adequado, nos termos do art. 6º da Lei n. 8.987, de 13 de fevereiro de 1995;

II – participar do planejamento, da fiscalização e da avaliação da política local de mobilidade urbana;

III – ser informado nos pontos de embarque e desembarque de passageiros, de forma gratuita e acessível, sobre itinerários, horários, tarifas dos serviços e modos de interação com outros modais; e

IV – ter ambiente seguro e acessível para a utilização do Sistema Nacional de Mobilidade Urbana, conforme as Leis n. 10.048, de 8 de novembro de 2000, e 10.098, de 19 de dezembro de 2000.

Parágrafo único. Os usuários dos serviços terão o direito de ser informados, em linguagem acessível e de fácil compreensão, sobre:

I – seus direitos e responsabilidades;

II – os direitos e obrigações dos operadores dos serviços; e

III – os padrões preestabelecidos de qualidade e quantidade dos serviços ofertados, bem como os meios para reclamações e respectivos prazos de resposta.

Art. 15. A participação da sociedade civil no planejamento, fiscalização e avaliação da Política Nacional de Mobilidade Urbana deverá ser assegurada pelos seguintes instrumentos:

I – órgãos colegiados com a participação de representantes do Poder Executivo, da sociedade civil e dos operadores dos serviços;

II – ouvidorias nas instituições responsáveis pela gestão do Sistema Nacional de Mobilidade Urbana ou nos órgãos com atribuições análogas;

III – audiências e consultas públicas; e

IV – procedimentos sistemáticos de comunicação, de avaliação da satisfação dos cidadãos e dos usuários e de prestação de contas públicas.

CAPÍTULO IV
DAS ATRIBUIÇÕES

Art. 16. São atribuições da União:

I – prestar assistência técnica e financeira aos Estados, Distrito Federal e Municípios, nos termos desta Lei;

II – contribuir para a capacitação continuada de pessoas e para o desenvolvimento das instituições vinculadas à Política Nacional de Mobilidade Urbana nos Estados, Municípios e Distrito Federal, nos termos desta Lei;

III – organizar e disponibilizar informações sobre o Sistema Nacional de Mobilidade Urbana e a qualidade e produtividade dos serviços de transporte público coletivo;

IV – fomentar a implantação de projetos de transporte público coletivo de grande e média capacidade nas aglomerações urbanas e nas regiões metropolitanas;

V – (*Vetado*);

VI – fomentar o desenvolvimento tecnológico e científico visando ao atendimento dos princípios e diretrizes desta Lei; e

VII – prestar, diretamente ou por delegação ou gestão associada, os serviços de transporte público interestadual de caráter urbano.

§ 1º A União apoiará e estimulará ações coordenadas e integradas entre Municípios e Estados em áreas conurbadas, aglomerações urbanas e regiões metropolitanas destinadas a políticas comuns de mobilidade urbana, inclusive nas cidades definidas como cidades gêmeas localizadas em regiões de fronteira com outros países, observado o art. 178 da Constituição Federal.

§ 2º A União poderá delegar aos Estados, ao Distrito Federal ou aos Municípios a organização e a prestação dos serviços de transporte público coletivo interestadual e internacional de caráter urbano, desde que constituído consórcio público ou convênio de cooperação para tal fim, observado o art. 178 da Constituição Federal.

Art. 17. São atribuições dos Estados:

I – prestar, diretamente ou por delegação ou gestão associada, os serviços de transporte público coletivo intermunicipais de caráter urbano, em conformidade com o § 1º do art. 25 da Constituição Federal;

II – propor política tributária específica e de incentivos para a implantação da Política Nacional de Mobilidade Urbana; e

III – garantir o apoio e promover a integração dos serviços nas áreas que ultrapassem os limites de um Município, em conformidade com o § 3º do art. 25 da Constituição Federal.

Parágrafo único. Os Estados poderão delegar aos Municípios a organização e a prestação dos serviços de transporte público coletivo intermunicipal de caráter urbano, desde que constituído consórcio público ou convênio de cooperação para tal fim.

Art. 18. São atribuições dos Municípios:

I – planejar, executar e avaliar a política de mobilidade urbana, bem como promover a regulamentação dos serviços de transporte urbano;

II – prestar, direta, indiretamente ou por gestão associada, os serviços de transporte público coletivo urbano, que têm caráter essencial;

III – capacitar pessoas e desenvolver as instituições vinculadas à política de mobilidade urbana do Município; e

IV – (*Vetado.*)

Art. 19. Aplicam-se ao Distrito Federal, no que couber, as atribuições previstas para os Estados e os Municípios, nos termos dos arts. 17 e 18.

Art. 20. O exercício das atribuições previstas neste Capítulo subordinar-se-á, em cada ente federativo, às normas fixadas pelas respectivas leis de diretrizes orçamentárias, às efetivas disponibilidades asseguradas pelas suas leis orçamentárias anuais e aos imperativos da Lei Complementar n. 101, de 4 de maio de 2000.

Capítulo V
DAS DIRETRIZES PARA O PLANEJAMENTO E GESTÃO DOS SISTEMAS DE MOBILIDADE URBANA

Art. 21. O planejamento, a gestão e a avaliação dos sistemas de mobilidade deverão contemplar:

I – a identificação clara e transparente dos objetivos de curto, médio e longo prazo;

II – a identificação dos meios financeiros e institucionais que assegurem sua implantação e execução;

III – a formulação e implantação dos mecanismos de monitoramento e avaliação sistemáticos e permanentes dos objetivos estabelecidos; e

IV – a definição das metas de atendimento e universalização da oferta de transporte público coletivo, monitorados por indicadores preestabelecidos.

Art. 22. Consideram-se atribuições mínimas dos órgãos gestores dos entes federativos incumbidos respectivamente do planejamento e gestão do sistema de mobilidade urbana:

I – planejar e coordenar os diferentes modos e serviços, observados os princípios e diretrizes desta Lei;

II – avaliar e fiscalizar os serviços e monitorar desempenhos, garantindo a consecução das metas de universalização e de qualidade;

III – implantar a política tarifária;

IV – dispor sobre itinerários, frequências e padrão de qualidade dos serviços;

V – estimular a eficácia e a eficiência dos serviços de transporte público coletivo;

VI – garantir os direitos e observar as responsabilidades dos usuários; e

VII – combater o transporte ilegal de passageiros.

Art. 23. Os entes federativos poderão utilizar, dentre outros instrumentos de gestão do sistema de transporte e da mobilidade urbana, os seguintes:

I – restrição e controle de acesso e circulação, permanente ou temporário, de veículos motorizados em locais e horários predeterminados;

II – estipulação de padrões de emissão de poluentes para locais e horários determinados, podendo condicionar o acesso e a circulação aos espaços urbanos sob controle;

III – aplicação de tributos sobre modos e serviços de transporte urbano pela utilização da infraestrutura urbana, visando a desestimular o uso de determinados modos e serviços de mobilidade, vinculando-se a receita à aplicação exclusiva em infraestrutura urbana destinada ao transporte público coletivo e ao transporte não motorizado e no financiamento do subsídio público da tarifa de transporte público, na forma da lei;

IV – dedicação de espaço exclusivo nas vias públicas para os serviços de transporte público coletivo e modos de transporte não motorizados;

V – estabelecimento da política de estacionamentos de uso público e privado, com e sem pagamento pela sua utilização, como parte integrante da Política Nacional de Mobilidade Urbana;

VI – controle do uso e operação da infraestrutura viária destinada à circulação e operação do transporte de carga, concedendo prioridades ou restrições;

VII – monitoramento e controle das emissões dos gases de efeito local e de efeito estufa dos modos de transporte motorizado, facultando a restrição de acesso a determinadas vias em razão da criticidade dos índices de emissões de poluição;

VIII – convênios para o combate ao transporte ilegal de passageiros; e

IX – convênio para o transporte coletivo urbano internacional nas cidades definidas como cidades gêmeas nas regiões de fronteira do Brasil com outros países, observado o art. 178 da Constituição Federal.

Art. 24. O Plano de Mobilidade Urbana é o instrumento de efetivação da Política Nacional de Mobilidade Urbana e deverá contemplar os princípios, os objetivos e as diretrizes desta Lei, bem como:

I – os serviços de transporte público coletivo;

II – a circulação viária;

III – as infraestruturas do sistema de mobilidade urbana, incluindo as ciclovias e ciclofaixas; (*Inciso III com redação dada pela Lei n. 13.683, de 19-6-2018.*)

IV – a acessibilidade para pessoas com deficiência e restrição de mobilidade;

V – a integração dos modos de transporte público e destes com os privados e os não motorizados;

VI – a operação e o disciplinamento do transporte de carga na infraestrutura viária;

VII – os polos geradores de viagens;

VIII – as áreas de estacionamentos públicos e privados, gratuitos ou onerosos;

IX – as áreas e horários de acesso e circulação restrita ou controlada;

X – os mecanismos e instrumentos de financiamento do transporte público coletivo e da infraestrutura de mobilidade urbana; e

XI – a sistemática de avaliação, revisão e atualização periódica do Plano de Mobilidade Urbana em prazo não superior a 10 (dez) anos.

§ 1º Em Municípios acima de 20.000 (vinte mil) habitantes e em todos os demais obrigados, na forma da lei, à elaboração do plano diretor, deverá ser elaborado o Plano de Mobilidade Urbana, integrado e compatível com os respectivos planos diretores ou neles inserido.

§ 2º Nos Municípios sem sistema de transporte público coletivo ou individual, o Plano de Mobilidade Urbana deverá ter o foco no transporte não motorizado e no planejamento da infraestrutura urbana destinada aos deslocamentos a pé e por bicicleta, de acordo com a legislação vigente.

§ 3º O Plano de Mobilidade Urbana deverá ser compatibilizado com o plano diretor municipal, existente ou em elaboração, no prazo máximo de 6 (seis) anos da entrada em vigor desta Lei. (*§ 3º com redação dada pela Lei n. 13.406, de 26-12-2016.*)

§ 4º Os Municípios que não tenham elaborado o Plano de Mobilidade Urbana até a data de promulgação desta Lei terão o prazo máximo de 7 (sete) anos de sua entrada em vigor para elaborá-lo, findo o qual ficarão impedidos de receber recursos orçamentários federais destinados à mobilidade urbana até que atendam à exigência desta Lei. (*§ 4º com redação dada pela Lei n. 13.683, de 19-6-2018.*)

§ 5º O Plano de Mobilidade Urbana deverá contemplar medidas destinadas a atender aos núcleos urbanos informais consolidados, nos termos da Lei n. 13.465, de 11 de julho de 2017. (*§ 5º incluído pela Lei n. 13.683, de 19-6-2018.*)

§ 6º (*Vetado.*) (*§ 6º com redação dada pela Lei n. 13.683, de 19-6-2018.*)

CAPÍTULO VI

DOS INSTRUMENTOS DE APOIO À MOBILIDADE URBANA

Art. 25. O Poder Executivo da União, o dos Estados, o do Distrito Federal e o dos Municípios, segundo suas possibilidades orçamentárias e financeiras e observados os princípios e diretrizes desta Lei, farão constar dos respectivos projetos de planos plurianuais e de leis de diretrizes orçamentárias as ações programáticas e instrumentos de apoio que serão utilizados, em cada período, para o aprimoramento dos sistemas de mobilidade urbana e melhoria da qualidade dos serviços.

Parágrafo único. A indicação das ações e dos instrumentos de apoio a que se refere o *caput* será acompanhada, sempre que possível, da fixação de critérios e condições para o acesso aos recursos financeiros e às outras formas de benefícios que sejam estabelecidos.

CAPÍTULO VII
DISPOSIÇÕES FINAIS

Art. 26. Esta Lei se aplica, no que couber, ao planejamento, controle, fiscalização e operação dos serviços de transporte público coletivo intermunicipal, interestadual e internacional de caráter urbano.

Art. 27. (*Vetado.*)

Art. 28. Esta Lei entra em vigor 100 (cem) dias após a data de sua publicação.

Brasília, 3 de janeiro de 2012; 191º da Independência e 124º da República.

DILMA ROUSSEFF

Nelson Henrique Barbosa Filho
Paulo Sérgio Oliveira Passos
Paulo Roberto dos Santos Pinto
Eva Maria Cella Dal Chiavon
Cezar Santos Alvarez
Roberto de Oliveira Muniz

LEI N. 12.608, DE 10 DE ABRIL DE 2012[12]

Institui a Política Nacional de Proteção e Defesa Civil – PNPDEC; dispõe sobre o Sistema Nacional de Proteção e Defesa Civil – SINPDEC e o Conselho Nacional de Proteção e Defesa Civil – CONPDEC; autoriza a criação de sistema de informações e monitoramento de desastres; altera as Leis n. 12.340, de 1º de dezembro de 2010, n. 10.257, de 10 de julho de 2001, n. 6.766, de 19 de dezembro de 1979,

[12] Publicada no *Diário Oficial da União*, de 11 de abril de 2012.

n.8.239, de 4 de outubro de 1991, e n. 9.394, de 20 de dezembro de 1996; e dá outras providências.

O Vice-Presidente da República, no exercício do cargo de Presidente da República

Faço saber que o Congresso Nacional decreta e eu sanciono a seguinte Lei:

Capítulo I
DISPOSIÇÕES GERAIS

Art. 1º Esta Lei institui a Política Nacional de Proteção e Defesa Civil - PNPDEC, dispõe sobre o Sistema Nacional de Proteção e Defesa Civil - SINPDEC e o Conselho Nacional de Proteção e Defesa Civil - CONPDEC, autoriza a criação de sistema de informações e monitoramento de desastres e dá outras providências.

Parágrafo único. As definições técnicas para aplicação desta Lei serão estabelecidas em ato do Poder Executivo federal.

Art. 2º É dever da União, dos Estados, do Distrito Federal e dos Municípios adotar as medidas necessárias à redução dos riscos de desastre.

§ 1º As medidas previstas no *caput* poderão ser adotadas com a colaboração de entidades públicas ou privadas e da sociedade em geral.

§ 2º A incerteza quanto ao risco de desastre não constituirá óbice para a adoção das medidas preventivas e mitigadoras da situação de risco.

Capítulo II
DA POLÍTICA NACIONAL DE PROTEÇÃO E DEFESA CIVIL – PNPDEC

Seção I
Diretrizes e objetivos

Art. 3º A PNPDEC abrange as ações de prevenção, mitigação, preparação, resposta e recuperação voltadas à proteção e defesa civil.

Parágrafo único. A PNPDEC deve integrar-se às políticas de ordenamento territorial, desenvolvimento urbano, saúde, meio ambiente, mudanças climáticas, gestão de recursos hídricos, geologia, infraestrutura, educação, ciência e tecnologia e às demais políticas setoriais, tendo em vista a promoção do desenvolvimento sustentável.

Art. 4º São diretrizes da PNPDEC:

I – atuação articulada entre a União, os Estados, o Distrito Federal e os Municípios para redução de desastres e apoio às comunidades atingidas;

II – abordagem sistêmica das ações de prevenção, mitigação, preparação, resposta e recuperação;

III – a prioridade às ações preventivas relacionadas à minimização de desastres;

IV – adoção da bacia hidrográfica como unidade de análise das ações de prevenção de desastres relacionados a corpos d'água;

V – planejamento com base em pesquisas e estudos sobre áreas de risco e incidência de desastres no território nacional;

VI – participação da sociedade civil.

Art. 5º São objetivos da PNPDEC:

I – reduzir os riscos de desastres;

II – prestar socorro e assistência às populações atingidas por desastres;

III – recuperar as áreas afetadas por desastres;

IV – incorporar a redução do risco de desastre e as ações de proteção e defesa civil entre os elementos da gestão territorial e do planejamento das políticas setoriais;

V – promover a continuidade das ações de proteção e defesa civil;

VI – estimular o desenvolvimento de cidades resilientes e os processos sustentáveis de urbanização;

VII – promover a identificação e avaliação das ameaças, suscetibilidades e vulnerabilidades a desastres, de modo a evitar ou reduzir sua ocorrência;

VIII – monitorar os eventos meteorológicos, hidrológicos, geológicos, biológicos, nucleares, químicos e outros potencialmente causadores de desastres;

IX – produzir alertas antecipados sobre a possibilidade de ocorrência de desastres naturais;

X – estimular o ordenamento da ocupação do solo urbano e rural, tendo em vista sua conservação e a proteção da vegetação nativa, dos recursos hídricos e da vida humana;

XI – combater a ocupação de áreas ambientalmente vulneráveis e de risco e promover a realocação da população residente nessas áreas;

XII – estimular iniciativas que resultem na destinação de moradia em local seguro;

XIII – desenvolver consciência nacional acerca dos riscos de desastre;

XIV – orientar as comunidades a adotar comportamentos adequados de prevenção e de resposta em situação de desastre e promover a autoproteção; e

XV – integrar informações em sistema capaz de subsidiar os órgãos do SINPDEC na previsão e no controle dos efeitos negativos de eventos adversos sobre a população, os bens e serviços e o meio ambiente.

Seção II
Das competências dos entes federados

Art. 6º Compete à União:

I – expedir normas para implementação e execução da PNPDEC;

II – coordenar o SINPDEC, em articulação com os Estados, o Distrito Federal e os Municípios;

III – promover estudos referentes às causas e possibilidades de ocorrência de desastres de qualquer origem, sua incidência, extensão e consequência;

IV – apoiar os Estados, o Distrito Federal e os Municípios no mapeamento das áreas de risco, nos estudos de identificação de ameaças, suscetibilidades, vulnerabilidades e risco de desastre e nas demais ações de prevenção, mitigação, preparação, resposta e recuperação;

V – instituir e manter sistema de informações e monitoramento de desastres;

VI – instituir e manter cadastro nacional de municípios com áreas suscetíveis à ocorrência de deslizamentos de grande impacto, inundações bruscas ou processos geológicos ou hidrológicos correlatos;

VII – instituir e manter sistema para declaração e reconhecimento de situação de emergência ou de estado de calamidade pública;

VIII – instituir o Plano Nacional de Proteção e Defesa Civil;

IX – realizar o monitoramento meteorológico, hidrológico e geológico das áreas de risco, bem como dos riscos biológicos, nucleares e químicos, e produzir alertas sobre a possibilidade de ocorrência de desastres, em articulação com os Estados, o Distrito Federal e os Municípios;

X – estabelecer critérios e condições para a declaração e o reconhecimento de situações de emergência e estado de calamidade pública;

XI – incentivar a instalação de centros universitários de ensino e pesquisa sobre desastres e de núcleos multidisciplinares de ensino permanente e a distância, destinados à pesquisa, extensão e capacitação de recursos humanos, com vistas no gerenciamento e na execução de atividades de proteção e defesa civil;

XII – fomentar a pesquisa sobre os eventos deflagradores de desastres; e

XIII – apoiar a comunidade docente no desenvolvimento de material didático-pedagógico relacionado ao desenvolvimento da cultura de prevenção de desastres.

§ 1º O Plano Nacional de Proteção e Defesa Civil conterá, no mínimo:

I – a identificação dos riscos de desastres nas regiões geográficas e grandes bacias hidrográficas do País; e

II – as diretrizes de ação governamental de proteção e defesa civil no âmbito nacional e regional, em especial quanto à rede de monitoramento meteorológico, hidrológico e geológico e dos riscos biológicos, nucleares e químicos e à produção de alertas antecipados das regiões com risco de desastres.

§ 2º Os prazos para elaboração e revisão do Plano Nacional de Proteção e Defesa Civil serão definidos em regulamento.

Art. 7º Compete aos Estados:

I – executar a PNPDEC em seu âmbito territorial;

II – coordenar as ações do SINPDEC em articulação com a União e os Municípios;

III – instituir o Plano Estadual de Proteção e Defesa Civil;

IV – identificar e mapear as áreas de risco e realizar estudos de identificação de ameaças, suscetibilidades e vulnerabilidades, em articulação com a União e os Municípios;

V – realizar o monitoramento meteorológico, hidrológico e geológico das áreas de risco, em articulação com a União e os Municípios;

VI – apoiar a União, quando solicitado, no reconhecimento de situação de emergência e estado de calamidade pública;

VII – declarar, quando for o caso, estado de calamidade pública ou situação de emergência; e

VIII – apoiar, sempre que necessário, os Municípios no levantamento das áreas de risco, na elaboração dos Planos de Contingência de Proteção e Defesa Civil e na divulgação de protocolos de prevenção e alerta e de ações emergenciais.

Parágrafo único. O Plano Estadual de Proteção e Defesa Civil conterá, no mínimo:

I – a identificação das bacias hidrográficas com risco de ocorrência de desastres; e

II – as diretrizes de ação governamental de proteção e defesa civil no âmbito estadual, em especial no que se refere à implantação da rede de monitoramento meteorológico, hidrológico e geológico das bacias com risco de desastre.

Art. 8º Compete aos Municípios:

I – executar a PNPDEC em âmbito local;

II – coordenar as ações do SINPDEC no âmbito local, em articulação com a União e os Estados;

III – incorporar as ações de proteção e defesa civil no planejamento municipal;

IV – identificar e mapear as áreas de risco de desastres;

V – promover a fiscalização das áreas de risco de desastre e vedar novas ocupações nessas áreas;

VI – declarar situação de emergência e estado de calamidade pública;

VII – vistoriar edificações e áreas de risco e promover, quando for o caso, a intervenção preventiva e a evacuação da população das áreas de alto risco ou das edificações vulneráveis;

VIII – organizar e administrar abrigos provisórios para assistência à população em situação de desastre, em condições adequadas de higiene e segurança;

IX – manter a população informada sobre áreas de risco e ocorrência de eventos extremos, bem como sobre protocolos de prevenção e alerta e sobre as ações emergenciais em circunstâncias de desastres;

X – mobilizar e capacitar os radioamadores para atuação na ocorrência de desastre;

XI – realizar regularmente exercícios simulados, conforme Plano de Contingência de Proteção e Defesa Civil;

XII – promover a coleta, a distribuição e o controle de suprimentos em situações de desastre;

XIII – proceder à avaliação de danos e prejuízos das áreas atingidas por desastres;

XIV – manter a União e o Estado informados sobre a ocorrência de desastres e as atividades de proteção civil no Município;

XV – estimular a participação de entidades privadas, associações de voluntários, clubes de serviços, organizações não governamentais e associações de classe e comunitárias nas ações do SINPDEC e promover o treinamento de associações de voluntários para atuação conjunta com as comunidades apoiadas; e

XVI – prover solução de moradia temporária às famílias atingidas por desastres.

Art. 9º Compete à União, aos Estados e aos Municípios:

I – desenvolver cultura nacional de prevenção de desastres, destinada ao desenvolvimento da consciência nacional acerca dos riscos de desastre no País;

II – estimular comportamentos de prevenção capazes de evitar ou minimizar a ocorrência de desastres;

III – estimular a reorganização do setor produtivo e a reestruturação econômica das áreas atingidas por desastres;

IV – estabelecer medidas preventivas de segurança contra desastres em escolas e hospitais situados em áreas de risco;

V – oferecer capacitação de recursos humanos para as ações de proteção e defesa civil; e

VI – fornecer dados e informações para o sistema nacional de informações e monitoramento de desastres.

Capítulo III

DO SISTEMA NACIONAL DE PROTEÇÃO E DEFESA CIVIL – SINPDEC

Seção I

Disposições gerais

Art. 10. O SINPDEC é constituído pelos órgãos e entidades da administração pública federal, dos Estados, do Distrito Federal e dos Municípios e pelas entidades públicas e privadas de atuação significativa na área de proteção e defesa civil.

Parágrafo único. O SINPDEC tem por finalidade contribuir no processo de planejamento, articulação, coordenação e execução dos programas, projetos e ações de proteção e defesa civil.

Art. 11. O SINPDEC será gerido pelos seguintes órgãos:

I – órgão consultivo: CONPDEC;

II – órgão central, definido em ato do Poder Executivo federal, com a finalidade de coordenar o sistema;

III – os órgãos regionais estaduais e municipais de proteção e defesa civil; e

IV – órgãos setoriais dos 3 (três) âmbitos de governo.

Parágrafo único. Poderão participar do SINPDEC as organizações comunitárias de caráter voluntário ou outras entidades com atuação significativa nas ações locais de proteção e defesa civil.

Seção II

Do Conselho Nacional de Proteção e Defesa Civil – CONPDEC

Art. 12. O CONPDEC, órgão colegiado integrante do Ministério da Integração Nacional, terá por finalidades:

I – auxiliar na formulação, implementação e execução do Plano Nacional de Proteção e Defesa Civil;

II – propor normas para implementação e execução da PNPDEC;

III – expedir procedimentos para implementação, execução e monitoramento da PNPDEC, observado o disposto nesta Lei e em seu regulamento;

IV – propor procedimentos para atendimento a crianças, adolescentes, gestantes, idosos e pessoas com deficiência em situação de desastre, observada a legislação aplicável; e

V – acompanhar o cumprimento das disposições legais e regulamentares de proteção e defesa civil.

§ 1º A organização, a composição e o funcionamento do CONPDEC serão estabelecidos em ato do Poder Executivo federal.

§ 2º O CONPDEC contará com representantes da União, dos Estados, do Distrito Federal, dos Municípios e da sociedade civil organizada, incluindo-se representantes das comunidades atingidas por desastre, e por especialistas de notório saber.

CAPÍTULO IV
DISPOSIÇÕES FINAIS

Art. 13. Fica autorizada a criação de sistema de informações de monitoramento de desastres, em ambiente informatizado, que atuará por meio de base de dados compartilhada entre os integrantes do SINPDEC visando ao oferecimento de informações atualizadas para prevenção, mitigação, alerta, resposta e recuperação em situações de desastre em todo o território nacional.

Art. 14. Os programas habitacionais da União, dos Estados, do Distrito Federal e dos Municípios devem priorizar a relocação de comunidades atingidas e de moradores de áreas de risco.

Art. 15. A União poderá manter linha de crédito específica, por intermédio de suas agências financeiras oficiais de fomento, destinada ao capital de giro e ao investimento de sociedades empresariais, empresários individuais e pessoas físicas ou jurídicas em Municípios atingidos por desastre que tiverem a situação de emergência ou o estado de calamidade pública reconhecido pelo Poder Executivo federal.

Art. 16. Fica a União autorizada a conceder incentivo ao Município que adotar medidas voltadas ao aumento da oferta de terra urbanizada para utilização em habitação de interesse social, por meio dos institutos previstos na Lei n. 10.257, de 10 de julho de 2001, na forma do regulamento.

Parágrafo único. O incentivo de que trata o *caput* compreenderá a transferência de recursos para a aquisição de terrenos destinados a programas de habitação de interesse social.

Art. 17. Em situações de iminência ou ocorrência de desastre, ficam os órgãos competentes autorizados a transferir bens apreendidos em operações de combate e repressão a crimes para os órgãos de proteção e defesa civil.

Art. 18. Para fins do disposto nesta Lei, consideram-se agentes de proteção e defesa civil:

I – os agentes políticos da União, dos Estados, do Distrito Federal e dos Municípios responsáveis pela direção superior dos órgãos do SINPDEC;

II – os agentes públicos responsáveis pela coordenação e direção de órgãos ou entidades públicas prestadores dos serviços de proteção e defesa civil;

III – os agentes públicos detentores de cargo, emprego ou função pública, civis ou militares, com atribuições relativas à prestação ou execução dos serviços de proteção e defesa civil; e

IV – os agentes voluntários, vinculados a entidades privadas ou prestadores de serviços voluntários que exercem, em caráter suplementar, serviços relacionados à proteção e defesa civil.

Parágrafo único. Os órgãos do SINPDEC adotarão, no âmbito de suas competências, as medidas pertinentes para assegurar a profissionalização e a qualificação, em caráter permanente, dos agentes públicos referidos no inciso III.

Art. 19. Aplicam-se ao Distrito Federal as competências atribuídas nesta Lei aos Estados e aos Municípios.

Art. 20. A ementa da Lei n. 12.340, de 1º de dezembro de 2010, passa a vigorar com a seguinte redação:

"Dispõe sobre as transferências de recursos da União aos órgãos e entidades dos Estados, Distrito Federal e Municípios para a execução de ações de resposta e recuperação nas áreas atingidas por desastre, e sobre o Fundo Especial para Calamidades Públicas; e dá outras providências".

Art. 21. Os arts. 4º e 5º da Lei n. 12.340, de 1º de dezembro de 2010, passam a vigorar com a seguinte redação:

"Art. 4º São obrigatórias as transferências da União aos órgãos e entidades dos Estados, do Distrito Federal e dos Municípios para a execução de ações de resposta e recuperação, observados os requisitos e procedimentos previstos nesta Lei.

§ 1º As ações de que trata o *caput* serão definidas em regulamento, e o órgão central do SINPDEC definirá o montante de recursos a ser transferido, mediante depósito em conta específica mantida pelo ente beneficiário em instituição financeira oficial federal, de acordo com sua disponibilidade orçamentária e financeira e com base nas informações obtidas perante o ente federativo.

§ 2º No caso de execução de ações de recuperação, o ente beneficiário deverá apresentar plano de trabalho ao órgão central do SINPDEC no prazo máximo de 90 (noventa) dias da ocorrência do desastre".

"Art. 5º O órgão central do SINPDEC acompanhará e fiscalizará a aplicação dos recursos transferidos na forma do art. 4º.

....

§ 2º Os entes beneficiários das transferências de que trata o *caput* deverão apresentar ao órgão central do SINPDEC a prestação de contas do total dos recursos recebidos, na forma do regulamento.

§ 3º Os entes beneficiários manterão, pelo prazo de 5 (cinco) anos, contados da data de aprovação da prestação de contas de que trata o § 2º, os documentos a ela referentes, inclusive os comprovantes de pagamentos efetuados com os recursos financeiros transferidos na forma desta Lei, ficando obrigados a disponibilizá-los, sempre que solicitado, ao órgão central do SINPDEC, ao Tribunal de Contas da União e ao Sistema de Controle Interno do Poder Executivo federal."

Art. 22. A Lei n. 12.340, de 1º de dezembro de 2010, passa a vigorar acrescida dos seguintes arts. 3º-A, 3º-B e 5º-A:

"Art. 3º-A. O Governo Federal instituirá cadastro nacional de municípios com áreas suscetíveis à ocorrência de deslizamentos de grande impacto, inundações bruscas ou processos geológicos ou hidrológicos correlatos, conforme regulamento.

§ 1º A inscrição no cadastro previsto no *caput* dar-se-á por iniciativa do Município ou mediante indicação dos demais entes federados, observados os critérios e procedimentos previstos em regulamento.

§ 2º Os Municípios incluídos no cadastro deverão:

I – elaborar mapeamento contendo as áreas suscetíveis à ocorrência de deslizamentos de grande impacto, inundações bruscas ou processos geológicos ou hidrológicos correlatos;

II – elaborar Plano de Contingência de Proteção e Defesa Civil e instituir órgãos municipais de defesa civil, de acordo com os procedimentos estabelecidos pelo órgão central do Sistema Nacional de Proteção e Defesa Civil – SINPDEC;

III – elaborar plano de implantação de obras e serviços para a redução de riscos de desastre;

IV – criar mecanismos de controle e fiscalização para evitar a edificação em áreas suscetíveis à ocorrência de deslizamentos de grande impacto, inundações bruscas ou processos geológicos ou hidrológicos correlatos; e

V – elaborar carta geotécnica de aptidão à urbanização, estabelecendo diretrizes urbanísticas voltadas para a segurança dos novos parcelamentos do solo e para o aproveitamento de agregados para a construção civil.

§ 3º A União e os Estados, no âmbito de suas competências, apoiarão os Municípios na efetivação das medidas previstas no § 2º.

§ 4º Sem prejuízo das ações de monitoramento desenvolvidas pelos Estados e Municípios, o Governo Federal publicará, periodicamente, informações sobre a evolução das ocupações em áreas suscetíveis à ocorrência de deslizamentos de grande impacto, inundações bruscas ou processos geológicos ou hidrológicos correlatos nos Municípios constantes do cadastro.

§ 5º As informações de que trata o § 4º serão encaminhadas, para conhecimento e providências, aos Poderes Executivo e Legislativo dos respectivos Estados e Municípios e ao Ministério Público.

§ 6º O Plano de Contingência de Proteção e Defesa Civil será elaborado no prazo de 1 (um) ano, sendo submetido a avaliação e prestação de contas anual, por meio de audiência pública, com ampla divulgação".

"Art. 3º-B. Verificada a existência de ocupações em áreas suscetíveis à ocorrência de deslizamentos de grande impacto, inundações bruscas ou processos geológicos ou hidrológicos correlatos, o município adotará as providências para redução do risco, dentre as quais, a execução de plano de contingência e de obras de segurança e, quando necessário, a remoção de edificações e o reassentamento dos ocupantes em local seguro.

§ 1º A efetivação da remoção somente se dará mediante a prévia observância dos seguintes procedimentos:

I – realização de vistoria no local e elaboração de laudo técnico que demonstre os riscos da ocupação para a integridade física dos ocupantes ou de terceiros; e

II – notificação da remoção aos ocupantes acompanhada de cópia do laudo técnico e, quando for o caso, de informações sobre as alternativas oferecidas pelo poder público para assegurar seu direito à moradia.

§ 2º Na hipótese de remoção de edificações, deverão ser adotadas medidas que impeçam a reocupação da área.

§ 3º Aqueles que tiverem suas moradias removidas deverão ser abrigados, quando necessário, e cadastrados pelo Município para garantia de atendimento habitacional em caráter definitivo, de acordo com os critérios dos programas públicos de habitação de interesse social."

"Art. 5º-A. Constatada, a qualquer tempo, a presença de vícios nos documentos apresentados, ou a inexistência do estado de calamidade pública ou da situação de emergência declarados, o ato administrativo que tenha autorizado a realização da transferência obrigatória perderá seus efeitos, ficando o ente beneficiário obrigado a devolver os valores repassados, devidamente atualizados.

Parágrafo único. Sem prejuízo do disposto no *caput*, ocorrendo indícios de falsificação de documentos pelo ente federado, deverão ser notificados o Ministério Público Federal e o Ministério Público Estadual respectivo, para adoção das providências cabíveis."

Art. 23. É vedada a concessão de licença ou alvará de construção em áreas de risco indicadas como não edificáveis no plano diretor ou legislação dele derivada.

Art. 24. O inciso VI do art. 2º da Lei n. 10.257, de 10 de julho de 2001, passa a vigorar acrescido da seguinte alínea *h*:

"Art. 2º ....

....

VI – ....

....

h) a exposição da população a riscos de desastres".

Art. 25. O art. 41 da Lei n. 10.257, de 10 de julho de 2001, passa a vigorar acrescido do seguinte inciso VI:

"Art. 41. ....

....

VI – incluídas no cadastro nacional de Municípios com áreas suscetíveis à ocorrência de deslizamentos de grande impacto, inundações bruscas ou processos geológicos ou hidrológicos correlatos".

Art. 26. A Lei n. 10.257, de 10 de julho de 2001, passa a vigorar acrescida dos seguintes arts. 42-A e 42-B:

"Art. 42-A. Além do conteúdo previsto no art. 42, o plano diretor dos Municípios incluídos no cadastro nacional de municípios com áreas suscetíveis à ocorrência de deslizamentos de grande impacto, inundações bruscas ou processos geológicos ou hidrológicos correlatos deverá conter:

I – parâmetros de parcelamento, uso e ocupação do solo, de modo a promover a diversidade de usos e a contribuir para a geração de emprego e renda;

II – mapeamento contendo as áreas suscetíveis à ocorrência de deslizamentos de grande impacto, inundações bruscas ou processos geológicos ou hidrológicos correlatos;

III – planejamento de ações de intervenção preventiva e realocação de população de áreas de risco de desastre;

IV – medidas de drenagem urbana necessárias à prevenção e à mitigação de impactos de desastres; e

V – diretrizes para a regularização fundiária de assentamentos urbanos irregulares, se houver, observadas a Lei n. 11.977, de 7 de julho de 2009, e demais normas federais e estaduais pertinentes, e previsão de áreas para habitação de interesse social por meio da demarcação de zonas especiais de interesse social e de outros instrumentos de política urbana, onde o uso habitacional for permitido.

§ 1º A identificação e o mapeamento de áreas de risco levarão em conta as cartas geotécnicas.

§ 2º O conteúdo do plano diretor deverá ser compatível com as disposições insertas nos planos de recursos hídricos, formulados consoante a Lei n. 9.433, de 8 de janeiro de 1997.

§ 3º Os Municípios adequarão o plano diretor às disposições deste artigo, por ocasião de sua revisão, observados os prazos legais.

§ 4º Os Municípios enquadrados no inciso VI do art. 41 desta Lei e que não tenham plano diretor aprovado terão o prazo de 5 (cinco) anos para o seu encaminhamento para aprovação pela Câmara Municipal".

"Art. 42-B. Os Municípios que pretendam ampliar o seu perímetro urbano após a data de publicação desta Lei deverão elaborar projeto específico que contenha, no mínimo:

I – demarcação do novo perímetro urbano;

II – delimitação dos trechos com restrições à urbanização e dos trechos sujeitos a controle especial em função de ameaça de desastres naturais;

III – definição de diretrizes específicas e de áreas que serão utilizadas para infraestrutura, sistema viário, equipamentos e instalações públicas, urbanas e sociais;

IV – definição de parâmetros de parcelamento, uso e ocupação do solo, de modo a promover a diversidade de usos e contribuir para a geração de emprego e renda;

V – a previsão de áreas para habitação de interesse social por meio da demarcação de zonas especiais de interesse social e de outros instrumentos de política urbana, quando o uso habitacional for permitido;

VI – definição de diretrizes e instrumentos específicos para proteção ambiental e do patrimônio histórico e cultural; e

VII – definição de mecanismos para garantir a justa distribuição dos ônus e benefícios decorrentes do processo de urbanização do território de expansão urbana e a recuperação para a coletividade da valorização imobiliária resultante da ação do poder público.

§ 1º O projeto específico de que trata o *caput* deste artigo deverá ser instituído por lei municipal e atender às diretrizes do plano diretor, quando houver.

§ 2º Quando o plano diretor contemplar as exigências estabelecidas no *caput*, o Município ficará dispensado da elaboração do projeto específico de que trata o *caput* deste artigo.

§ 3º A aprovação de projetos de parcelamento do solo no novo perímetro urbano ficará condicionada à existência do projeto específico e deverá obedecer às suas disposições."

Art. 27. O art. 12 da Lei n. 6.766, de 19 de dezembro de 1979, passa a vigorar com a seguinte redação, renumerando-se o atual parágrafo único para § 1º:

"Art. 12. ....

§ 1º O projeto aprovado deverá ser executado no prazo constante do cronograma de execução, sob pena de caducidade da aprovação.

§ 2º Nos Municípios inseridos no cadastro nacional de municípios com áreas suscetíveis à ocorrência de deslizamentos de grande impacto, inundações bruscas ou processos geológicos ou hidrológicos correlatos, a aprovação do projeto de que trata o *caput* ficará vinculada ao atendimento dos requisitos constantes da carta geotécnica de aptidão à urbanização.

§ 3º É vedada a aprovação de projeto de loteamento e desmembramento em áreas de risco definidas como não edificáveis, no plano diretor ou em legislação dele derivada".

Art. 28. O art. 3º da Lei n. 8.239, de 4 de outubro de 1991, que regulamenta os §§ 1º e 2º do art. 143 da Constituição Federal, que dispõem sobre a prestação de Serviço Alternativo ao Serviço Militar Obrigatório, passa a vigorar acrescido dos seguintes §§ 4º e 5º:

"Art. 3º ....

....

§ 4º O Serviço Alternativo incluirá o treinamento para atuação em áreas atingidas por desastre, em situação de emergência e estado de calamidade, executado de forma integrada com o órgão federal responsável pela implantação das ações de proteção e defesa civil.

§ 5º A União articular-se-á com os Estados e o Distrito Federal para a execução do treinamento a que se refere o § 4º deste artigo".

Art. 29. O art. 26 da Lei n. 9.394, de 20 de dezembro de 1996, que estabelece as diretrizes e bases da educação nacional, passa a vigorar acrescido do seguinte § 7º:

"Art. 26. ....

....

§ 7º Os currículos do ensino fundamental e médio devem incluir os princípios da proteção e defesa civil e a educação ambiental de forma integrada aos conteúdos obrigatórios".

Art. 30. Ficam revogados os arts. 1º, 2º e 17 da Lei n. 12.340, de 1º de dezembro de 2010.

Art. 31. Esta Lei entra em vigor na data de sua publicação, com exceção do disposto no § 2º do art. 12 da Lei n. 6.766, de 19 de dezembro de 1979, que entrará em vigor após decorridos 2 (dois) anos da data de sua publicação oficial.

Brasília, 10 de abril de 2012; 191º da Independência e 124º da República.

MICHEL TEMER

José Eduardo Cardozo

Luiz Antonio Rodríguez Elias

Izabella Mónica Vieira Teixeira

Alexandre Navarro Garcia

Alexandre Cordeiro Macedo

LEI N. 13.089, DE 12 DE JANEIRO DE 2015[13]

Institui o Estatuto da Metrópole, altera a Lei n. 10.257, de 10 de julho de 2001, e dá outras providências.

A Presidenta da República

Faço saber que o Congresso Nacional decreta e eu sanciono a seguinte Lei:

CAPÍTULO I
DISPOSIÇÕES PRELIMINARES

Art. 1º Esta Lei, denominada Estatuto da Metrópole, estabelece diretrizes gerais para o planejamento, a gestão e a execução das funções públicas de interesse comum em regiões metropolitanas e em aglomerações urbanas instituídas pelos Estados, normas gerais sobre o plano de desenvolvimento urbano integrado e outros instrumentos de governança interfederativa, e critérios para o apoio da União a ações que envolvam governança interfederativa no campo do desenvolvimento urbano, com base nos incisos XX do art. 21, IX do art. 23 e I do art. 24, no § 3º do art. 25 e no art. 182 da Constituição Federal.

§ 1º Além das regiões metropolitanas e das aglomerações urbanas, as disposições desta Lei aplicam-se, no que couber:

I – às microrregiões instituídas pelos Estados com fundamento em funções públicas de interesse comum com características predominantemente urbanas;

II – (*Vetado.*)

§ 2º Na aplicação das disposições desta Lei, serão observadas as normas gerais de direito urbanístico estabelecidas na Lei n. 10.257, de 10 de julho de 2001 (Estatuto da Cidade). (*Redação dada pela Lei n. 13.683, de 19-6-2018.*)

Art. 2º Para os efeitos desta Lei, consideram-se:

I – aglomeração urbana: unidade territorial urbana constituída pelo agrupa-

[13] Publicada no *Diário Oficial da União,* de 13 de janeiro de 2015.

mento de 2 (dois) ou mais Municípios limítrofes, caracterizada por complementaridade funcional e integração das dinâmicas geográficas, ambientais, políticas e socioeconômicas;

II – função pública de interesse comum: política pública ou ação nela inserida cuja realização por parte de um Município, isoladamente, seja inviável ou cause impacto em Municípios limítrofes;

III – gestão plena: condição de região metropolitana ou de aglomeração urbana que possui:

a) formalização e delimitação mediante lei complementar estadual;

b) estrutura de governança interfederativa própria, nos termos do art. 8º desta Lei; e

c) plano de desenvolvimento urbano integrado aprovado mediante lei estadual;

IV – governança interfederativa: compartilhamento de responsabilidades e ações entre entes da Federação em termos de organização, planejamento e execução de funções públicas de interesse comum;

V – metrópole: espaço urbano com continuidade territorial que, em razão de sua população e relevância política e socioeconômica, tem influência nacional ou sobre uma região que configure, no mínimo, a área de influência de uma capital regional, conforme os critérios adotados pela Fundação Instituto Brasileiro de Geografia e Estatística – IBGE;

VI – plano de desenvolvimento urbano integrado: instrumento que estabelece, com base em processo permanente de planejamento, viabilização econômico-financeira e gestão, as diretrizes para o desenvolvimento territorial estratégico e os projetos estruturantes da região metropolitana e aglomeração urbana; (*Redação dada pela Lei n. 13.683, de 19-6-2018.*)

VII – região metropolitana: unidade regional instituída pelos Estados, mediante lei complementar, constituída por agrupamento de Municípios limítrofes para integrar a organização, o planejamento e a execução de funções públicas de interesse comum; (*Redação dada pela Lei n. 13.683, de 19-6-2018.*)

VIII – área metropolitana: representação da expansão contínua da malha urbana da metrópole, conurbada pela integração dos sistemas viários, abrangendo, especialmente, áreas habitacionais, de serviços e industriais com a presença de deslocamentos pendulares no território; (*Incluído pela Lei n. 13.683, de 19-6-2018.*)

IX – governança interfederativa das funções públicas de interesse comum: compartilhamento de responsabilidades e ações entre entes da Federação em termos de organização, planejamento e execução de funções públicas de interesse comum, mediante a execução de um sistema integrado e articulado de planejamento, de projetos, de estruturação financeira, de implantação, de operação e de gestão. (*Incluído pela Lei n. 13.683, de 19-6-2018.*)

Parágrafo único. Cabe ao colegiado da microrregião decidir sobre a adoção do Plano de Desenvolvimento Urbano ou quaisquer matérias de impacto. (*Incluído pela Lei n. 13.683, de 19-6-2018.*)

CAPÍTULO II
DA INSTITUIÇÃO DE REGIÕES METROPOLITANAS E DE AGLOMERAÇÕES URBANAS

Art. 3º Os Estados, mediante lei complementar, poderão instituir regiões metropolitanas e aglomerações urbanas, constituídas por agrupamento de Municípios limítrofes, para integrar a organização, o planejamento e a execução de funções públicas de interesse comum.

§ 1º O Estado e os Municípios inclusos em região metropolitana ou em aglomeração urbana formalizada e delimitada na forma do *caput* deste artigo deverão promover a governança interfederativa, sem prejuízo de outras determinações desta Lei. (*Redação dada pela Lei n. 13.683, de 19-6-2018.*)

§ 2º A criação de uma região metropolitana, de aglomeração urbana ou de microrregião deve ser precedida de estudos técnicos e audiências públicas que envolvam todos os Municípios pertencentes à unidade territorial. (*Incluído pela Lei n. 13.683, de 19-6-2018.*)

Art. 4º A instituição de região metropolitana ou de aglomeração urbana que envolva Municípios pertencentes a mais de um Estado será formalizada mediante a aprovação de leis complementares pelas assembleias legislativas de cada um dos Estados envolvidos.

Parágrafo único. Até a aprovação das leis complementares previstas no *caput* deste artigo por todos os Estados envolvidos, a região metropolitana ou a aglomeração urbana terá validade apenas para os Municípios dos Estados que já houverem aprovado a respectiva lei.

Art. 5º As leis complementares estaduais referidas nos arts. 3º e 4º desta Lei definirão, no mínimo:

I – os Municípios que integram a unidade territorial urbana;

II – os campos funcionais ou funções públicas de interesse comum que justificam a instituição da unidade territorial urbana;

III – a conformação da estrutura de governança interfederativa, incluindo a organização administrativa e o sistema integrado de alocação de recursos e de prestação de contas; e

IV – os meios de controle social da organização, do planejamento e da execução de funções públicas de interesse comum.

§ 1º No processo de elaboração da lei complementar, serão explicitados os critérios técnicos adotados para a definição do conteúdo previsto nos incisos I e II do *caput* deste artigo.

§ 2º Respeitadas as unidades territoriais urbanas criadas mediante lei complementar estadual até a data de entrada em vigor desta Lei, a instituição de região metropolitana impõe a observância do conceito estabelecido no inciso VII do *caput* do art. 2º.

CAPÍTULO III
DA GOVERNANÇA INTERFEDERATIVA DE REGIÕES METROPOLITANAS E DE AGLOMERAÇÕES URBANAS

Art. 6º A governança interfederativa das regiões metropolitanas e das aglomerações urbanas respeitará os seguintes princípios:

I – prevalência do interesse comum sobre o local;

II – compartilhamento de responsabilidades e de gestão para a promoção do desenvolvimento urbano integrado; (*Redação dada pela Lei n. 13.683, de 19-6-2018.*)

III – autonomia dos entes da Federação;

IV – observância das peculiaridades regionais e locais;

V – gestão democrática da cidade, consoante os arts. 43 a 45 da Lei n. 10.257, de 10 de julho de 2001;

VI – efetividade no uso dos recursos públicos;

VII – busca do desenvolvimento sustentável.

Art. 7º Além das diretrizes gerais estabelecidas no art. 2º da Lei n. 10.257, de 10 de julho de 2001, a governança interfederativa das regiões metropolitanas e das aglomerações urbanas observará as seguintes diretrizes específicas:

I – implantação de processo permanente e compartilhado de planejamento e de tomada de decisão quanto ao desenvolvimento urbano e às políticas setoriais afetas às funções públicas de interesse comum;

II – estabelecimento de meios compartilhados de organização administrativa das funções públicas de interesse comum;

III – estabelecimento de sistema integrado de alocação de recursos e de prestação de contas;

IV – execução compartilhada das funções públicas de interesse comum, mediante rateio de custos previamente pactuado no âmbito da estrutura de governança interfederativa;

V – participação de representantes da sociedade civil nos processos de planejamento e de tomada de decisão; (*Redação dada pela Lei n. 13.683, de 19-6-2018.*)

VI – compatibilização dos planos plurianuais, leis de diretrizes orçamentárias e orçamentos anuais dos entes envolvidos na governança interfederativa;

VII – compensação por serviços ambientais ou outros serviços prestados pelo Município à unidade territorial urbana, na forma da lei e dos acordos firmados no âmbito da estrutura de governança interfederativa.

Parágrafo único. Na aplicação das diretrizes estabelecidas neste artigo, devem ser consideradas as especificidades dos Municípios integrantes da unidade territorial urbana quanto à população, à renda, ao território e às características ambientais.

Art. 7º-A. No exercício da governança das funções públicas de interesse comum, o Estado e os Municípios da unidade territorial deverão observar as seguintes diretrizes gerais: (*Incluído pela Lei n. 13.683, de 19-6-2018.*)

I – compartilhamento da tomada de decisões com vistas à implantação de processo relativo ao planejamento, à elaboração de projetos, à sua estruturação econômico-financeira, à operação e à gestão do serviço ou da atividade; e (*Incluído pela Lei n. 13.683, de 19-6-2018.*)

II – compartilhamento de responsabilidades na gestão de ações e projetos relacionados às funções públicas de interesse comum, os quais deverão ser executados mediante a articulação de órgãos e entidades dos entes federados." (*Incluído pela Lei n. 13.683, de 19-6-2018.*)

Art. 8º A governança interfederativa das regiões metropolitanas e das aglomerações urbanas compreenderá em sua estrutura básica:

I – instância executiva composta pelos representantes do Poder Executivo dos entes federativos integrantes das unidades territoriais urbanas;

II – instância colegiada deliberativa com representação da sociedade civil;

III – organização pública com funções técnico-consultivas; e

IV – sistema integrado de alocação de recursos e de prestação de contas.

Capítulo IV

DOS INSTRUMENTOS DE DESENVOLVIMENTO URBANO INTEGRADO

Art. 9º Sem prejuízo da lista apresentada no art. 4º da Lei n. 10.257, de 10 de julho de 2001, no desenvolvimento urbano integrado de regiões metropolitanas e de aglomerações urbanas serão utilizados, entre outros, os seguintes instrumentos:

I – plano de desenvolvimento urbano integrado;

II – planos setoriais interfederativos;

III – fundos públicos;

IV – operações urbanas consorciadas interfederativas;

V – zonas para aplicação compartilhada dos instrumentos urbanísticos previstos na Lei n. 10.257, de 10 de julho de 2001;

VI – consórcios públicos, observada a Lei n. 11.107, de 6 de abril de 2005;

VII – convênios de cooperação;

VIII – contratos de gestão;

IX – compensação por serviços ambientais ou outros serviços prestados pelo Município à unidade territorial urbana, conforme o inciso VII do *caput* do art. 7º desta Lei;

X – parcerias público-privadas interfederativas.

Art. 10. As regiões metropolitanas e as aglomerações urbanas deverão contar com plano de desenvolvimento urbano integrado, aprovado mediante lei estadual.

§ 1º Respeitadas as disposições do plano previsto no *caput* deste artigo, poderão ser formulados planos setoriais interfederativos para políticas públicas direcionadas à região metropolitana ou à aglomeração urbana.

§ 2º A elaboração do plano previsto no *caput* deste artigo não exime o Município integrante da região metropolitana ou aglomeração urbana da formulação do respectivo plano diretor, nos termos do § 1º do art. 182 da Constituição Federal e da Lei n. 10.257, de 10 de julho de 2001.

§ 3º Nas regiões metropolitanas e nas aglomerações urbanas instituídas mediante lei complementar estadual, o Município deverá compatibilizar seu plano diretor com o plano de desenvolvimento urbano integrado da unidade territorial urbana.

§ 4º O plano previsto no *caput* deste artigo será elaborado de forma conjunta e cooperada por representantes do Estado, dos Municípios integrantes da unidade regional e da sociedade civil organizada e será aprovado pela instância colegiada a que se refere o art. 8º desta Lei, antes de seu encaminhamento à apreciação da Assembleia Legislativa. (*Redação dada pela Lei n. 13.683, de 19-6-2018.*)

Art. 11. A lei estadual que instituir o plano de desenvolvimento urbano integrado de região metropolitana ou de aglomeração urbana deverá ser revista, pelo menos, a cada 10 (dez) anos.

Art. 12. O plano de desenvolvimento urbano integrado de região metropolitana ou de aglomeração urbana deverá considerar o conjunto de Municípios que compõem a unidade territorial urbana e abranger áreas urbanas e rurais.

§ 1º O plano previsto no *caput* deste artigo deverá contemplar, no mínimo:

I – as diretrizes para as funções públicas de interesse comum, incluindo projetos estratégicos e ações prioritárias para investimentos;

II – o macrozoneamento da unidade territorial urbana;

III – as diretrizes quanto à articulação dos Municípios no parcelamento, uso e ocupação no solo urbano;

IV – as diretrizes quanto à articulação intersetorial das políticas públicas afetas à unidade territorial urbana;

V – a delimitação das áreas com restrições à urbanização visando à proteção do patrimônio ambiental ou cultural, bem como das áreas sujeitas a controle especial pelo risco de desastres naturais, se existirem; (*Redação dada pela Lei n. 13.683, de 19-6-2018.*)

VI – o sistema de acompanhamento e controle de suas disposições; e (*Redação dada pela Lei n. 13.683, de 19-6-2018.*)

VII – as diretrizes mínimas para implementação de efetiva política pública de regularização fundiária urbana, nos termos da Lei n. 13.465, de 11 de julho de 2017. (*Incluído pela Lei n. 13.683, de 19-6-2018.*)

§ 2º No processo de elaboração do plano previsto no *caput* deste artigo e na fiscalização de sua aplicação, serão assegurados:

I – a promoção de audiências públicas e debates com a participação de representantes da sociedade civil e da população, em todos os Municípios integrantes da unidade territorial urbana;

II – a publicidade quanto aos documentos e informações produzidos; e

III – o acompanhamento pelo Ministério Público.

§ 3º As audiências públicas a que se refere o inciso I do § 2º deste artigo serão precedidas de ampla divulgação em todos os Municípios integrantes da unidade territorial urbana. (*Redação dada pela Lei n. 13.683, de 19-6-2018.*)

§ 4º A realização de audiências públicas ocorrerá segundo os critérios estabelecidos pela instância colegiada deliberativa a que se refere o art. 8º desta Lei, respeitadas as disposições desta Lei e das leis complementares que instituírem as unidades territoriais. (*Incluído pela Lei n. 13.683, de 19-6-2018.*)

Capítulo V
DA ATUAÇÃO DA UNIÃO

Seção I
Do Apoio da União ao Desenvolvimento Urbano Integrado

Art. 13. Em suas ações inclusas na política nacional de desenvolvimento urbano, a União apoiará as iniciativas dos Estados e dos Municípios voltadas à governança interfederativa, observados as diretrizes e os objetivos do plano plurianual, as metas e as prioridades fixadas pelas leis de diretrizes orçamentárias e o limite das disponibilidades propiciadas pelas leis orçamentárias anuais.

Art. 14. Para o apoio da União à governança interfederativa em região metropolitana ou em aglomeração urbana, será exigido que a unidade territorial urbana possua gestão plena, nos termos do inciso III do *caput* do art. 2º desta Lei.

§ 1º Além do disposto no *caput* deste artigo, o apoio da União à governança interfederativa em região metropolitana impõe a observância do inciso VII do *caput* do art. 2º desta Lei.

§ 2º Admite-se o apoio da União para a elaboração e a revisão do plano de desenvolvimento urbano integrado de que tratam os arts. 10, 11 e 12 desta Lei, dispensado, na primeira hipótese, o cumprimento da exigência constante da alínea *c* do inciso III do art. 2º desta Lei. (*Redação dada pela Lei n. 13.683, de 19-6-2018.*)

§ 3º Serão estabelecidos em regulamento requisitos adicionais para o apoio da União à governança interfederativa, bem como para as microrregiões e cidades referidas no § 1º do art. 1º desta Lei e para os consórcios públicos constituídos para atuação em funções públicas de interesse comum no campo do desenvolvimento urbano.

Art. 15. A região metropolitana instituída mediante lei complementar estadual que não atenda o disposto no inciso VII do *caput* do art. 2º desta Lei será enquadrada como aglomeração urbana para efeito das políticas públicas a cargo do Governo Federal, independentemente de as ações nesse sentido envolverem ou não transferência de recursos financeiros.

Art. 16. A União manterá ações voltadas à integração entre cidades gêmeas localizadas na faixa de fronteira com outros países, em relação à mobilidade urbana, como previsto na Lei n. 12.587, de 3 de janeiro de 2012, e a outras políticas públicas afetas ao desenvolvimento urbano.

Art. 16-A. A União apoiará as iniciativas dos Estados e dos Municípios voltadas à governança interfederativa e promoverá a instituição de um sistema nacional de informações urbanas e metropolitanas, observadas as diretrizes do plano plurianual, as metas e as prioridades fixadas pela leis orçamentárias anuais. (*Incluído pela Lei n. 13.683, de 19-6-2018.*)

Seção II

Do Fundo Nacional de Desenvolvimento Urbano Integrado

Arts. 17 e 18. (*Vetados.*)

Capítulo VI

DISPOSIÇÕES FINAIS

Art. 19. (*Vetado.*)

Arts. 20 e 21. (*Revogados pela Lei n. 13.683, de 19-6-2018.*)

Art. 22. As disposições desta Lei aplicam-se, no que couber, às regiões integradas de desenvolvimento que tenham características de região metropolitana ou de aglomeração urbana, criadas mediante lei complementar federal, com base no art. 43 da Constituição Federal, até a data de entrada em vigor desta Lei.

Parágrafo único. A partir da data de entrada em vigor desta Lei, a instituição de unidades territoriais urbanas que envolvam Municípios pertencentes a mais de um Estado deve ocorrer na forma prevista no art. 4º, sem prejuízo da possibilidade de constituição de consórcios intermunicipais.

Art. 23. Independentemente das disposições desta Lei, os Municípios podem formalizar convênios de cooperação e constituir consórcios públicos para atuação em funções públicas de interesse comum no campo do desenvolvimento urbano, observada a Lei n. 11.107, de 6 de abril de 2005.

Art. 24. A Lei n. 10.257, de 10 de julho de 2001, passa a vigorar acrescida do seguinte art. 34-A:

> "Art. 34-A. Nas regiões metropolitanas ou nas aglomerações urbanas instituídas por lei complementar estadual, poderão ser realizadas operações urbanas consorciadas interfederativas, aprovadas por leis estaduais específicas.

Parágrafo único. As disposições dos arts. 32 a 34 desta Lei aplicam-se às operações urbanas consorciadas interfederativas previstas no *caput* deste artigo, no que couber".

Art. 25. Esta Lei entra em vigor na data de sua publicação.

Brasília, 12 de janeiro de 2015; 194º da Independência e 127º da República.

DILMA ROUSSEFF
Joaquim Levy
Nelson Barbosa
Gilberto Kassab
Gilberto Vargas